新时代小学教师教育丛书（融媒体版）

刘 慧 / 丛书主编

WENBEN JIEDU YU XIAOXUE YUWEN JIAOXUE

文本解读与小学语文教学

主 编：陈 薇
副主编：刘为群 沈 洁

北京师范大学出版集团
BEIJING NORMAL UNIVERSITY PUBLISHING GROUP
北京师范大学出版社

图书在版编目（CIP）数据

文本解读与小学语文教学／陈薇主编．—北京：北京师范大学出版社，2023.11

ISBN 978-7-303-27203-7

Ⅰ．①文…　Ⅱ．①陈…　Ⅲ．①小学语文课－教学研究　Ⅳ．①G623.202

中国版本图书馆 CIP 数据核字（2021）第 170980 号

教材意见反馈　gaozhifk@bnupg.com　010-58805079
营销中心电话　010-58802755　58800035
编辑部电话　010-58806368

WENBEN JIEDU YU XIAOXUE YUWEN JIAOXUE
出版发行：北京师范大学出版社　www.bnupg.com
　　　　　北京市西城区新街口外大街 12-3 号
　　　　　邮政编码：100088
印　　刷：北京虎彩文化传播有限公司
经　　销：全国新华书店
开　　本：889 mm×1194 mm　1/16
印　　张：16
字　　数：360 千字
版　　次：2023 年 11 月第 1 版
印　　次：2023 年 11 月第 1 次印刷
定　　价：36.00 元

策划编辑：林　子　　　　　　　责任编辑：李锋娟
装帧设计：陈　涛　焦　丽　　　美术编辑：陈　涛　焦　丽
责任校对：陈　荟　　　　　　　责任印制：陈　涛

代 序

认识小学儿童 认识小学教育（节选）^①

一、重新认识现代小学儿童的发展特征与教育

小学教育是为小学儿童举办的，我们不能仅仅要求小学儿童适应现有的小学制度，适应小学教师现有的教育方式。相反，小学教育和小学教师必须正确认识小学儿童，认识他们的发展规律及发展需求。

拥有不断发展和进步的儿童观是我们办好小学教育的前提。儿童观是人们对儿童的总的看法和基本观点。意大利教育家蒙台梭利早就警示人们：了解儿童，注意我们和儿童世界的关系，是一个良心的问题。被誉为"中国儿童教育之父"的陈鹤琴先生也说，只有了解儿童，才能教好儿童。

6～13岁的小学儿童处于身心发展速度最快的一段生命时期，他们从以游戏学习为主的生活方式进入以在课堂学习各学科为主的生活方式。学校的学习生活和交往方式刺激着儿童脑突触的生长，并且有选择和有一定方向性地形成日益复杂的"互联网络"。小学儿童的学习潜能和创造力是巨大的，而且只要具备良好的、有滋养性的环境，他们就会有惊人的可塑性。同时，我们知道每个小学儿童都是一个独特的个体，他们有不同的神经活动方向和水平。

儿童的学习和发展是他们与其所处的环境互动的结果。认知学习的内容，成人世界的态度，儿童的情绪、情感表达顺畅与否等，构成对个人学习和发展不同的具体意义。所以，我们绝不应该对儿童采用同样的教育方式和评价方式。就社会生活方式和文化大环境而言，今天的儿童面对的信息量和传播方式、面对的价值观和引导方式，以及他们自身的交往方式都发生了重大的改变，因此我们不能不考虑他们对网络及媒体学习的兴趣和能力、他们受到的不健康风尚的影响和竞争的压力等。我们必须在新的历史条件下重新看待小学儿童。

二、重新认识小学教育的性质、任务和特殊的教育功能

小学教育与教育体系内其他教育阶段相区别的独特性主要表现在基础性、全民性、义务性和公益性等方面，而其中最重要的是基础性。长期以来，我们对基础性有如下两种理解：一是强

---

① 朱小蔓:《认识小学儿童 认识小学教育》，载《中国教育学刊》，2003（8）。引用时有改动。

调它是整个教育制度的基础，小学教育是为学生升入中学做准备的；二是强调培养目标上的"双基"，即基础知识、基本技能。近些年，有些家长把小学作为竞争的起跑线，提前演绎升学竞争。这种状况使学生过早地承受升学的压力，失去本该欢乐的童年，结果是学生的学习热情明显降低，日益厌恶和逃避学习。

小学教育不是升学教育的基础，而是素质教育的基础。在人类倡导构建学习化社会的时代，它是终身教育的奠基阶段，是为人生的发展奠定基础的。作为基础教育，而不是高等教育、职业教育，它是以提高国民素质为目标而进行的非定向、非专门的教育。它不是为某一行业，而是为社会所有行业培养人才打基础的。所以，它的知识、技能不是为了选拔、升学、择业，而是为了尽可能地给人的身心全面发展提供最有利的条件。今天，仅有传统上的"双基"是不够的，我们还要激发儿童积极的学习情感和态度，以促使他们终身保持热爱学习的欲望。从一定意义上说，这种起动力作用的情感态度比"双基"更为基本，更为重要。

三、重新认识小学教师的培养，转变传统教师的角色

小学教育是启蒙教育。在这一阶段，小学教师与可塑性极大的儿童相处，通过各类课程以及与儿童打交道的互动过程引导儿童向真、善、美的方向发展。小学教师要直接面对身心、智能、精神发展程度各异的儿童，要发现和感受他们的需要，激发他们学习知识、学习道德的兴趣。

教师要成为学生的关怀者、学生的促进者、教育的研究者。儿童的观摩、模仿和感受能力强，因此小学教师在言谈举止方面需要格外掌握分寸。小学儿童兴趣爱好的多向性、小学知识教育的综合性，对小学教师的知识面、性格、气质、敏感程度及应对能力等综合素质的要求很高。小学教师与中学、大学教师相比，在许多方面都具有鲜明的专业特殊性。对小学教师最有效且长远的培养是在小学教育的岗位上、在教育改革的活动中。为此，小学教师必须与新课程同行，从传统的角色中走出来，在新课程实施中实现自身的发展，提升我国小学教育的质量。

朱小蔓

丛书总序

本套丛书集中呈现了我们长期从事小学教师教育理论研究与实践探索的成果，体现了我们对小学儿童、小学教育、小学教师教育及其关系的认识与理解，也着重体现了国家对当代小学教育专业的认证标准、基本理念、培养目标与毕业要求。

培养好的小学教师是当代教师教育的重要使命。何谓好的小学教师？好的小学教师如何培养？这是新时代小学教师教育研究者和工作者必须回答的问题。小学教师是小学教育的实施者，小学教师的素质直接关涉小学教育的质量、小学儿童的生命健康成长状况。《国家中长期教育改革和发展规划纲要（2010—2020年）》明确提出，有好的教师，才有好的教育。因此，要加强教师教育，深化教师教育改革，创新教师培养模式，提高教师培养质量。近些年来，我国颁布了《教师教育课程标准（试行）》《小学教师专业标准（试行）》《普通高等学校师范类专业认证实施办法（暂行）》《教育部关于实施卓越教师培养计划2.0的意见》等，这些政策文件从多方面为培养好的小学教师划定了内涵边界，提供了政策保障。习近平总书记提出的"四有"好老师为培养好的小学教师指明了方向。

我国本科层次的小学教师培养开启于20世纪90年代末。经过多年的探索，中小学不分的局面被打破，小学教师的特性、小学教师与中学教师培养的差异性渐渐凸显，培养中学教师的"学科＋教育"之"双专业"模式并不适合小学教师的培养；"综合培养、分科选修"的"2＋2"培养模式，"综合培养、特色人才"的培养模式，"分方向"的培养模式，"2＋大文大理"的培养模式，随着卓越小学教师培养计划项目的推进开始逐渐升级迭代。① 例如，首都师范大学的小学教师培养模式正由"综合培养、发展专长、注重研究、全程实践"的1.0模式迭代为"儿童取向"的2.0模式，其核心强调的是以儿童为本，实施儿童教育，凸显儿童性、生命性、体验性、综合性。

基于人本教育理念的理性审视，小学教育的实质是儿童教育，而非学科教学。儿童教育意味着以儿童为本，回归儿童的生活，助力儿童的健康成长，为儿童的幸福人生奠基。卓越小学教师之"卓越"的核心在于突破学科本位，回归儿童教育本位。卓越小学教师是能以儿童为本、研究儿童、理解儿童、读懂儿童、实施儿童教育的好教师，是儿童健康成长的指导者和引路人。

促进儿童健康成长，是落实立德树人根本任务的重要体现，是小学教师全部工作的出发点和归宿。儿童的健康成长离不开教师的爱，爱是小学教师最重要的品质。教师之爱首先体现为爱

---

① 刘慧：《关于初等教育学科建设的几点思考》，载《首都师范大学学报（社会科学版）》，2009（1）。

生命、凸显生命性。生命是教育的基点，基于儿童生命立场的教育教学活动是促进儿童健康成长的必然要求。爱儿童的生命，就要认识儿童、理解儿童、读懂儿童，为儿童提供合适的教育。因此，研究儿童，理解儿童生命成长的规律、儿童认识世界的方式、儿童生活的特性是小学教师的必备品质与关键能力。

高质量的教育发展需要高素养的教师，提高素养是小学教师专业发展的必要条件。我国当代小学教师的发展主要经历了增长学科知识、提高教学能力、提升学历层次、促进专业发展等阶段，而今正走向人的发展阶段。所谓人的发展，实质是人的生命发展。生命发展为教师专业发展提供不竭动力。培育小学教师的发展素养、促进小学教师的生命发展是新时代小学教师教育的核心任务。

未来已来，过去未去。当今人类社会正处在一个新的转型期，人工智能正在改变人类的生存方式，不仅挑战着现代人的体力、智力，而且正逐渐替代人类诸多赖以生存的职业。但也有人工智能不能替代的事物，就目前而言，人工智能的"天花板"是生命。关注人的生命、情感、感受、体验等是人工智能难以替代的，这正是小学教师的价值所在。

从未来的角度看，成为生命教师是教师发展的理想价值。所谓生命教师，是对生命有着深刻认识与理解，能以生命为本、以生命为师，用生命从事教育事业，以生命影响生命的教师；是能使教育回归生命，能以学生健康成长为宗旨和使命的教师。生命教师是未来对教师的角色定位，也是教师应对人工智能挑战的一张"王牌"。

正基于此，本套丛书的创编注重由"知识本位"转向"以人为本"，注重以学生为中心，凸显生命体验。教材的编写不是只见知识而不见人；不是以"教"为主，而是以"学"为主，体现以学定教；凸显新型"融媒体"教材的特点，体现新时代对创编教材的要求，即通过增强教材的交互性和开放性，使教材成为师生学习的一部分，注重信息技术的应用，教学媒介由单纯的纸质教材延伸到包括电子课件、模拟动画、微课视频及考试系统等多媒体手段上来。

感谢北京师范大学出版社的邀请，尤其是林子编辑积极、热情的投入与推动；感谢参与本套丛书出版的全体作者。

谨以本套丛书为我国高校小学教育专业创建二十周年献礼。

前　言

　　近年来，编者参与了首都师范大学初等教育学院"大学支持附小建设"工程和多个小学语文教师在职培训项目，在此过程中发现，目前小学语文教学存在问题的主要原因之一是小学语文教师的基础教学知识和基本教学技能——文本解读的意识和能力都比较薄弱，而这是小学语文教学的基础。遂起念编写此书。编者在与小学语文教师一同学习和思维碰撞的过程中，在深入小学语文课堂教学的实践中，从编写构想到编写体例，从案例搜集到动笔写作，思路一步步清晰起来，内容一点点充实起来，聚沙成塔，方有今天这本小书。

　　本书以习近平新时代中国特色社会主义思想及党的二十大精神为指导，基于《小学教师专业标准（试行）》和《义务教育语文课程标准（2022 年版）》的基本理念，根据小学语文阅读教学的现状和小学语文教师的专业发展需要，试图从理论和实践相结合的角度审视小学语文教材文本，体现小学教育专业所必需的语文学科基础知识和基本能力。

　　本书内容包括基础知识、基本理论、解读实践、教学参考等。首先从理论上阐释小学语文教材中各类文本解读的基本原理和一般方法，介绍小学语文教材文本解读所涉及的学科基本理论和基础知识，为小学语文教学提供基础支撑；再从教学的角度解读小学语文教材中各类文体的典型文本，提出具体的解读方法和教学建议，并做出解读实践的示范，以期提高小学语文教师解读教材文本的基本技能，夯实其语文教学基础，提升其教学水平。

　　本书注重从理论的高度阐释小学语文教材文本解读的基本策略和方法，以求帮助小学语文教师认识文本；以案例的形式展现文本解读实践，以期小学语文教师的解读技能有明显的提高，为其小学语文教学打下良好的基础。本书汲取了文本解读理论研究的新成果，文本解读案例大部分选自统编版小学语文教材，具有鲜明的时代性。

　　本书第一章至第三章由刘为群编写，第四章、第五章由沈洁编写，导言、第六章至第九章由陈薇编写，首都师范大学初等教育学院硕士研究生阮迪、魏冬雨完成本书资料的搜集和整理工作，全书由陈薇统稿。

　　本书在编写过程中得到了一线老师和相关专家的大力支持，首都师范大学初等教育学院孙建龙老师为本书的编写提出了宝贵建议，谨致谢意。学界对文本解读的理论与实践已进行了大量研究，本书在编写过程中借鉴和参考了相关成果（凡直接借鉴、参考的在书中注明），在此一并致谢。

　　由于编者学识尚浅，水平有限，所以书中难免存在不足，敬请方家指正。

编　者

目　录

导言

小学语文教学基础
——文本解读

一、深入而准确的文本解读是小学语文教学的基础

（一）文本解读的缺失：小学语文教学效率低下的原因之一

中华人民共和国教育部制定的《义务教育语文课程标准（2022 年版）》（本书以下称《新课标》）将培养学生核心素养作为义务教育阶段语文课程的根本目标。教师应通过识字与写字、阅读与鉴赏、表达与交流、梳理与探究等语文实践活动，使学生初步学会运用国家通用语言文字进行交流沟通，并在此基础上，提高思维能力，建立文化自信，促进审美创造，吸收古今中外优秀文化成果，形成语文核心素养，获得身心的全面发展。在这个过程中，阅读与鉴赏是最常态、最重要的语文实践活动，表达与交流必须建立在阅读的基础上，识字与写字是为阅读与表达服务的。因此，对于小学语文教学而言，阅读教学占据着语文课堂教学的绝大部分课时。而阅读教学效率低下，是困扰小学语文教学的痼疾。

仔细观察当前小学语文阅读教学的课堂，教学手段之丰富、学生活动之多样，都令人眼花缭乱，改革的力度不可谓不大，但学生的阅读能力依然难以让人满意。问题出在哪里？从下面的案例[①]中可以看出一些端倪。

> 为人进出的门紧锁着，
> 为狗爬出的洞敞开着，
> 一个声音高叫着：
> ——爬出来吧，给你自由！
>
> 我渴望自由，
> 但我深深地知道——
> 人的身躯怎能从狗洞子里爬出！
>
> 我希望有一天，
> 地下的烈火，
> 将我连这活棺材一起烧掉，
> 我应该在烈火与热血中得到永生！

《囚歌》写叶挺将军在被国民党反动派囚禁时，面对国民党的威逼利诱，始终坚贞不屈，表现了革命者视死如归的崇高气节。这是北师大版语文五年级下册第七单元"尊严"中的课文。有位老师在教学本课时，将教学目标定为"通过学习本课，让孩子们理解什么是尊严"，将教学重点放在让孩子们深刻理解"自由"的含义上。课上有个教学环节是这样的：

---

① 本案例来自编者 2013 年 4 月参加北京市海淀区某小学的一次校本教研活动时的听课记录。

（1）请找一找这首诗中几处提到了"自由"，勾画相关的句子。（诗歌中一共有两处提到了"自由"。第一个"自由"在第一节诗的末尾，是敌人说给叶挺将军自由；第二个"自由"在第二节诗的开头，是叶挺将军说他渴望自由。）（2）想想每处"自由"的意思是不是相同，把自己的想法写在书的空白处。（3）全班交流。（第一个是敌人给叶挺的"自由"，就是让叶挺将军走出牢房，不再被囚禁在监狱里；第二个是叶挺将军渴望的"自由"，指革命胜利、民族解放，人民过上自由幸福的生活，这才是真正的自由。）

这个教学环节看上去没有问题，而且相当多的教师在教学本课时都是这样处理的。但细琢磨起来，我们会产生不解：理解这两个"自由"的不同含义，与学生理解"什么是尊严"有什么关联？换句话说，看不出这个教学环节对完成教学目标有何作用。在课堂上，教师组织全班学生交流、得出两个"自由"的不同含义时，并不是从诗句本身出发，而是从作者的生平经历角度来分析的，因此对诗歌内涵的解读就发生了偏差。其实，从诗句语意表达的连贯性来看，这两个"自由"的含义是相同的，都是指用背叛革命免去牢狱之苦，换来个人人身自由。关键在于要弄清楚"爬出来吧，给你自由"与"我渴望自由，但我深深地知道"这两个句子之间的连接关系。"我渴望自由"在承接"给你自由"的时候隐含了关联词"当然"，意思是我当然希望离开牢狱，这是不言而喻的；必须注意的是，"我渴望自由"的后面有个转折连词"但"，作者用这个转折连词否定了得到"自由"的前提条件，"人的身躯怎能从狗洞子里爬出"，表示我不能接受这个条件，言外之意就是，我放弃恢复人身自由的机会。这样分析起来，两个"自由"的含义是一样的。通过对这两个句子关系的分析，读者可以清楚地看到叶挺将军的高尚气节：宁可不要人身自由，把牢底坐穿，也不背叛革命，背叛自己的信仰，这是一个人的尊严。如果教师对文本解读到这样的程度，那这堂课的教学目标是可以达成的。

许多类似的教学失误表明，阅读教学中的很多问题都是由教师对文本解读不够深入、不够准确造成的。教学文本是语文课程内容的载体，语文实践活动的过程，就是通过对教学文本的语言文字形式、结构、意义的分析，理解作品的思想内涵和艺术魅力，形成语文核心素养的过程。可见，在阅读与鉴赏活动中，教师对文本的深入、准确解读，影响着学生对文本的感知、理解与体悟，因此，教师的文本解读能力是提高语文教学质量的基础与前提。

（二）小学语文教师文本解读的现状

小学语文教师要上好一堂语文课，教好一篇课文，文本解读是第一步。但笔者在与一线小学语文教师的接触中发现，一些小学语文教师在理论上承认文本解读的重要性，但在实践中，则有意或无意地忽略这一备课环节，不能扎实稳妥地迈开语文教学的第一步。

一些小学语文教师过于依赖教师参考用书、优秀教案等已有资源。教师参考用书从学习目标、写作背景、相关知识，到篇章结构、写作特色、课后思考题答案等一应俱全。另外，随着互联网的发展，人们很容易在网上得到名师的优秀教案。这些教案包含教学目标、教学重难点、课时安排、具体教学过程，甚至还有教学反思，可谓面面俱到。现成的教学资源相当丰富，给教师备课、上课提供了参考。不少小学语文教师一味地依赖现成的教学资源，却不对文本做深入的探究、分析，因而在借鉴已有资源时，只是机械地照搬模仿，并不能完全消化其内在的教学理念，更不能发现其中存在的问题，导致语文教学的指导性、实效性降低。

一些小学语文教师在备课时，把大量精力花在资料搜集、教法构思、活动设计、练习准备上，在教学上过于求新、求异，搭花架子，而在阅读文本上下的功夫少，导致阅读教学中教学手段越丰富，教学活动越多样，在背离阅读教学初衷的道路上就走得越远。

一些小学语文教师文本解读的水平不高。他们对课文的理解比较肤浅，缺乏对文本的深度理解，常出现读偏、读错的现象，尤其是对文本的解读只关注内容的感知、主题的解读、人文精神的涵养，缺少对言语形式的体悟。而如果没有对言语构造的解读，内容的获得、主题的解读、人文精神的涵养就都成了空中楼阁，也就很难通过语文教学培养学生的语用能力。

统编版小学语文教材较以往教材，在内容的安排和文章的选取上都有很大的变化。新教材的文本解读和教学设计，对小学语文教师来说，是一个很大的挑战。

应当说，如果教师缺少深入而准确的文本解读这一教学基础，就难以形成合理的教学设计，难以对学生阅读中的问题进行有效处理和指导，会直接影响语文教学的质量。

（三）文本解读：语文教学的第一步

文本解读是教师备课的第一步，是课堂教学的前奏，决定着语文教学内容的甄别、教学目标的确定和教学策略的遴选。

1. 文本解读选择教学内容

语文教学内容的选择是决定语文教学实效性的关键。如果教学内容出了问题，那么教师的教学再精彩、课堂气氛再活跃，也不能完成语文教学的根本任务，这样的课堂教学效率将十分低下。与其他学科相比，语文课的特点是，教学内容隐含在语文课文之中。

教材中的课文，不仅是阅读教学的内容，更是教师用来教授语言文字知识、培养学生语言文字运用能力的"用例"。目前小学语文教材文选型的编排体例，决定了语言文字知识不是系统地编写在语文教材中，而是隐含在一篇篇课文中；语文教学的目的不仅是读懂课文，更是通过对课文的阅读，训练学生对语言文字的理解与表达能力。王荣生《新课标与"语文教学内容"》一书认为，文本在进入教材之前，只具有原生价值，是用来获取信息的；一旦进入教材，编者就赋予了其新的价值，即教学价值；教师通过文本教学，不但要让学生获取信息，而且要让他们积淀某种语文素养。这教学价值便是教师要通过文本解读以及学生的学情分析来确定的教学内容。

2. 文本解读确定教学目标

教学目标是教师通过教学活动，应该让学生学到的知识内容与应达到的水平，以及在此过程中应发展的能力，是对教学效果的预设，始终引导着教学活动的发展方向。

一篇课文所呈现出的内容是丰富的，对其的解读也应是多角度、多侧面的，其教学价值不是单一的。根据学生学情和《新课标》的年段要求来确定教学目标，就成为教师的必然选择。例如，统编版一年级上册的课文《小小的船》：

弯弯的月儿小小的船，

小小的船儿两头尖。

我在小小的船里坐，

只看见闪闪的星星蓝蓝的天。

　　这首篇幅短小的儿歌，在艺术表现形式上有着巧妙的表达技巧。其首句是个比喻句，把"弯弯的月儿"比成"小小的船"，拉近了空中的月亮和自己的距离；接下来第二句"小小的船儿两头尖"，通过想象，从旁观者变成身临其境者，让观察者到了月亮上，站到船的位置来展开描写；第三句是个过渡句，承接上文的身临其境，通过观察者在月亮上的想象性观察，引出了第四句全新景观的状态："闪闪的星星蓝蓝的天"，读者似乎又回到了对天空仰望的遐想中，第四句开头的"只"暗示了"看见"中的看不见：当"我"想象自己在月亮上时，作为天上景观之一的月亮，就从"我"的视野中消失了。短短的四句诗，天上与人间、想象与现实，浑然天成，体现出想象力丰富的特点。这样一首儿歌在一年级的课堂上，其教学目标应确定为：①"尖""船"等生字以及形容词"弯弯的""闪闪的"和"蓝蓝的"的学习；②指导儿歌的朗读，注意停顿和韵脚；③比喻的用法，帮助学生理解第一句是个比喻句，可以不提"比喻"这个术语，而是与短语"小小的船"联系起来讲，使学生理解儿歌所表达的意象。如果在七年级的课堂上教学这首诗，教学目标就不会这样简单。教学目标则应确定为通过对比喻的理解，体会诗中语意表达的三次跳跃，从而感知诗歌所创造的优美意境。①

　　从上面的案例可以看出，在依据学情确定教学目标时，依然要以文本解读为基础，教师只能依据文本提供的内容确定教学目标，这对教师的文本解读能力是个考验和挑战。

　　3.文本解读影响教学设计

　　文本解读是语文教师进行教学设计的前提。依据学生的学习起点和实际需求、文本的特点及课标要求来选取课文教学内容与设定教学目标，这就是教学设计的开端。教学设计就是选择教学策略与方法，设计层层推进的教学环节来展开教学内容，有效达成教学目标。

　　教学设计是否能够达到预设目标，是否有助于学生语用能力的培养，在很大程度上取决于教师对课文文本的解读是否准确、全面、深刻。只有准确地解读文本，教师才能知道自己该教什么、学生该学什么；只有透彻地解读文本，教师才能决定自己怎么教、学生怎么学。优秀的教师往往能从别人不经意的地方发现文本的亮点，或者能把解读文本浓缩后的精华从教学的角度进行重构与整合，找准切口，形成教学设计的主线，设计出与众不同的教学方案。

二、提高文本解读能力是小学语文教师专业化发展的必然要求

　　这里所说的文本解读能力，是指带有语文教师专业特点的特殊解读能力。它不仅要求语文教师能准确地理解、把握文本的意思，还要求语文教师能根据学生学情与课标要求，对文本的教

　　①　詹丹：《如何定位教学内容深浅——以儿歌〈小小的船〉为例》，载《语文建设》，2014（25）。

学重点、难点加以预判，并在教学理论的指导下把文本的教学内容分解成目标、方法、过程等，设计出切实可行的教学方案；因而文本解读能力是语文教师必须具备的基本教学技能。语文教师对教学文本解读的深浅，直接关系到语文课堂阅读教学对学生阅读指导的准确性和有效性。文本解读能力是教师专业知识、文学素养、审美意识等综合素质的集中体现，教师只有具备一定的专业知识、扎实的基础理论知识、开阔的文化视野，才能从较高的立足点上对文本进行较深层次的解读。

（一）提高文本解读能力应掌握一定的专业知识

文本解读的对象是文本，在语文教学领域，文本即课文。课文是什么？是一篇篇的文章。文章是作者经过缜密的理性思考，使用有组织的语言文字来反映生活、传播知识、表述思想观点、说明事理状况、传达人的感情的一个完整的文字片段。可见，解读文本，就是分析语言文字，理解字里行间所传达出来的思想内涵。小学语文教材中有很多诗歌、小说、童话等文学作品，解读这些作品的过程，更多的是文学鉴赏的过程。

文本解读需要具备语文专业的基础学科知识，如语言学、修辞学、文章学、文艺学等方面的基础知识，曾祥芹曾指出，语言学、文章学、文艺学是语文学科的三大理论支柱。[①] 解读文本的言语表达形式，需要用到语言修辞知识；分析文本的结构层次，需要用到文章文体知识；鉴赏文学作品，需要用到文学体裁知识；等等。试想，如果一位教师在知识结构方面有欠缺，解读文本时仅从阅读直觉和阅读体验出发，没有进行理性的分析和思考，那他解读的结果会非常肤浅，甚至有偏差、有欠缺。事实上，这种现象在一线小学语文教师的文本解读中仍然存在，因此，对于小学语文教师来说，这些基础知识是亟待补充的。

（二）提高文本解读能力应了解一定的基本理论

从课文分析到文本解读，不仅是名称的改变，而且凸显了语文教学界对其重视程度的提高、对其研究的深入，更强调了教师在解读文本时应以一定的理论和方法为指导，反映出文本解读更注重科学性。在目前的语文教学中，引入文本解读理论来解读文本已成普遍趋势，这将阅读教学推向新的高度。

对文本解读的理论研究，国内外都出现得很早。中国古代文论中的"知人论世""披文入情"等解读原则和方法，直到今天仍被用来在语文教学中解读文本。西方文本解读理论的解读重心经历了从传统的作者中心到后来的文本中心再到现在的读者中心的变化。阐释学、现象学、新批评、读者反应批评等多种理论，现在也越来越多地被应用到语文教学的文本解读实践当中。小学语文教师应对这些理论的基本观点、产生背景、适用范围、解读侧重等有所了解，用理论武装自己的头脑，从而让自己的解读目光有的可投，解读行为有法可依，解读结果有理可据。

（三）提高文本解读能力应具备语文课程意识

语文课程的核心是培养学生的语言文字运用能力，语文课程意识即"语用"意识，应当成

---

① 曾祥芹:《论"一语双文"的语文内容结构观》，载《课程·教材·教法》，2015（4）。

为教师解读文本时的出发点和落脚点。有了这一意识，教师在解读文本时就会关注"文本是怎么写的"和"文本为什么这么写"的问题。"写什么""怎么写""为什么这么写"，是由浅入深、逐级递升的三个问题，后两个问题才是文本解读要着力解决的问题，它们隐藏在文本之后，需要教师去潜心解读。

在当前的语文课堂中，教师的教学重心多在第一个问题，解读课题——整体感知——理清情节——领会内涵，成了语文教学的程式化模式，文本解读和课堂教学大多停留在内容层面，几乎深入不到语用的层面，后两个问题被虚化或泛化了。如果语文教师能在解读文本时立足于文本这个"例子"，立足于言语形式，揣摩文本语言文字的魅力和妙处，将文本解读提升到语用的层次，那么他就抓住了语文阅读教学的根本。

（四）提高文本解读能力应注意学生视角

文本解读不可能仅仅停留在教师阅读的层面，一定会进入教学解读的层面。教师在课堂上带领学生解读文本，不仅是让学生理解"这一篇"课文，更重要的是让学生从中学会阅读的方法，提高阅读能力，从而解读其他文本。

因此，教师要学会以学生的眼光来解读文本，尊重学生的认知结构和学习习惯，要站在学生的角度去思考，要了解学生现有的学习水平，预设学生解读文本时的难点；要考虑到学生的实际需要，确定解读文本的重点。这样才可以给课堂教学目标以更准确的定位，真正实现"用教材教"，从而提高小学语文的教学效率。

三、对文本解读的理解与认识

（一）文本解读的内涵

随着语文课程改革的不断深入，人们对语文教学各个环节的研究与实践水平也在不断提高，"文本解读"这个概念取代了"课文分析"这一术语，受到前所未有的重视。这不是简单替换，而是意味着语文教学中的课文分析开始从教师的直觉体验转向理论阐释，向着语文教学的科学化和系统化迈进了一大步。

"文本"（text），是从西方文艺学中借过来的术语，又称"本文"。西方哲学解释学认为文本是一种语言，是渗透着人类思想感情的作品的存在形式，如绘画作品的文本是色彩和线条，音乐作品的文本是音符和节拍，文学作品的文本是书面语言，等等。在语文阅读教学中，"文本"特指被收入语文教材的文章——课文。语文教材中的文本不再是普通意义上的文本，而是经过编者的加工，加上"阅读提示""课文注释""课后练习"等内容，成了语文知识体系的形象载体。

"解读"，《现代汉语规范词典》解释为"通过分析来理解"，带有研究性阅读的意思，在西方，最早是作为一种对《圣经》的诠释技艺而产生的，后来逐渐发展为对文学作品及其他类型作品文本的理解和分析。具体说来，"解读"就是读者凭借自己的生活经验和专业知识研读文本，通过体验、分析和认识，理解文本各个层面的言语特征并建构文本意义的过程。语文教材文本的解读，特指语文教师调动自己的知识和经验储备，形成对文本准确、全面的理解，以选择教学的最优内容和最佳途径，引导学生通过对文本的解读，形成语言的理解、积累和运用能力。

可见，语文教学中的文本解读，不同于一般意义上的文本解读，是在文本解读一般规律的基础上，以语文教师的立场和视角对文本进行的教学解读，或者说是基于教学的文本解读，本书使用的"文本解读"一词，即定位于此。

（二）文本解读的三个层面

语文教师基于教学的文本解读，可分为密切相连又有所区别的三个层面。

1. 个人的解读——感悟

个人的解读是指教师作为普通读者在自然状态下的阅读，解读的基点是解读者个人的阅读水平。在解读过程中，获得对文本形象的感知、情感的体验、意蕴的理解、艺术的欣赏，最大限度地构建起文本的意义世界，发现的是文本的原生价值。这种解读强调的是解读过程的体验和生成，即所谓"一千个读者就有一千个哈姆莱特"，因此只要能读出"这篇文章写了些什么"或者"我从这篇文章中悟出了点什么"即可。这是教师教学解读的前提。

2. 教师的解读——分析

教师的解读专指教师作为教学活动的准备者在课前备课时进行的文本解读，是教师基于教学的目的，对进入语文教材的文本——课文进行的专业阅读。教师要考虑的不仅是"这篇文章写了什么"，更重要的是"这篇文章是怎样写的""这篇文章为什么这么写"。教师要运用文本解读的基础理论和一定的解读策略，对文本进行理性分析，目的是在文本的原生价值中找到教学价值，将一篇囫囵的课文化为有整体、有零件、可组合的教学材料。本书使用的"文本解读"一词，仅局限于此层面的讨论。

教师的解读过程一般分为两步。第一步，找出"可以教一些什么"。教师凭借自己的专业知识，找出文章各个要素的特点，即"这一篇"的与众不同之处，这些都有可能成为一篇课文的教学点。第二步，确定"应该教一些什么"。一篇文章可能存在许多值得教的地方，而一个教学单元的时间是有限的，因此，教师必须从可以教的教学点中挑选最有价值、最值得教的东西，作为教学内容。其选择的标准是：①从文本本身来看，要选择文本最突出的特点；②从文本在教材体系中的位置来看，编者把"这一篇"文本放在某一册的某一个单元，应该已经考虑到这篇文章的教学价值点了，因此，教师要仔细阅读教材的提示，对于统编版教材来说，就是要特别注意单元语文要素所暗示的文本言语特征，从中发现教材强调的"这一篇"的教学价值；③从教学对象——学生的情况来看，教师要根据学生的认知特点、兴趣所在和学习基础来取舍文本中的教学点。

3. 教学的解读——通过分析带领学生感悟

教学的解读指的是教师作为教学活动的实践者在具体教学情境中进行的文本解读，其核心指向是基于教师文本解读的教学目标定位与教学设计和实施，是教师在课堂上带领学生与文本进行"对话"的过程。教师不但要教会学生读懂文本，而且要教会学生"怎么读"文本，目的是使学生提高解读文本的水平和能力，从中学习语文知识，培养语文素养和语用能力。

（三）文本解读的要求 [①]

教师备课时的文本解读要致力于"迁移"——教学生学会解读。有经验的教师常常在备课时虚拟与学生共同解读文本的情形，并据此进行教学设计。

教师备课时的文本解读必然通过课堂教学过程得以呈现。它以培养学生的阅读能力为目标，因而强调规范性、指导性、稳定性，即使是对学生独特感悟与体验的允许、鼓励，也必须在教学的框架内进行。

基于语文课程目标的要求，在语文教学中，除了科技论文阅读外，几乎所有的文本解读都应当从文本形式的角度进行探讨，深入探讨文本的形式怎样表现文本的内容。

（四）文本解读的步骤

1. 辨识文本体式

阅读是对某一特定文本进行解码和解释的具体行为，是一种文体思维。具体的文本有不同的体式，不同体式的文本具有不同的类别特征。比如，诗歌文本的韵律与节拍、意境与抒情就与小说的人物、情节、环境有着明显的体式差异，这也就意味着阅读它们所需要的方法和能力不同。文本解读的第一步就是要辨明文体，然后方能采用有针对性的解读策略和方法。

2. 了解文本背景

要透彻地解读一篇文本，就必须了解作者或文本中人物的思想和经历，同时与当时的时代特征、社会思潮等结合起来考察。例如，统编版二年级上册课文《坐井观天》的寓意到底是什么，就要联系这个成语的出处来理解。《坐井观天》是根据韩愈《原道》中"老子之小仁义，非毁之也，其见者小也。坐井而观天，曰天小者，非天小也"一段文字创编的成语故事。原文意思是，老子小看、轻视仁义，并不是诋毁仁义，而是由于他的见识狭小，这就好比坐在井里看天，说天很小，其实不是天小，而是坐在井里的人的视野太小。结合出处回读课文就会发现，故事的编者将原文的道理寄寓在了小鸟和井蛙的对话之中，故事的寓意是，位置决定视野，视野决定见识，站在更高的位置，才能全面准确地认识世界。

3. 分析文本特征

和普通读者不一样，语文教师有自己的职业敏感和专业基础。对文本做全面、细致的分析，找出文章主题、内容、结构、语言表达等诸要素的特点，发现文体特征、写作技巧、历史文化知识等，是解读最关键，也是最难的一步，是整个语文教学的基础。

4. 确定教学内容

确定教学内容就是从文本众多有教学价值的特征中挑选最有价值、最值得教的东西，也就是从"可以教什么"到确定"应该教什么"，即选择、定位合适的教学目标和教学内容的过程。在选择的过程中，文本特征、课标要求、教材提示、学生学情，共同决定和制约着教师的选择。

---

① 李华平：《文本教学解读的价值取向》，载《教育科学论坛》，2013（1）。

5.进行教学设计

根据解读的结果进行教学设计，是教师通过具体的教学手段落实教学目标的过程，在设计时要考虑学生对文本信息的获取能力、对文本的感悟和体验。教师可以让学生通过文本解读获得语文知识、言语规律和阅读方法。

四、本书的主要内容和基本框架

本书基于《小学教师专业标准（试行）》和《新课标》的基本理念，根据小学语文教学的现状和小学语文教师专业发展的需要，体现小学教师教育所必需的语文学科基础知识，尤其强调理论与实践的结合，注重从理论的高度阐释小学语文文本解读的策略和方法，并做出解读实践的示范，为小学语文教师提高文本解读能力提供帮助。

根据理论与实践相结合的原则，本书安排了以下内容：第一章至第三章择要介绍小学语文文本解读所需的文章学、修辞学、文学理论等方面的学科基础知识，第四章、第五章撮要介绍中国古代传统文本解读理论和西方文论中关于文本解读的基本原理及一般方法，第六章至第九章侧重阐述小学语文教材中各类主要文体文本解读策略与解读实践，力图帮助小学语文教师用所学的理论知识正确而深入地解读小学语文教材文本；每章还结合具体内容安排了教学方法、教学设计、教学实录等，为文本的阅读教学提供参考。

基于上述内容，本书采用模块式编排体例，每节分为三个模块。

1.理论聚焦

为提高小学语文教师解读文本的能力，补充小学语文教师在文本解读理论方面的欠缺，本书介绍了小学语文文本解读所需要的基础知识、理论支撑及具体的解读策略。本书对这些理论的阐述是从小学语文教学文本解读的实际需求出发的，不强求理论的系统性。

2.解读示例

解读一至两篇小学教材中的文本，为将该节介绍的理论知识或方法运用到解读实践中做出示范，并提出教学建议。本书所选文本大多为小学语文教材中的篇目，或为常见篇目，或为难点篇目，或为典型文体篇目，大部分出自教育部审定义务教育教科书语文（1—12 册）（本书以下简称统编版），少数篇目出自人民教育出版社义务教育课程标准实验教科书语文（1—12 册）（本书以下简称人教版）和北京师范大学出版社义务教育课程标准实验教科书语文（1—12 册）（本书以下简称北师大版）。

3.拓展阅读

本书使用的"文本解读"概念主要是指教师在备课之始对文本的分析，主要目的在于提供小学语文教学的基础知识和基本技能，故在理论介绍与解读示例中都不涉及教学设计环节，但文本解读的结果最终是要通过教学设计体现出来的。故在这一模块中，用论文选读的方式将文本解读的理论与实践延伸到教学环节，或说明理论在教学中的应用，或展示教学过程，目的都在于阐释文本解读对于语文教学的重要性。

本书在每一节的末尾设置了"想一想，练一练"，方便使用者自查是否较好地掌握了所学知识和技能；还列出了本节的主要参考文献，作为小学语文教师学习、进修时的阅读书目。考虑到小学语文教师的实际需要，所列文献虽不是最权威、最专业的，却是经过一线教师在教学实践中证明特别实用的。

上述特点和内容决定了本书的适用范围：①本书的部分章节作为首都师范大学初等教育学院本科生和研究生必修课的教学内容，很受欢迎，故本书可作为高等院校小学教育专业的本科生和研究生的专业课教材。②书中全部文本案例来自教学实践，又作为小学语文教师在职培训和校本教研的案例经过编者与小学语文教师的共同研讨分析，故可供一线小学语文教师进修、提高之用，同时为其备课提供参考。③目前，高校及科研院所的研究人员偏重文本解读理论，尤其是文学文本解读理论的研究，而小学语文教师对文本的解读，主要基于个人的教学经验或阅读体验，缺少理论的指导和方法的归纳，本书试图在二者之间搭建一座桥梁，故可供负责小学语文教师培训的各级教研员、高校及研究机构的研究者参考。

参考文献

[1] 中华人民共和国教育部.义务教育语文课程标准（2022年版）.北京：北京师范大学出版社，2022.

[2] 郑国民，李宇明.义务教育语文课程标准（2022年版）解读.北京：高等教育出版社，2022.

[3] 王荣生.语文科课程论基础.北京：教育科学出版社，2014.

[4] 荣维东.语文文本解读实用教程.北京：北京大学出版社，2016.

[5] 于漪.语文教师的文本解读.中小学教材教学，2015（2）.

第一章

小学语文文本解读的文章学基础

读书破万卷，下笔如有神。——杜甫

知识地图

```
                                                          ┌─────────────┐
                                            ┌────────────┤ 何谓"文章"    │
                              ┌───────────────────┐      └─────────────┘
                              │ 文章的概念及其教学应用 ├──┬───────────────────┐
                              └───────────────────┘  │ │ 文章的基本构成要素   │
                                                      │ └───────────────────┘
                                                      │ ┌───────────────────────────┐
                                                      └─┤ 文章学知识在小学语文教学中的应用 │
                                                        └───────────────────────────┘

                                                          ┌─────────────┐
                                            ┌────────────┤ 章法与脉络    │
┌──────────────────────────┐              ┌───────────────┐ └─────────────┘
│ 小学语文文本解读的文章学基础  ├──────────────┤ 文章的章法、结构 ├──┬─────────────┐
└──────────────────────────┘              └───────────────┘  │ │ 结构与顺序    │
                                                              │ └─────────────┘
                                                              │ ┌─────────────┐
                                                              └─┤ 段落与层次    │
                                                                └─────────────┘

                                                          ┌─────────────┐
                                            ┌────────────┤ 文章的表达方式  │
                              ┌───────────────────┐      └─────────────┘
                              │ 文章的表达方式及教学分类 ├──┬───────────────┐
                              └───────────────────┘    │ │ 文章的教学分类  │
                                                        └───────────────┘
```

学习目标

1. 了解文章的构成要素。

2. 了解文章的章法与脉络、结构与顺序的概念，知道段落与层次的异同。

3. 掌握文章的几种表达方式，以及各种表达方式的分类。

4. 能够运用文章学的相关概念分析解读文本。

第一节 文章的概念及其教学应用

小学语文课程内容体现在教材当中，而小学语文教材是由一篇篇文章组成的。教师进行教学的第一步就是在备课时准确解读文章，因此应当具备关于文章的基本常识。文章学是"研究文章本体规律和文章读写规律的一门现代写作学分支学科。它以文章为研究对象，研究范围大致包括文章基本原理、文章写作、文章阅读、文章读写教学以及文章发展史、文章学史等"。[①] 在日常生活中，人们习惯性地把所有的书面语言都称作文章，但文章更确切地是指现代汉语中独立成篇的、能够表达相对完整内容的书面文字。本节先对普通文章和文学作品进行区分，然后阐述关于普通文章的基本知识，如文章的基本构成要素，即主旨、质料、结构、语言。

▶ 理论聚焦

一、何谓"文章"

"文章"形成的历史很久远。先秦时期就有关于"文""章"的阐释。"文"的本义是"纹"，指花纹，由此引申为"文字"，因为汉字的线条，类似花纹；"章"，《说文解字》中说，"乐竟为一章，从音十"，意思是足够多的声音组合在一起，形成一首乐曲，也可理解为一个段落的意思。因而"文章"原指色彩错杂、花纹斑斓的段落，也指一段文字。用今天的话说，文章就是作者经过缜密的理性思考，使用有组织的语言文字，来反映生活、传播知识、表达思想观点、说明事理状况、传达人的感情的一个完整的文字片段。

"文章"一词指书面语作品是从汉代开始的。西汉中后期，"文章"与"儒学"对举，含义接近现代所谓"文学"，指经、史、子著述之外的诗赋等文学作品。魏晋南北朝时期出现了许多关于文章理论的专著，认为世间万物都可以是文章反映的对象，如晋代挚虞在《文章流别志论》中说："文章者，所以宣上下之象，明人伦之叙，穷理尽性，以究万物之宜者也。"后来清人叶燮也在《原诗》中说："文章者，所以表天地万物之情状也。"

近代至五四新文化运动时期，"文章"与"文学"这两个概念一直被混淆在一起。叶圣陶提出了"文学之外，同样包在国文里还有非文学的文章，就是普通文"[②]的观点，明确地把普通文章与文学作品区分开来。目前，虽然不少人仍将文章与文学混为一谈，但越来越多的人认同了叶圣陶的观点，认为文章有广义与狭义之分，广义的文章包括文学作品，狭义的文章指"非文学的文章，就是普通文"。从叶圣陶《文章例话》看，"普通文"指诗歌、小说、戏剧之外的文章，

---

① 庄涛、胡敦骅、梁冠群：《写作大词典》，984页，上海，汉语大词典出版社，2003。

② 叶圣陶：《国文教学的两个基本观念》，见《叶圣陶语文教育论集》，56~63页，北京，教育科学出版社，1980。

主体是广义的散文。[①]

1985年，张志公主编的《现代汉语》明确提出"实用性文体"（实用文）这一术语。在1996年出版的《汉语辞章学论集》里，张志公进一步将"主要诉之于情"的文学作品与"主要诉之于理"的"各种应用性的文章"加以区别："无论是政治的（宣传什么或反对什么）、科学的（介绍什么、说明什么、反驳什么）、社会交际的（公关）以及日常应用的（信、公文等），都属于应用性的体裁。"[②]可见"实用文"，即除去小说、诗歌、戏剧和散文之外的书面语篇。

上述两位语文教学研究的前辈对普通文章与文学作品的区别做出了基本一致的分析。"普通文"（广义的散文）或"实用文"指普通性、实用性的文章，在小学语文教材中数量最多，其语篇特征和交际功用与文学作品有很大不同，阅读方法也与之不尽相同。基于此，《新课标》在"课程内容"中设置了"实用性阅读与交流"与"文学阅读与创意表达"两个不同的学习任务群，意在引导教师区分不同课文的语篇特征，带领学生完成不同的阅读任务。故本章的"文章"指普通文（广义的散文）和实用文，涉及诗歌、小说等文学作品的基本理论将在第五章阐述。

二、文章的基本构成要素

文章的基本构成要素主要包括主旨、质料、结构、语言四个方面。其中，主旨、质料属于内容方面的要素，结构、语言属于形式方面的要素，它们共同构成一篇完整的文章。

1. 主旨——为什么写

这里的主旨特指普通文章里所体现出的主要思想价值。简单说，它是作者的写作目的，是作者所要表达的意图、主张或看法，也就是文章的中心思想。任何文章都有主旨，主旨可以是直抒胸臆的，也可以是含蓄蕴藉的，但都应该单一、集中和明确。在现代生活中，文章主旨的表达更趋向明朗化和艺术化。

2. 质料——写了什么

"质料"的称谓常见于一些专门的文章学书籍。在文章学中，"质料"一词要和"材料"一词作区分。"材料"的概念比较宽泛，既可以指写作前搜集到的原始资料，也可以指写进文章的内容；而"质料"专指那些被写进文章的材料。简单说，"质料"是作者写出来的内容，即那些组成文章本体的、用来支撑并表达主旨的内容，包括人物、事件、景物、理据等。质料选择恰当、严谨，有代表性，文章才能言之有据、言之有物、内容充实，有较强的说服力。

3. 结构——怎么写的

简单说，结构就是文章内容的组织构造。它是作者根据表达需要，对质料进行的有层次、有条理的组织与编排。结构是文章得以形成的基础，再重要的主旨，再有说服力的质料，如果没有适当的结构，也会直接影响文章内容的表达，进而导致文章写作的失败。因而结构安排是文章写作过程中非常重要的一环。

---

① 以上见王荣生、于龙：《语文教学中必须关注的几点文章学知识》，载《语文学习》，2012（4）。
② 张志公：《汉语辞章学论集》，230页，北京，人民教育出版社，1996。

4.语言——用什么写

文章使用的语言首先要合乎特定的语境及文体特点，读起来和谐自然。其次，要具有美感。美感可以通过华丽的辞藻来创造，但朴实无华的语言同样可以使文章富有质朴的美。

三、文章学知识在小学语文教学中的应用

收入语文教材的文章，就是学生学习的课文。作者写文章，往往有一定的写作目的，或者是表扬，或者是批评，或者是警示，或者是反思，或者仅仅是交代说明情况。读者阅读文章，是希望以此来了解作者的态度或是了解知识、信息等内容。文章一旦被选编进语文教材，性质就会发生变化。教材的编者在编选课文时，往往有一定的指导思想：编选的课文，功能是用作语文教学的凭借和依据；学生学课文，目的是了解文章表达内容的方法，培养运用语言文字的能力。因此，教师的注意力应集中在有关选材、叙述和说明的方法等能够体现某种语文能力训练的因素方面，而文章本身传达出的知识和信息、作者的态度等内容应简化处理。这样，文章才能转化成教学用的课文。

小学语文教学的根本目的之一是让学生掌握阅读的方法，培养学生的阅读能力，进而使学生学会阅读。因此，语文教学如果仅仅局限于文章的思想内容或文章所介绍的知识，以此为教学的主要目的，那就是把阅读教学的内容窄化了。这一点在文学作品进入语文课本后的变化上表现得最为明显。以统编版六年级上册的《少年闰土》一课为例，教师在进行阅读教学时应该将教学重点放在向学生讲解作者如何刻画少年闰土这一朴实活泼、聪明能干的农家少年形象上，而鲁迅原作中所表现的旧中国农村衰败的现实以及少年闰土是如何变成愚昧麻木的中年闰土的深刻主题，是学生借助资料也不一定能完全理解的，教师不必强求。这就是语文教学与文学鉴赏的细微差异，否则就会模糊语文课阅读教学的本质。

正是基于上述理由，语文教师应当掌握一些文章学的知识，为语文阅读教学服务。如文章学中的语段知识，语段本是语言学中的概念，也称为句群，是由几个句子构成的表达一个完整意思的语言单位。在把握课文的中心意思时，可以利用语段知识来了解课文的脉络，把握课文的主旨，避免漫无目的地去寻找课文的中心思想；可以利用语段知识来把握作者阐述观点、安排课文层次的方法与技巧，更多地了解课文内部的构造等。否则，教师在解读课文时就缺少明确的思路和方法，在教学课文时也就不能明确教学目标和教学内容，进而导致阅读教学效率低下，达不到培养学生阅读能力的目的。

▶ 解读示例

文本链接 >>>

记金华的双龙洞

4月14日,我在浙江金华,游北山的双龙洞。

出金华城大约五公里到罗店,过了罗店就渐渐入山。公路盘曲而上。山上开满了映山红,无论花朵还是叶子,都比盆栽的杜鹃显得有精神。油桐也正开花,这儿一丛,那儿一簇,很不少。山上沙土呈粉红色,在别处似乎没有见过。粉红色的山,各色的映山红,再加上或浓或淡的新绿,眼前一片明艳。

一路迎着溪流。随着山势,溪流时而宽,时而窄,时而缓,时而急,溪声也时时变换调子。入山大约五公里就来到双龙洞口,那溪流就是从洞里出来的。

在洞口抬头望,山相当高,突兀森郁,很有气势。洞口像桥洞似的,很宽。走进去,仿佛到了个大会堂,周围是石壁,头上是高高的石顶,在那里聚集一千或是八百人开个会,一定不觉得拥挤。泉水靠着洞口的右边往外流。这是外洞。

在外洞找泉水的来路,原来从靠左边的石壁下方的孔隙流出。虽说是孔隙,可也容得下一只小船进出。怎样小的小船呢?两个人并排仰卧,刚合适,再没法容第三个人,是这样小的小船。船两头都系着绳子,管理处的工人先进内洞,在里边拉绳子,船就进去,在外洞的工人拉另一头的绳子,船就出来。我怀着好奇的心情独个儿仰卧在小船里,自以为从后脑到肩背,到臀部,到脚跟,没有一处不贴着船底了,才说一声"行了",船就慢慢移动。眼前昏暗了,可是还能感觉左右和上方的山石似乎都在朝我挤压过来。我又感觉要是把头稍微抬起一点儿,准会撞破额角,擦伤鼻子。大约行了两三丈的水程吧,就登陆了。这就到了内洞。

内洞一团漆黑,什么都看不见。工人提着汽油灯,也只能照见小小的一块地方,余外全是昏暗,不知道有多么宽广。工人高高举起汽油灯,逐一指点洞内的景物。先看到的是蜿蜒在洞顶的双龙,一条黄龙,一条青龙。我顺着他的指点看,有点儿像。其他那些石钟乳和石笋,这是什么,那是什么,大都依据形状想象成神仙、动物以及宫室、器用,名目有四十多。这些石钟乳和石笋,形状变化多端,再加上颜色各异,即使不比作什么,也很值得观赏。

在洞里走了一转,觉得内洞比外洞大得多,大概有十来进房子那么大。泉水靠着右边缓缓地流,声音轻轻的。上源在深黑的石洞里。

我排队等候,又仰卧在小船里,出了洞。

——统编版四年级下册

《记金华的双龙洞》是叶圣陶在1957年游览浙江金华的两个岩洞后写作的一篇散文,原文名叫《记金华的两个岩洞》。编者在将其选入教材时进行了修改,为使内容更集中,删去了游览另一个岩洞的内容，只突出了游览双龙洞时的所见所感。

课文按照游览的顺序来写景，首先，作者介绍了去双龙洞路上的景色；其次，来到目的地，作者按照由外及内的空间顺序依次描写了双龙洞洞口、外洞、孔隙、内洞的景象，突出了大自然的鬼斧神工；最后，从整体的完整性上考虑，作者把出双龙洞作为一部分在结尾一笔带过。

课文不长，一共 8 个自然段，第 1 自然段交代了游览的时间和地点；第 2、3 自然段描写了去双龙洞途中的景色；第 4~7 自然段描写双龙洞洞口、外洞、孔隙及内洞的情况；第 8 自然段简写出双龙洞。从写作的整体结构上来看，它符合总分的写法；第 4~7 自然段又是并列的写法。整个结构清晰简明，是游记散文"移步换景"写法的范本。

《记金华的双龙洞》作为一篇游记，在表达方式的运用上以记叙、描写为主。在去双龙洞途中，作者详细地描写了路边的景物："精神"的映山红，"这儿一丛，那儿一簇"的油桐，"在别处似乎没有见过"的、"呈粉红色"的沙土，"各色的"映山红，再加上"或浓或淡的新绿"，"一片明艳"。这为写双龙洞的景象作了铺垫：沿途景色已经令人心旷神怡，双龙洞自然更令人期待。对于洞口、外洞和孔隙的记叙、描写，作者都是从自身经验出发的，无论是"像桥洞似的"洞口，像能"聚集一千或是八百人开个会"的"大会堂"的外洞，还是"仰卧在小船里"，"从后脑到肩背，到臀部，到脚跟，没有一处不贴着船底了"，也依然能感觉到"左右和上方的山石似乎都在朝我挤压过来"，"头稍微抬起一点儿，准会撞破额角，擦伤鼻子"的孔隙，都能引起读者基于自身经验的联想和想象，让读者感觉身临其境，景象似乎就在眼前。内洞则"一团漆黑"，工人高举的汽油灯映照之下的黄龙、青龙蜿蜒在洞顶；"依据形状想象成神仙、动物以及宫室、器用"的石钟乳和石笋，"形状变化多端"，"颜色各异"，"即使不比作什么，也很值得观赏"。内洞"昏暗"，目光所见必然有限，但作者"走了一转"，觉得内洞"大概有十来进房子那么大"。作者还是通过具体的叙述给读者留下了关于内洞面积的深刻印象。

叶圣陶不仅是一位作家，还是一位著名的教育家。他曾在小学任教，并主持过全国大、中、小学教科书的编审出版工作，因此他对写作中语言的表达有着比一般作家更深刻的体会。明白晓畅、文字洗练是这篇文章在语言上最突出的特点。全文几乎都是短句，轻巧畅快，符合观赏景物的愉快心情。语句用词力求简朴，极少生僻，唯一一处"突兀森郁"的使用，恐怕也是为了突出双龙洞所在的北山的卓绝"气势"。整体来看仿佛是唠家常似的娓娓道来。修辞手法的使用极为有限，如拟人："都比盆栽的杜鹃显得有精神"；比喻："洞口像桥洞似的"；"走进去，仿佛到了个大会堂"。能用通俗语言交代清楚的，作者宁愿进行详细的描写，如"自以为从后脑到肩背，到臀部，到脚跟，没有一处不贴着船底了"，也不频繁地使用修辞手法。

以上从结构、表达方式、语言等方面对叶圣陶的《记金华的双龙洞》进行了简要分析，以此来了解文章构成的基本要素。

▶ 拓展阅读①

文章知识与语文教育

一、文章知识

文章知识，指文章主体、文章客体、文章本体及其相互关系的内外规律。它具体包括哪些？从体裁样式分类，有普通文章、专业文章和变体文章。普通文章作为教学文体，包括记叙文、说明文、议论文、日常应用文，它们是从文章和文学作品中选入教材而变成普通文的。专业文章作为实用文体，包括新闻、传记等专业记叙文，公文、课本等专业说明文，论文、论著等专业议论文，以及科技、教育、经济、法律等专业应用文。变体文章作为两栖文体，包括纪实散文、报告文学、传记文学、游记文学、科学小品、科学演义、随笔文学、议论散文、抒情散文、杂文、寓言等。这个"文章体裁三分法"学以致用，知常达变，兼顾了文章和文学的分野和会通。

文章知识，从表征方式分类，有陈述性的"文章本体知识"、程序性的"文章读写知识"和策略性的"文章教学知识"。静态的文章本体知识可以剖分为文章的信息内容、体裁样式、结构法则、言语规范以及内容和形式相结合的整体风貌等系列范畴。动态的文章读写知识，可以剖分为文章阅读知识和文章写作知识。文章教学知识则体现在文章读写训练的具体要求和方略上。

二、语文教育

从言语作品的发展看，文章作品是话语作品和文学作品的中介物。叶圣陶关于"一般文章是文艺作品的基础"的名言是颠扑不破的。无论从语文社会应用看，还是从文字功夫磨炼看，与文学知识和能力相比，文章知识和能力总是基础的、首要的、主要的。就阅读智能而言，应先掌握基础性的文章解读能力，后才容易学会提高性的文学鉴赏能力；就写作智能而言，应先掌握纪实的普通文章，后才容易学会虚构的文学作品。中学生的习作与作家的创作不同，在基础教育阶段，必须强调文体的规范，懂得文章与文学在写作目的、使用材料和表达方式上的差异，先知规矩成方圆，后才讲究破体为文，做到有个性、有创意的表达。熟悉了文章语言的科学规则，才有希望去驾驭文学语言的艺术技巧。普通文章朝着艺术化的方向发展上升为文艺作品，普通文章朝着科学化的方向发展上升为专业文章。

单看语文独立设科百余年来的语文教育优良传统，我以为，值得特别发扬的是以叶圣陶为代表的"语言文章（文学）教育"传统。尽管他持的是广义文章观，但着重阐发的是狭义文章。叶圣陶总是把"语文学"和"文学"区别看待，其语文教学的基本观念之二是国文不等于文学，"国文所包括的范围很宽广，文学只是其中的一个较小的范围。……中学生要应付生活，阅读和写作的训练就不能不在文学之外，同时以这种普通文为对象"。

语文教育本体是"语用"教育。"语用"的核心要求和本质特征是篇章语境中人对语言文字的主体性地使用和交流。"语用"在语言形式上有三个层次：词句的运用，段章的运用，文篇和

---

① 此模块的论文收入本书时，有些地方作了技术性处理，后文不再一一标注。

书本的运用。文篇和书本大语境的教学是语文教育的发展方向。具体说，文章教育是语文教育的主要课程，文章教材是语文教材的主流体裁，文章教学法是语文教学法的主要方法，文章智育是语文智育的主要途径，文章德育是语文德育的独特效能，文章美育是语文美育的特殊补充。

——节选自曾祥芹:《重申文章知识　强化文章教育》，载《中学语文教学》，2014（11）。

想一想，练一练

1. 文章是什么，包括什么？

2. 根据书中文章构成要素的相关内容，选择一篇课文进行文章要素的分析。

参考文献

[1] 夏丏尊，叶圣陶.文心.北京：开明出版社，2017.

[2] 陈亚丽.文章学基础教程.北京：北京大学出版社，2010.

[3] 任遂虎.文章学通论.北京：清华大学出版社，2011.

第二节　文章的章法、结构

文章的章法、结构多与写作活动相联系，使作者懂得运用文章学理论去指导和检验自己的写作实践活动。对于语文教学活动来讲，教师将文章章法与结构等文章学理论渗透至阅读教学活动中，有利于学生对文章结构和内容的把握。

▶ 理论聚焦

一、章法与脉络

"章法"是古代文章学的概念，是从优秀文章（模范文章，即范文）中归纳出来的、可以让后学者效仿的谋篇布局的方法，即古人所说的文章的开阖、首尾的呼应、结构的经纬错综等写作手法，包括文章的取材、顺序、层次、详略、开头、结尾、线索、过渡、伏笔、照应、悬念、点睛等方法和技巧。当代学者陈满铭认为，章法所探讨的是篇章之条理，亦即连句成节（句群）、连节成段、连段成篇的逻辑组织，他归纳出近 40 种章法技巧，而且明确指出，"这种源于人心原本的逻辑条理或组织，从古以来就自觉或不自觉地反映在各类作品中"。[①] 章法是作者构思文章时的思维过程的体现，古人用人体血液流动来比喻这种体现在章法之中的作者思路，称之为脉络，也称文脉、意脉。文章脉络常常用一些标志性的短语、句子来体现。在叙述性的文章中，脉络句交代时间的变化；在议论性的文章中，脉络句体现思维的逻辑性；在说明性的文章中，脉络句表现空间的转换；也有一些文章的脉络隐含在文意的转换之中，但可以总结归纳出来。[②] 用现代文章学的理论来看，章法是对层次、段落、句子等文章单位的有秩序的组织，是脉络的外在表现；而脉络指文章单位之间的衔接关系，是作者的行文思路在作品中的体现，体现出文章内在思想、情感的逻辑性，是章法的基础。[③]

二、结构与顺序

（一）结构

现代文章学将文章看成一个书面语言系统，这个系统是有机的整体，是由不同层次的构成单位按照一定的秩序组合而成的。这种秩序，体现为词、句、段之间的层次、结构的组织性，即文章结构。这种组织性是由一种内在思想、情感的逻辑性决定的，是作者连贯的、有条理的思维过程的外在表现，即作者思路。所以说，结构是指对材料的组织和安排的方法，是由作者的写作

---

①　陈满铭：《章法结构及其哲学义涵》，载《浙江师范大学学报（社会科学版）》，2004（2）。
②　程翔：《一种基本的章法训练模式——脉络句训练法》，载《中学语文教学》，2008（11）。
③　王荣生、于龙：《语文教学中必须关注的几点文章学知识》，载《语文学习》，2012（4）。

思路决定的。思路是文章结构安排的依据，文章的结构组织是否严密、清晰，取决于作者的思维过程是否严密、清晰；而思维过程是否严密、清晰，取决于作者对自己叙述的客观事物是否形成了鲜明的印象、想法、态度和情感。

（二）顺序

作者的思路就是写作时安排、组织材料的顺序。文章结构是否完整、条理是否清楚、脉络是否分明，关键在于组织材料时能否找到一个合理的秩序。总的来说，一般有这样三类顺序。

1. 时间顺序

时间顺序指以时间推移为序，将文章要用的各个材料串成一体；或以事件、情节发生、发展、结局的过程为序，使文章有条不紊，形成一个有机的整体。例如，统编版二年级上册课文《大禹治水》按照"洪水使人民生活痛苦——鲧用筑坝挡水的办法，没有治好洪水——禹治水，三过家门而不入——禹用疏通河道的办法，带领人们治好了洪水"的顺序，讲述了著名的大禹治水的故事。这种按时间顺序展开情节的结构，很好地表现了文章的主题：大禹心系百姓、无私奉献的精神为后世所景仰。作者的心理活动、感情变化中存在着时间的推移，这可看作特殊的时间顺序。

2. 空间顺序

空间顺序指按照空间的转换顺序组织材料，即按照方位、处所或地点的变换来安排材料，决定材料先写后写的次序。写景状物之类的文章、游记，经常采用这种结构顺序。这种顺序使文章条理清楚，主次分明。

3. 逻辑顺序

逻辑顺序是指依据事物之间或事物内部各部分之间的逻辑关系来确定文章材料的组织顺序。常见的逻辑关系有并列、递进、因果、整体—部分、一般—特殊、现象—本质等，都可以在文章的结构顺序中得以体现。比如，对事物的分类说明就是并列顺序，整体—部分或一般—特殊则可表现为总分的结构，等等。

三、段落与层次

（一）段落

段落是文章结构的基本单位。在小学语文教学中，段落又称自然段，在文章里以开头空两格为标志。

一篇文章大多由多个自然段组成。每个自然段往往由围绕同一个中心意思的几个相关句子组成。一般情况下，这几个句子由主题句、支撑句、结论句三部分构成，主题句就是说明自然段的中心或作者写作目的的句子，支撑句是与主题句密切相关、共同阐明和证实主题句的句子，结论句就是对整个自然段进行总结的句子，有时再次强调自然段的中心。例如，统编版四年级下册《千年梦圆在今朝》中：

　　飞离地球、遨游太空是中华民族很久以来的梦想。在古代就有"嫦娥奔月"的神话，有人飞上天、空中飞车的传说，还有"鲲鹏展翅""九天揽月"的奇妙想象。富有激情和超凡想象力的炎黄子孙，在千百年的岁月流转之中，不断地尝试实现自己的美好愿望。

　　这一自然段由三句话组成。第一句是主题句，点明遨游太空是中华民族很久以来的梦想这一主题。第二句围绕主题句，举例说明古人飞奔太空的神话传说和奇妙想象。第三句是结论句，交代了炎黄子孙不仅有梦想，还不断地进行着实现梦想的尝试。

　　几个共同表达一个相对完整内容的句子，在语言学中称为句群。句群中的几个句子在语法上是衔接的，在语意上是连贯的，因此句群往往与自然段有交叉。有时句群等于自然段，有时句群小于自然段，有时句群大于自然段。

（二）层次

　　层次，就是秩序、条理、系统，就是文章中思想内容的表现次序。作者在写文章时，总是要按照一定的思路去安排质料，体现出合理的层次结构，即句与句之间、段落与段落之间都有着明晰的层次关系。层次是文章在表述主题的过程中形成的相对完整、相对独立的思想单位，是文章内容展现的步骤，体现了作者的思维路径和思想脉络；在小学语文教学中，被称为"意义段"或"逻辑段"，又被称为"部分"。了解文章的结构，就是要弄清楚文章各个部分之间的层次关系。

　　意义段一般由几个意义相同或紧密相连的自然段构成。这几个意义相同或紧密相连的自然段在语意上应该是连贯的，因此，意义段可以大于自然段，也可以等于自然段。

　　在小学语文教学中，分清自然段是为了掌握文章的内容，概括出文章大意，弄清自然段之间的关系；划分层次要在熟悉课文大意后进行，是为了理解作者的思路，弄清每段意思和题目的关系，分析作者是按怎样的顺序表达主题的。例如，统编版六年级上册《草原》一课，一共五个自然段，可以分成两个意义段。第一个意义段就是第1自然段，总述草原的美景以及作者愉快的心情。第二个意义段是第2~5自然段，按照事情发展的顺序记叙了访问陈巴尔虎旗时蒙古族的主人们对"我们"这些客人的盛情款待，表达了"蒙汉情深何忍别"的蒙汉人民的情谊。

▶ 解读示例

文本链接 >>>

草帽计

　　举世闻名的二万五千里长征留下了很多动人的故事和传说。有一次，贺龙同志率领一支红军队伍向贵州进发，蒋介石的白军一面死死盯住不放，一面派飞机在天上跟踪轰炸、扫射。

　　当时，骄阳似火，天气酷热，地上的草木都被晒得枯焦了。指战员们虽然人人头上戴了一顶草帽，仍然热得汗流浃背。走着，走着，忽然，天空中传来了嗡嗡嗡的飞机声，敌机来了。贺龙同志一看，镇定自若，命令全体战士到山林中隐蔽。敌机飞了一圈，没有发现可疑迹象，便摇头摆尾地离开了。战士们刚要起身赶路，侦察员前来报告说："后面有一个团的白军赶上来了。"贺龙同志听了点了点头，只是命令部队继续前进。

队伍翻过了一座大山，眼前是一块平坦的山场，贺龙同志仔细观察了地形，然后传了一道命令，要全体指战员把草帽摘下丢在路边。这时正是炎热难熬的时候，战士们听到这道命令，都面面相觑，感到莫名其妙。有的说，草帽是我们的随身宝，既能遮太阳，又能挡风雨，为什么要把它丢掉呢？有的说，这草帽是从根据地带出来的，怎么能随便丢掉呢？有的说，贺龙同志葫芦里又在卖什么药，实在叫人猜不透！也有的人说，贺龙同志要我们这样做，一定有他的道理！战士们尽管有些想法，但一切行动听指挥。贺龙同志一声令下，战士们就把草帽统统扔在道旁，顿时道路两旁都是红军的草帽。贺龙同志见了，哈哈一笑，命令部队马上迅速转移。

这时，蒋介石的一团反动军队从后面急急赶来。白军都没有草帽，在酷热的太阳下，早已晒得人困马乏，眼冒金花，突然发现这个山场里遍地都是红军扔掉的草帽，顿觉喜从天降，一窝蜂似的往前抢草帽。匪军官见红军把草帽扔得遍地都是，也得意忘形，认为红军是丢盔弃甲、狼狈而逃，就不去阻拦当兵的抢草帽。这支白军戴上红军扔下的草帽后，个个眉开眼笑，背着枪追赶红军去了。

这时，天空中传来了飞机的轰鸣声，白军毫不介意，知道飞机是来配合他们追赶红军的。可敌人的飞机驾驶员却不是这样想的。这些天他们天天飞呀，飞呀，到处寻找红军，连一点红军的影子都没看到，为此，他们没少挨长官骂。这一回，一看地上的军队都戴着草帽，草帽上都印有红五星，顿时喜出望外。几架飞机像饿鹰抓小鸡一样地俯冲下来，对着这批"红军"，轰隆隆一阵狂轰滥炸，机枪横扫，直打得这一团白军官兵血肉横飞，叫苦连天，死的死，伤的伤，逃的逃。

红军战士听到这个消息，人人拍手称快，个个称赞贺龙同志的神机妙算。

——北师大版四年级下册

《草帽计》讲述的是在长征途中，贺龙同志在天上有敌机的轰炸、地上后有追兵的情况下，带领战士用丢掉草帽的办法引诱敌人上当，不仅躲过对方的追击，还让敌军误戴草帽而互相残杀的故事。这个故事在布局谋篇的章法上有许多独到之处。

一、"草帽"线索贯穿始终

叙事性文章或文学作品常常运用一定的方法、按照一定的顺序把材料或故事串联起来，使文章形成一个有机的整体。这个把材料或故事串联起来的东西，便是"线索"。线索的作用就是把能够显示人物性格发展的各个事件连成一个艺术整体。只有以线索贯穿始终，故事的来龙去脉才能清楚，文章的结构才能完整。线索的表现形式是多种多样的，人物活动、情感变化、具体事物、游踪等，都可以成为一篇文章的线索。

这篇文章的线索很明显，在题目和文章里都出现了，那就是草帽。文章开头交代故事发生的时间、地点、人物以及原因——二万五千里长征时，贺龙同志带领一支红军队伍向贵州进发，蒋介石的白军一面死追不放，一面派飞机在天上跟踪轰炸、扫射。接下来课文便围绕线索——草帽，展开了一波三折的故事情节。①扔草帽：设置情理之外的悬念，吸引读者往下读；②戴草帽：推进故事向情理之中发展；③炸草帽：故事的结果出人意料，却不出贺龙同志所料。结尾点题，点明了胜利的主要原因是贺龙同志神机妙算，利用草帽智胜强敌。

二、设置悬念，引起阅读兴趣

设置悬念，是作者对事实材料的一种选择，是一种布局谋篇的方式方法。文章设置悬念，就是作者在写作时故意突出事物矛盾的一面，然而并不马上说出结果，从而在读者的心中引起悬疑和猜测，造成一种紧张、猜疑甚至恐惧的心理，激发读者的阅读兴趣，吸引读者阅读下去。

在文章情节发展的开始，作者就设置了悬念。那时，正是炎夏，天气酷热，地上的草木都被晒得枯焦了；指战员们虽然人人头上戴了一顶草帽，仍然热得汗流浃背。但是，在烈日炎炎、头上有敌机盘旋的情况下，贺龙同志却让全体指战员把草帽扔掉，战士们都面面相觑，感到莫名其妙。这完全在情理之外，使读者也很好奇，不禁想继续往下读，好弄明白贺龙同志为什么要下这样的命令。随着情节的发展，读者可以看到敌人一步步走入贺龙同志用草帽设下的圈套，当读到白军被自己军队的飞机炸得"死的死，伤的伤，逃的逃"时，悬念终于解开了，读者不由得为贺龙同志的智谋拍案叫绝。

三、合理运用伏笔与照应

伏笔，就是在记叙、描写的过程中，对将要在下文中出现的、与中心事件有必然联系的人物或事件预先所作的提示或暗示。伏笔不同于悬念，它的主要作用是对文章情节的发展，作事先的说明、铺垫，以使后来发生的事情不至于让读者感到突然或不理解。设置伏笔的方法灵活多样，通过描写环境设置伏笔，是运用得较多的一种方法。

本文在开头写道："骄阳似火，天气酷热，地上的草木都被晒得枯焦了""敌机飞了一圈，没有发现可疑迹象，便摇头摆尾地离开了""队伍翻过了一座大山，眼前是一块平坦的山场"，这些环境描写在交代故事发生的时间、地点、起因的同时，为结局埋下了伏笔：天气热才会戴草帽，把草帽扔在山中少见的平坦之处，才容易被白军捡到，才会有白军戴草帽之举，也才更容易被飞机发现而成为轰炸的目标。否则，后面的情节发展就缺少必要的逻辑联系。

有伏笔就必然有照应。照应是对伏笔的回应，揭开前文的暗示。本文的结局是"一看地上的军队都戴着草帽，草帽上都印有红五星，顿时喜出望外。几架飞机像饿鹰抓小鸡一样地俯冲下来，对着这批'红军'，轰隆隆一阵狂轰滥炸"，这正是贺龙同志命令战士们扔草帽所要达到的结果。如果没有前面天热、平地的伏笔，这个白军捡草帽、敌机发现目标的结局就不合情理了。

▶ 拓展阅读

语文教学中如何理清文章结构

一、理清文章结构，须分析文章中语句之间的关系

一篇文章，不是空中楼阁，也不是海市蜃楼，是由一个个句子一步步垒起来的，一个个句子就是一块块砖瓦，所以，要想分析文章的结构，就从分析文章的语句着手，分析一句话和一句话之间的关系，这样才能准确把握句子间的意义关系，并在此基础上，将各个句子分别归于几个意义点中，就可以从文章中划分出句子的紧密程度，有助于整体上理清文章结构。

老师在这方面对学生进行引导和训练时，还要加强对一些特殊性语句的分析。如反复出现的句子，往往是文本的组材线索或作者表情达意的载体，反问句或急促有力的短句一般是作者情感集中抒发的宣泄点，情感句、观点句或是意蕴丰富的语句一般是作者行文的文眼。这些特殊性语句，要么是提示，要么是强调，往往对理清文章结构，起到显著作用。

二、理清文章结构，须分析文章中段与段之间的关系

老师要加强训练学生分析文章段和段之间的关系的能力。针对出现的文章，认真阅读，然后认真思考，逐段分析文章的段意，再看哪些段落集中表达一个意思，划分小层，理清文章的各个段落之间的联系，把握重点段落的中心句、支撑句等内容。

1. 掌握分析文章的过渡段、照应段的能力。过渡和照应是使文章段落层次保持连贯、文章脉络上下畅达的一种手段。文章的过渡段、照应段都是结构段，主要作用就是连接层次和段落。过渡有明、暗，暗的过渡不用过渡段等语言标志。大多数文章的过渡，由过渡段或过渡性的语句来衔接。学生能够通过文章的上下文语境，把握该过渡或照应段的段意要点，还能够通过分析过渡的承上启下的内容与照应的对象，来看文意的衔接、转换，从而概括出其结构组织、思路运行的规律，进而达到正确分析文章结构的目的。

2. 具备分析开头与结尾的能力。说起段与段之间的关系，就不能不提文章的开篇段和结尾段。所以学生要从文章整体结构上看开头与结尾，要注意它们与主体部分的联系。开头和结尾这两个层次与主体部分之间，或有因果的联系，或有接近的联系；或牵一事以引发，或叙类似的事物提引，或以首尾与主体对比，或对主体加以概括、总结。

三、理清文章结构，须分析文章中关键的词句

1. 文章中的中心句。学生要有找出或者是总结出文章中心句的能力。中心句一般在文章的开头或结尾，有时也在文章的中间。有时文章中没有出现中心句，就要求学生通过分析句间的关系，把握其内容要点重点，然后自己概括中心句。

2. 文章中的标志词语。衔接上下文的，表示语法关系的关联词语，如表示因果的，"因此""总之""由此看来"；表递进关系的，"更""而且"等；表指代性的词语，如"此""这""即"等；表态度的，如"我认为""我觉得""应该"等。

3. 文中的关键句。理解文中关键句子的含义，一要联系语境，看其出现的位置，把握前后表达的内容；二要从大处着眼，联系全文的主要内容、情感态度、布局谋篇等。重要句子单独成段，其作用主要有，强调突出，总领成文，承上启下，总括全文。

四、理清文章结构，须分析短文的文体

理清文章结构，学生须保持一个良好的习惯，即认真全面地阅读整篇文章。这样做，可以做到宏观把握，高屋建瓴，增加理性分析，从而增强分析文章结构的准确度。不同文体的文章，结构规律往往不同。记叙文常以时间推移、空间转换、情感变化等来安排层次，常按时间、空间、人物、事件、情感等结构全文。议论文常采用提出问题、分析问题、解决问题的结构来论证说理，常按提出、分析与解决问题三部分结构行文；说明文常采用"总分总"式或并列式结构来说明事物或事理，常按时间、空间、逻辑等顺序结构全文。通过学习和训练，学生要准确把握各类文体的具体特点，才可以正确分析文章结构。

总之，文章结构是指作者对文中材料的安排和组织，是支撑文章的骨架，是作者写作思维的外在形式。作者在文章中表情达意、叙事说理都要通过结构、层次和段落表达出来。

——节选自魏小雄：《语文教学中如何理清文章结构》，载《甘肃教育》，2015（12）。

想一想，练一练

1. 章法和脉络分别是什么？它们有什么联系？
2. 自选一篇课文，分析其顺序和层次。

参考文献

[1] 王荣生，于龙. 语文教学中必须关注的几点文章学知识. 语文学习，2012（4）.

[2] 陈满铭. 章法结构及其哲学义涵. 浙江师范大学学报（社会科学版），2004（2）.

[3] 韦祖庆. 教材研读不应忽视文章结构. 湖南第一师范学院学报，2015（4）.

第三节　文章的表达方式及教学分类

不同内容的文章要用不同的表达方式来表达。表现事情发展过程、人物成长经历的，一般要用记叙；写景状物、描画人物形象的，一般要用描写；议论人事、表达观点的，一般要用议论；解释事物相关知识的，一般要用说明；抒发情感的，一般要用抒情。

普通文章根据表达方式的差别可以分为记叙文、议论文和说明文，还有一种以文章实际用途划分出来的实用文。在小学语文教材中，记叙文、说明文出现较多，实用文、议论文出现较少。文学作品则依据文学体裁分为诗歌、小说、散文、戏剧，其与普通文章在写作目的和表现形式上有所不同，将在第三章详细说明。

▶ 理论聚焦

一、文章的表达方式

文章的表达方式，是指作者在反映客观事物和表达感情或观点时所使用的语言组合样式。不同内容的文章所使用的表达方式是不同的。表达方式一般来说有记叙、描写、议论、说明、抒情五种。

（一）记叙

记叙也称叙述。它是写作中最基本、最常见的一种表达方式，是对人物的生活经历和事件的发生过程以及场景、空间的转换所作的叙说和交代，目的是把人物或事件的概貌反映出来。记叙在写人记事的记叙文中应用比较广泛，可以分为顺叙、倒叙、插叙、补叙四种。

1. 顺叙

顺叙是按照事件的发展过程或人物经历的自然顺序进行叙述的方式。例如，统编版五年级下册《跳水》一文，记叙了在一艘帆船上发生的事：一只猴子把船长儿子戴的帽子挂到了桅杆最高的横木一头，孩子为了追回帽子，走上横木，在万分危急的时刻，船长急中生智，命令儿子跳水，使孩子转危为安。课文按照故事正常的发展顺序一步步展开，从水手逗弄猴子，到猴子逗弄船长的儿子，抢了他的帽子，再到男孩为追回帽子走上最高的横木，最后到船长用枪逼着儿子跳到海中而救下儿子的命。作者把这个过程叙述得前后关联，线索清晰，脉络分明，便于学生对内容的理解。

2. 倒叙

倒叙是指把事情的结局或事件中最突出的部分放到文章的开头来叙述，然后再按照事件的正常发展顺序进行叙述。由眼前事物引发对往事的回忆，是倒叙中常用的写法。在统编版六年级上册的《灯光》中，眼前天安门广场的灯光引起了"我"对往事的回忆，那是战争年代里郝副营长关于灯光的一段往事，郝副营长为了战斗的胜利点燃了一本书，却因暴露了自己而牺牲。当面对天安门前璀璨的灯光时，"我"又缅怀起这位战友来。倒叙的作用：首先，突出文章的中心思想，把最能表现中心思想的内容提到前面，以给读者留下深刻的印象；其次，使文章结构发生变化，容易造成悬念，避免了平铺直叙。值得注意的是，倒叙的使用结束时，往往有比较明显的标志，如过渡句，《灯光》即以"事情已经过去很长时间了"的过渡，从对往事的回忆回到现实中来。

3. 插叙

插叙是指在叙述文章主要事件的过程中插进另一件有关事件的叙述。运用插叙时往往会暂时中断原来叙述的线索，一旦插叙结束，文章仍然要按照原来的线索继续叙述主要事件。在人教版五年级下册《梦想的力量》中，6岁的加拿大男孩瑞恩放学刚一回到家就向妈妈要钱，因为他想用这笔钱为"非洲的孩子挖一口井，好让他们有干净的水喝"。正当读者不明白他这么做的原因时，文章插叙了一段瑞恩在课堂上听到老师讲"在非洲，……成千上万的孩子因为喝了受污染的水死去了"的情节，读者一下子就明白瑞恩这样做的原因了。交代事情、事物的来历或对事情、事物进行相关解释说明，就是插叙的作用之一。它让文章的内容更完整，有助于展开主要事件；还具有刻画人物形象，使文章的叙述曲折生动、结构富于变化的作用。

4. 补叙

补叙也叫追叙，是指行文中用三两句话或一小段话对前边说的人或事作简单的补充交代。补叙通常是中心事件的有机组成部分，没有补叙，故事情节就不连贯，甚至会影响对内容的理解。在统编版六年级上册的《桥》中，肆虐的洪水吞没了老汉和小伙子两个人。老汉是村里的党支部书记，在山洪暴发时，他把生的希望留给了别人。可是他为什么要把小伙子从逃生的队伍中揪出、命令他排到队伍后面去呢？这疑问在文章的最后通过一个补叙交代了出来，一个老太太"她来祭奠两个人。她丈夫和她儿子。"原来，老汉和小伙子是一对父子，老汉始终把群众的利益放在第一位，他绝不容许党员损害群众的利益，哪怕是自己的儿子。在统编版四年级下册的《小英雄雨来》中，正当人们以为雨来被鬼子打死了，顺着河流寻找雨来的尸首时，雨来从水里探出头来，大家喜出望外。雨来是如何躲过鬼子的子弹的呢？作者也是用一个补叙交代了原委："原来枪响以前，雨来就趁鬼子不防备，一头扎到河里去了。鬼子慌忙向水里打枪，可是我们的小英雄雨来已经从水底游到远处去了。"

（二）描写

描写指对人物、事件、环境作形象的描绘和具体的刻画，从而给读者以鲜明的印象和深刻的感受。描写和记叙不同，记叙是对人或事的一般叙述和交代，它要求把叙述的内容写明白清楚即可，而描写则要求写得具体而形象。描写是记叙文和文学作品常用的表达方式。

按内容来分，描写有人物描写和环境描写两种。人物描写的方法主要有概括描写、细节描写，外貌描写、语言描写、动作描写、心理描写、神态描写；环境描写则包括静态与动态描写、客观与主观描写、反衬与对比描写等。以下撮要介绍。

1. 外貌描写

外貌描写就是通过描绘人物的面貌特征，包括人物的身材、容貌、服饰、打扮、姿态、习惯性特点等，来揭示人物性格的描写方法。如统编版六年级下册《十六年前的回忆》中作者对父亲李大钊的外貌描写："父亲仍旧穿着他那件灰布旧棉袍，可是没戴眼镜。我看到了他那乱蓬蓬的长头发下面的平静而慈祥的脸。"显示出了革命先烈坚贞不屈、大无畏的精神。

2. 语言描写

语言描写就是通过人物的语言来塑造人物形象，展示人物性格特征的描写方法。语言描写包括人物的独白和对话。独白是反映人物心理活动的重要手段。对话可以是两个人的对话，也可以是几个人的相互交谈。如统编版四年级上册《普罗米修斯》中，当火神请求普罗米修斯向宙斯承认错误以免除惩罚时，普罗米修斯坚定地说"为人类造福，有什么错？我可以忍受各种痛苦，但决不会承认错误，更不会归还火种！"这段人物语言直接展现了普罗米修斯为民造福不惜牺牲一切的伟大精神。

3. 动作描写

动作描写就是通过精心选择恰当的动词，描写人物富有个性的习惯性动作，以此表现人物的思想、性格的描写方法。在统编版六年级上册《桥》中，"老汉突然冲上前，从队伍里揪出一个小伙子，吼道：'你还算是个党员吗？排到后面去！'"这里，"冲""揪""吼"三个动词都表现出作为党员的老汉在性命攸关时对小伙子破坏秩序的行为的愤慨，突出了老汉一心为群众着想、视人民利益高于一切的高尚情怀。

4. 心理描写

心理描写就是对人物在一定的环境中的心理状态、精神面貌和内心活动进行的描写，是刻画人物形象及内在性格特征的一种描写方法。最常用的是描写人物的内心独白，写出人物的所思所想，让人物一无遮掩地吐露自己的心声，说出自己的欢乐和悲伤、矛盾和愁郁、忧虑和希望，使读者穿透人物外表，看到人物的内心世界，同时也能突出文章的中心或表明人物的品质、情感。

直接描写心理活动的句子往往以"想"等关键字眼为标志，"想"字或出现在心理活动之前，或出现在心理活动之后。"想"字后有的用逗号，有的用冒号等。例如，统编版四年级下册《小英雄雨来》中，"扁鼻子军官把书扔在地上，伸手往皮包里掏。雨来心里想：'掏什么呢？找刀子？鬼子生了气要挖小孩眼睛的！'"此处的心理描写就属于直接描写，它把12岁的雨来既好奇又小孩子气的心理活动真实地表现了出来。

（三）议论

议论指作者对某一问题或事件或现象进行分析评论，以表明自己的立场、观点、主张，通常带有较强的主观色彩。这种表达方式在议论文中运用得最多，有时也会用于记叙文中。

1. 议论文中的议论

议论文通常以一个话题为中心展开，以明确的概念、合理的判断、有效的推理等逻辑形式，直接对话题进行分析、评论，阐明作者的观点、想法，或者反驳他人的观点、想法。议论文中的议论一般有两种形式。

一是立论，主要是从正面阐释作者的观点，运用概念、判断和推理等逻辑思维形式，对客观事物进行分析和综合，直接论述作者的主张，形成提出观点、论证观点、总结观点的议论结构。如统编版六年级下册《真理诞生于一百个问号之后》，开头就亮出观点："真理诞生于一百个问号之后"；随后运用科学发展史上的三个有代表性的事例，证明观点；最后总结全文，重申观点，指出科学并不神秘，也不遥远，关键在于"见微知著"，不断探索，善于独立思考，具有锲而不舍的精神。形成提出观点——印证观点——总结观点的立论链条。

二是驳论，主要是对某个观点进行分析之后，运用概念、判断和推理等逻辑思维形式或新的事实进行否定，然后阐明自己的主张。驳论的一般程序是先"破"后"立"，即先亮明立场，再进行反驳，最后阐明自己的观点。

2. 记叙文中的议论

记叙文中的议论是在记叙或描写的基础上，对事物的本质进行思考和阐释，一般起到画龙点睛的作用，是凝聚文章主题的重要手段。记叙文中的议论通常是直白的表达，使文章主题更鲜明，读者印象更深刻。记叙文中的议论一般有三种形式。

一是先叙后议，就是先记叙、描写具体的人和事或景和物，再针对记叙或描写的主要内容表达自己的观点或认识，在文中起总结上文、点明中心的作用。如统编版六年级上册《丁香结》中，作者在描写了北京城内外丁香的美丽姿态、记叙了由此联想起来的"丁香结"之后，在结尾发出了自己的议论："每个人一辈子都有许多不顺心的事，一件完了一件又来。所以丁香结年年都有。结，是解不完的；人生中的问题也是解不完的，不然，岂不太平淡无味了吗？"直接表达了自己的人生态度：生活不可能一帆风顺，正视生活中遇到的不顺心的事，把它们看作生活的一部分，这样的人生才有滋味。

二是先议后叙，就是先提出观点、点明中心，以此统领下文的叙述或描写，使文章主题鲜明、条理清楚。如统编版五年级上册《白鹭》，是一篇描摹白鹭的状物文章，开头一句却是"白鹭是一首精巧的诗"，这不是对白鹭的描述，而是作者基于对白鹭的感受而形成的观点。下文即从这一观点出发，描述了白鹭身体颜色和身形线条的精致，描述了白鹭静态身姿和动态动作的优雅，让读者感受到白鹭给人的审美享受如同诗给人的审美享受一样，从而对作者开头的观点有了切身体验般的认同。

三是夹叙夹议，就是叙事和议论穿插进行，文章在叙述或描写的同时对叙述或描写的内容进行分析、评论，表达作者的看法。一般可以对人物的语言、心理活动等进行议论，也可以以旁白形式进行议论。如统编版五年级上册《父爱之舟》中，作者详细叙述了父亲从庙会回来后，为了弥补无钱给孩子买玩具的遗憾，"用几片玻璃和彩色纸屑等糊了一个万花筒"，随即在这里插进了作者成年后对这一回忆的议论，点明自己对这一儿时经历的看法："这便是我童年唯一的也是最珍贵的玩具了。万花筒里那千变万化的图案花样，是我最早的抽象美的启迪者吧！"这种议论形式灵活多样，可以起到提示、过渡作用。采用这种议论形式需注意议论的插入应简短自然，不要破坏记叙或描写的连贯性。

（四）说明

说明指对事物的状态、性质、特征、功能、用途、发展等进行讲解和阐释。说明在说明文中运用得最多。除了说明文，其他文体中如果要对事物进行阐释，也需要运用说明的表达方式。常见的说明方法有举例子、列数字、作比较、分类别、打比方、下定义、作诠释、摹状貌、引资料、画图表、作假设等。小学语文教学中要求学生掌握的说明方法有举例子、列数字、作比较、打比方。

1. 举例子

举例子是说明文中常用的说明方法之一，通过列举典型、恰当的事例来说明事物特征，可以更加具体形象、清晰可感地将说明的对象说清楚。如统编版五年级上册《鲸》中，在介绍齿鲸的食物类型和捕食方式时，列举了虎鲸的例子："有一种号称'海中之虎'的虎鲸，常常好几十头结成一群，围住一头三十多吨重的长须鲸，几个小时就能把它吃光。"

2. 列数字

列数字是通过列举具体的数据说明事物的特征，可以更加具体、直观地将所要说明的事物特征说得清晰而准确，有时会使用"可能、左右、大约、大概"等词语，使文章的语言表达更加严谨。如统编版三年级下册《赵州桥》中，用"桥长五十多米，有九米多宽""只有一个拱形的大桥洞，横跨在三十七米多宽的河面上"这样的数字，明确说明了"赵州桥非常雄伟"。

3. 作比较

作比较也是常用的说明方法之一，通过两种类别相同或不同的事物进行比较来突出其中一种事物的特征，一般是将要说明的某些抽象的或人们比较陌生的事物，与具体的或大家已经熟悉的事物进行比较，使抽象或陌生事物的特征在比较中显现出来，给读者留下鲜明的印象。如统编版五年级上册《太阳》中："我们看到太阳，觉得它并不大，实际上它大得很，约一百三十万个地球的体积才能抵得上一个太阳。"太阳太大，人们无法想象，作者将它与地球作比较，它的体积相当于"约一百三十万个地球"，太阳"大"的特征就在这比较中凸显出来，读者对太阳的"大"就有了具体可感的认识。

4. 打比方

打比方是利用两种不同事物的共通之处进行比较，以突出事物的性状、特点，将不易说清楚的事物特征说得生动形象，让读者易于理解。如统编版六年级上册《只有一个地球》中："地球，这位人类的母亲，这个生命的摇篮，是那样美丽壮观，和蔼可亲"，用"母亲"来打比方，让读者一下子就意识到地球对人类的重要性，就如同母亲对孩子的重要性一样。文字简练，却将要说明的事理清楚通俗地表达清楚了。

这些说明方法有时会综合运用，共同把事物或事理说清楚。如统编版五年级上册《太阳》中："太阳离我们约有一亿五千万千米远。到太阳上去，如果步行，日夜不停地走，差不多要走三千五百年；就是坐飞机，也要飞二十几年。"在这段文字中，后一句话是对前一句话中的"一亿五千万千米"做出的诠释，后一句话是用"走路"和"坐飞机"这样两个例子进行具体诠释的，让读者对"一亿五千万千米"有了感性的认识。这两个例子——"走路"和"坐飞机"到太阳上去，不是实际事例，而是不可能实现的假设，同时这两个句子之间又形成作比较的说明方法。多种说明方法的运用，让读者对"一亿五千万千米"到底有多远有了具体清楚的认识。

（五）抒情

抒情指作者对人、物、事、理等的或爱或恨、或喜或怒、或反对或赞成、或蔑视或崇敬的态度的抒发。抒情具有主观性特点，是作者借此来打动和感染读者的重要手段，往往引起读者的共鸣。常见的抒情方式有借景抒情、触景生情、咏物言志、直抒胸臆等。①

1. 借景抒情

借景抒情是指作者将强烈的主观感情灌注到所描写的客观景物中，以景物描写代替情感抒发，写景就是抒情。如统编版四年级上册《暮江吟》："一道残阳铺水中，半江瑟瑟半江红。可怜九月初三夜，露似真珠月似弓。"全诗围绕"可怜"二字展开了对"九月初三夜"的景物描写，前两句写黄昏的阳光把波光粼粼的江面映出碧绿与火红两种颜色，后两句将露珠和初三的月牙分别比作珍珠和弯弓。全诗无一字抒情，却字字关情，诗人的心情平和释然，笔下的景自然是深远宁静的。诗歌借这样的景抒发的是诗人的怡然愉悦心情。

2. 触景生情

触景生情，是指作者因触及外界景物而引起某种情思，进而感叹抒怀。这种方法与借景抒情的区别是，先写景再抒情或者是先抒情再写景，写景是为了抒情。如统编版一年级下册《静夜思》："床前明月光，疑是地上霜。举头望明月，低头思故乡。"前两句写景，后两句抒情，诗人在夜晚看到如霜的月色，生发出浓浓的思乡之情。

3. 咏物言志

咏物言志，是指有感于外物而述志抒怀的方法，即摹写事物，因物生情，有感而发。如统编版五年级上册《落花生》就是咏物言志之作，文章先"咏物"，描写花生的特点："矮矮地长在地上，等到成熟了，也不能立刻分辨出来它有没有果实，必须挖起来才知道"；然后"言志"，说明做人的道理："你们要像花生，它虽然不好看，可是很有用""人要做有用的人"，不做表面好看而对别人没有益处的人。在这里志因物而显得具体，物因志而饶有韵味。

4. 直抒胸臆

直抒胸臆，就是作者不借助任何"附着物"，不讲究含蓄委婉，直接表白和倾吐自己的思想感情，以感染读者，打动人心。如人教版六年级下册《一夜的工作》中："在以后的日子里，我经常这样想，我想高声对全世界说，好像全世界都能听见我的声音：'看啊，这就是我们中华人民共和国的总理。我看见了他一夜的工作。他每个夜晚都是这样工作的。你们看见过这样的总理

---

① 以下参见杨亚娣：《浅谈文学作品中常见的抒情方式》，载《课程教育研究》，2014（11）。

吗？'"作者目睹了周总理彻夜工作的情形后，用直接抒情的笔法，歌颂了周总理不辞劳苦的工作精神，抒发了"我"对周总理的崇敬、爱戴之情。

二、文章的教学分类

要对文章进行细致、深入的研究，就必须给文章分类。文章类别的划分从古代到现代经历了不同的发展阶段，直至今日，学术界依然未有统一的认识。目前在小学语文教学中，最好采用叶圣陶和张志公的主张，把课文分为诗歌、小说等文学类文本和普通文本两大类。根据《新课标》"实用性阅读与交流"任务群中提到的"叙事性和说明性文本""叙写大自然的短文""考察报告""科技作品"以及"跨媒介阅读"等术语，再根据表达方式的差异，可将普通文本分为记叙文、议论文、说明文；此外，按照文章用途再分出应用文一类，这样更方便教学。

（一）记叙文

记叙文是以记叙、描写为主要表达方式的文体，写人、记事、写景、状物是其主要内容。记叙文包括新闻（又包括消息和通讯）、散文（包括叙事性散文、抒情性散文）、回忆录、游记、人物传记、三史（厂史、校史、公司史等）[①]等形式。例如，统编版六年级上册中的《我的伯父鲁迅先生》，是鲁迅先生的侄女周晔写作的一篇回忆伯父的记叙文，记叙了她对伯父印象深刻的几件小事，以此表现鲁迅先生关心儿童、同情劳动人民、为他人着想的精神品质。

（二）议论文

议论文，顾名思义，以议论为主要表达方式，通过摆事实、讲道理，表达作者的观点和态度。议论文包括多种形式，其中常见的有科学论文、杂文等，目前出现在统编版小学语文教材中的议论文有《真理诞生于一百个问号之后》《为人民服务》等少数几篇。

（三）说明文

说明文是以说明为主要表达方式，解释或介绍事物的状态、性质、构造、功能、制作方法、发展过程和事理的成因、功能等的一种文体。小学语文教材中以科学小品形式的说明文为最多，如《赵州桥》就是一篇科学小品。文中介绍了赵州桥的位置、设计者、建造年代，并通过详细的说明把其雄伟、坚固、美观的特点清晰地展现在读者眼前。这样，一座历史悠久、集合了古代劳动人民智慧和才干的古老桥梁就激发起学生强烈的民族自豪感和爱国情绪。

（四）应用文

应用文的划分主要是从文章的功能角度出发的。它是一种切合日常生活、工作和学习的实际需要，具有一定格式、篇幅短小、简明通俗的应用性文本。应用文可分为一般实用文（包括调查报告、总结、日记、书信、计划、启事、读书笔记、会议记录、公约）、公文（包括命令、批复、

---

① 陈亚丽：《文章学基础教程》，204页，北京，北京大学出版社，2010。

批示、通知、通报、布告等）以及在教学中出现得越来越多的非连续性文本等。这类文章在目前的小学语文教材中还不多见。

▶ 解读示例

文本链接 >>>

琥　珀

这个故事发生在很久很久以前，约莫算来，总有几万年了。

一个夏日，太阳暖暖地照着，海在很远的地方翻腾怒吼，绿叶在树上飒飒地响。

一只小苍蝇展开柔嫩的绿翅膀，在阳光下快乐地飞舞。它嗡嗡地穿过草地，飞进树林。那里长着许多高大的松树，太阳照得火热，可以闻到一股松脂的香味。

那只小苍蝇停在一棵大松树上。它伸起腿来掸掸翅膀，拂拭那长着一对红眼睛的圆脑袋。它飞了大半天，身上已经沾满了灰尘。

忽然，有个蜘蛛慢慢爬过来，想把那只苍蝇当作一顿美餐。它小心地划动长长的腿，沿着树干向下爬，离小苍蝇越来越近了。

晌午的太阳热辣辣地照射着整个树林。许多老松树渗出厚厚的松脂，松脂在太阳光里闪闪地发出金黄的光。

蜘蛛刚扑过去，突然发生了一件可怕的事情。一大滴松脂从树上滴下来，刚好落在树干上，把苍蝇和蜘蛛一齐包在里头。

小苍蝇不能掸翅膀了，蜘蛛也不能再想什么美餐了。两只小虫都淹没在老松树黏稠的黄色泪珠里。它们前俯后仰地挣扎了一番，终于不动了。

松脂继续滴下来，盖住了原来的，最后积成一个松脂球，把两只小虫重重包裹在里面。

几十年，几百年，几千年，时间一转眼就过去了。成千上万只绿翅膀的苍蝇和八只脚的蜘蛛来了又去了。谁也不会想到很久很久以前，有两只小虫被埋在一个松脂球里，挂在一棵老松树上。

后来，陆地渐渐沉下去，海水渐渐漫上来，逼近那古老的森林。有一天，水把森林淹没了，波浪不断冲刷着树干，甚至把树连根拔起。树断绝了生机，慢慢地腐烂了，剩下的只有那些松脂球，淹没在泥沙下面。

又是几千年过去了，那些松脂球成了化石。

海风猛烈地吹，澎湃的波涛把海里的泥沙卷到岸边。

有个渔民带着儿子走过海滩。那孩子赤着脚，他踩着了沙里的一块硬东西，就把它挖了出来。

"爸爸，你看！"他快活地叫起来，"这是什么？"

他爸爸接过来，仔细看了看。

"这是琥珀，孩子。"他高兴地说，"有两个小东西关在里面呢，一只苍蝇，一个蜘蛛。这是很少见的。"

在那块透明的琥珀里，两个小东西仍旧好好地躺着。我们可以看见它们身上的每一根毫毛，还可以想象它们当时在黏稠的松脂里怎样挣扎，因为它们的腿的四周显出好几圈黑色的圆环。从那块琥珀，我们可以推测发生在几万年前的故事的详细情形，并且可以知道，在远古时代，世界上就已经有苍蝇和蜘蛛了。

——统编版四年级下册

《琥珀》主要介绍了琥珀的形成过程、被发现的过程以及它的科学价值三个方面的内容，也借琥珀的形成过程，说明了地球几万年间发生的巨大变化。全文一共 18 个自然段，可以分成三个部分，即三个逻辑段。这三个逻辑段把这块奇异的琥珀的形成过程、被发现的过程以及它的科学价值全都交代清楚了。首先，作者用想象的故事还原了一只小苍蝇和一个蜘蛛如何被松脂包裹了起来并经过几万年的沧海桑田的变化形成琥珀的过程。其次，描述了琥珀被发现的情形：琥珀随着海中泥沙被卷到了岸边，被一个渔民的儿子发现。最后，得出结论："在远古时代，世界上就已经有苍蝇和蜘蛛了。"

课文第一部分以记叙、描写为主，描述了琥珀形成的过程。首先从很久很久以前的一个夏日写起，晌午的太阳热辣辣地照射着一片树林。许多老松树渗出了"厚厚的松脂"，闷热的空气中弥漫着"一股松脂的香味"，此处详细的描写，为后面琥珀的形成埋下了伏笔。接着，作者写一个蜘蛛慢慢接近了停在大松树上休息的一只小苍蝇，准备把它当作一顿美餐。但突然，一大滴松脂滴落下来正好包裹住了这两个小生灵。松脂继续滴落下来，"最后积成一个松脂球"，把两只小虫重重包裹在里面。斗转星移，沧海桑田，淹没在泥沙下面的松脂球慢慢变成了化石。在这部分里，作者发挥想象，把琥珀形成的过程生动地表现了出来，给读者留下了深刻的印象。这种写法，避免了科学小品文的枯燥，给文章增添了生机和感染力，达到了引人入胜的艺术效果。

课文第二部分以叙述为主，说明了这块奇异的琥珀被发现的过程。文章通过记叙一个渔民和他的儿子的对话，说明了这块琥珀被发现的经过，强调这是一块"很少见的"包裹着两只小虫的琥珀，折射了地球几万年来的沧桑巨变。

课文第三部分以说明为主，简单交代了这块奇异的琥珀的科学研究价值。这部分和文章前两部分呼应，构成一个整体，完整地说明了琥珀从形成到被发现，以及用于科学研究的全过程。

一篇文章往往会综合应用多种表达方式，但依据文章内容和写作目的，又须以一种表达方式为主。我们给文章归类的依据正是其使用的主要表达方式。本文作者通过合理想象推测出了一个生动的小故事，具体形象地讲解了琥珀的形成过程，还使用了摹状貌、列数字等说明方法，既体现出说明文语言的准确性和科学性，也突出了其作为文艺性说明文具体、生动、形象的特征。此外，本文还运用丰富的想象和生动有趣的描写为琥珀的形成进行铺垫，这无疑都增添了文章生动、富有趣味的特点。可见，这是一篇融描写、记叙、说明等多种表达方式为一体的文艺性说明文。

▶ 拓展阅读

怎样阅读议论性文章

一、明确论点

阅读议论性文章，首先要特别注意对文章论点的把握。论点是议论性文章的灵魂，在文中起统率作用。明确中心论点就像把握住了贯串全文的一根红线，能进一步认识全文各部分的有机联系。一般来说，一篇议论性文章只有一个中心论点，有的虽然有几个分论点，但都是围绕着中心论点，是中心论点的证明和补充。所以，寻找并归纳中心论点是阅读一篇议论性文章的首要任务。那么，怎么把握它的中心论点呢？

从文章题目中寻找。有一些议论性文章，它们的题目就表明了作者的观点，而且全文都是围绕着这个观点来写的，很显然，这就是中心论点。比如《应有格物致知精神》，题目的意思是说，人应该主动探究事物，获得真知。这也正是作者在文中要论证的观点，即中心论点。

从文章开头中寻找。有些议论文开门见山，文章开头就提出中心论点，便于下文展开论证。读者通过阅读文章的开头，就能了解作者的观点。比如吴晗的《谈骨气》一文，开头第一句话："我们中国人是有骨气的。"这句话表明了全文的观点，下文列举的事例、讲述的道理都是围绕着这个观点来的，所以，这就是中心论点。

从文章中间寻找。有些议论性文章，作者先发表一番议论，当条件成熟时再提出中心论点；还有的为了激发读者的阅读兴趣，先从身边的社会现象讲起或叙述一则故事，再引出要论证的观点。像这类文章，我们就只能在文章中间找到它的中心论点。

从文章中自主归纳、提炼出中心论点。有些议论性文章，全文都没有现成的中心论点，读者只有在通览全文的基础上通过归纳、概括才能得出。这就需要读者深入理解作者的写作意图，并用简练的语言表达相关内容，才能使归纳的论点准确、到位。

二、分析论据

论据是被论点统率、为论点服务的。常用的论据有两种：事实论据和道理论据。事实论据指具有代表性的确凿的事例或史实。道理论据指经过人们的实践检验的、为社会所公认的正确理论，包括社会科学理论，如哲学理论；也包括自然科学的原理、定律、公式及广为流传的谚语、名言、警句等。

阅读议论性文章时，读者有必要分析论据，认清它在证明论点或反驳论点中所起的作用，进一步领会论点统率材料、材料服从论点的关系。比如顾颉刚的《怀疑与学问》，作者为了证明治学不可迷信书本，引用了孟子的名言"尽信书则不如无书"，这就是道理论据，它有力地支持了作者的观点。为了论证"对于传说必须要有怀疑精神"，作者列举了古书上"三皇五帝"和"腐草为萤"两个典型例子，这是事实论据，直接支持了作者的观点。我们常说"事实胜于雄辩"，有了事实论据做支撑，就能极大地增强论点的说服力。辅以无可辩驳的道理论据，起到强强联合的效果，进一步提高文章的可信度。当然，论据要讲究典型性，要和论点一致，否则，它的作用也会打折扣甚至适得其反。

三、理清论证

论证是运用论据来证明论点的过程，是论点和论据之间逻辑联系的纽带，直接影响议论性文章的说服力。阅读此类文章，理清文中的论证过程、论证方法，有助于我们更好地理解文章，正确掌握运用论据的方法。议论性文章常见的论证方法有：举例论证、引用论证、对比论证和比喻论证。

第一，举例论证是列举一定的事实来证明观点正确的方法。这是议论性文章中最常用的论证方法。一方面，可靠的事例最有说服力；另一方面，如果缺少事实基础，文章就易变成空洞的说教。比如吴晗的《谈骨气》一文，列举了文天祥、闻一多等人的事例就是运用举例论证的方法。

第二，引用论证是根据公认正确的科学道理或者根据马列主义经典作家的科学论断和名人名言来论证观点的方法，这种方法体现着理论的力量和文章的思想深度，可使论述更有权威性，以此增强说服力。

第三，对比论证是把一个事物的正反意见和优劣情况进行对照、分析来论证观点的方法。使用这种方法可以将正确与错误对比分明，是非曲直更为明确，给人以更鲜明、深刻的印象。如鲁迅的《中国人失掉自信力了吗》，文中把反动派们失去了自信力与中国的脊梁们没有失去自信力进行对比，达到反驳的目的。这就是对比论证，如果运用得好，往往能达到事半功倍的效果。

第四，比喻论证法是用形象的比喻来证明观点正确的论证方法。由于是用人们熟知的事物作比喻，所以可以把深奥的道理讲得通俗易懂，容易被人接受。

四、把握结构

为了把论点论证清楚，并且增强论点的说服力，议论性文章要讲究结构的安排。它的基本框架是：提出问题、分析问题和解决问题。但不同文章，根据内容、问题的需要，往往有多种结构方式。所以，我们在阅读议论性文章时，需要在分析它的论证过程的基础上，理清思路，把握结构。一般来说，有以下几种结构。

总分式结构。这是议论文较常用的一种结构方式。在论证过程中，有的是先总说后分说，有的先分说后总说，还有的先总说后分说再总说。这类结构能使文章前后呼应，有始有终，让人有浑然一体之感。如胡绳的《想和做》是一个完整的总分总的结构，《理想的阶梯》用的是总分式结构，《"友邦惊诧"论》用的是分总式结构。

并列式结构。在论证过程中，为了论述的方便，将文章的中心论点分解成几个平行的分论点，或是把论据并列起来，论证的几个层次或段落之间的关系是平行的。比如巴甫洛夫在《给青年的一封信》中对青年提了三点希望：首先是"要循序渐进"，其次是"要谦虚"，最后是"要有热情"。这也是文章的三个分论点，它们是平行的关系，这就是并列式结构。

对照式结构。在论证过程中，把两种事物（或意见）加以对比，或者是用另一种事物（或意见）来烘托某一种事物（或意见），这就是对照式结构。如《世上没有傻问题》一文，先从孩子渴望理解世界来论证，后从成人讨厌提出问题来论证，两者正反对比，得出结论：科学精神就是好奇、怀疑、探究。

层进式结构。在论证过程中，由浅入深、层层深入、步步推进，这就是层进式结构。它的特点是各层的前后顺序有严格要求，不能随意变更。如王安石的《读孟尝君传》，全文只有90个字，却具备了起、承、转、合四个部分，这四个部分是由表到里，层层深入的，所以属于层进式结构。

五、体会语言

议论性文章的特点决定了它的语言有自身的特色，主要表现为准确、鲜明、简练、逻辑性强，在阅读中要特别注意。

语言的准确表现在用词的恰当以及表述概念的准确上。毛泽东在《反对自由主义》一文中有这么一句话："或者轻描淡写地说一顿，不作彻底解决，保持一团和气。"其中，"保持"在原稿中用的是"保存"，很显然，原稿中的用词有搭配不当之嫌，经过修改就没了这个问题，语言就变得更加准确了。

语言的鲜明表现在表述明确，不模棱两可；态度明确，爱憎分明。因为议论性文章的观点是鲜明的，这就要求支持观点的语言也鲜明、有力。如果语言模棱两可，必然会使观点也变得模糊不清，这将大大削弱文章的说服力。以毛泽东的《反对自由主义》为例，题目就旗帜鲜明地表明了自己的态度、立场，内容也是围绕着这一观点展开，让人一目了然。

语言的简练表现在行文时措辞力求简要、精练。比如苏洵在《六国论》中讲到"六国破灭，非兵不利，战不善，弊在赂秦"，一个"赂"字指出了六国灭亡的根本原因。

语言的逻辑性表现为语言表达周密，判断、推理严密。在议论性文章中，不仅词与词之间有很强的逻辑性，而且句与句之间、段与段之间都有严密的逻辑关系，只有言之成理，才能顺理成章。比如毛泽东的《反对党八股》、鲁迅的《"友邦惊诧"论》等都是典型代表。

——节选自罗文平、吴瑞云：《怎样阅读议论性文章》，载《中国教师》，2018（4）。

想一想，练一练

1. 文章的表达方法有几种，分别是什么？

2. 描写是什么，分为几类？自选一篇记叙文课文，找出其中的描写语句。

参考文献

[1] 姚国建. 基础写作. 北京：高等教育出版社，2012.

[2] 叶圣陶. 文章例话. 北京：开明出版社，2021.

[3] 詹丹，剑男. 文本解读：回到语言学、文献学的起点——詹丹访谈录. 语文教学与研究，2020（5）.

第二章

小学语文文本解读的修辞学基础

志足而言文，情信而辞巧。——刘勰

知识地图

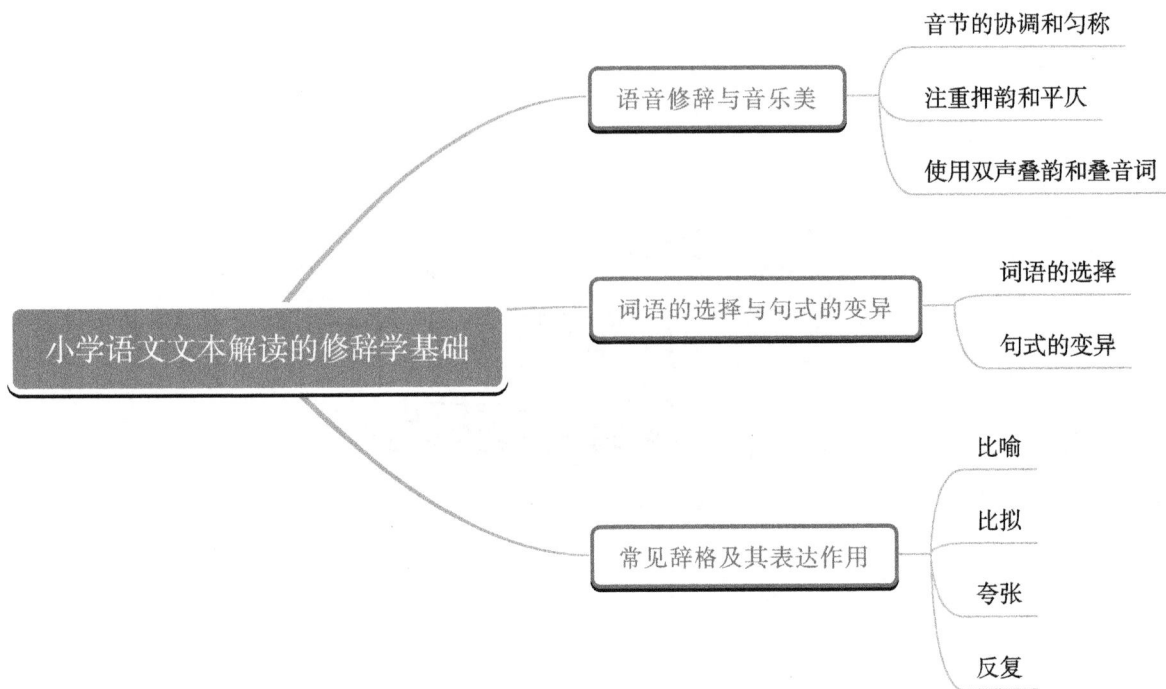

学习目标

1.了解修辞的含义、作用和分类。

2.理解语音修辞的方式，掌握押韵和平仄的内涵、作用及表现形式。

3.理解词语修辞的内涵，掌握句式修辞的方式，明晰句式之间的联系。

4.掌握比喻、比拟、夸张、反复四种辞格的内涵及其作用。

5.运用理论知识，分析文章中的修辞现象，主动探究其他辞格的内涵及作用。

第一节 语音修辞与音乐美

关于修辞的含义，陈望道在中国最早的系统分析修辞现象的著作《修辞学发凡》中说，是"调整语辞使达意传情能够适切的一种努力"[1]，就是选择最恰当的语言形式以达到最理想的表达效果。具体说，就是为了有效地表达意旨，根据现实语境，运用各种表现方式，修饰文字词句，使语言表达得准确鲜明、生动有力。修辞学的研究内容大致分为语音修辞、词语修辞、句式修辞、篇章修辞和辞格。其中篇章修辞的内容与第一章在内容上有交叉，故本章不再赘述。

▶ 理论聚焦

人们写文章不仅为表情达意，在传达出内容、意义以外，还要追求语句的节奏和韵律，使语句优美动听。在汉语中，一般地讲，一个汉字就是一个音节，而富有乐音性质的元音是汉语音节必不可少的组成部分，在一个音节里，元音有时不止一个；汉语的音节又具有四声的声调变化。利用汉语语音的这些特点，双声叠韵组合，平仄交替，以及叠音词、拟声词等配合运用，就可以使语句具有抑扬顿挫、回环往复的节奏感和韵律美。所以，对语言的声音进行修饰，使语言富于音乐美，使文章声情并茂，大大提高语言的艺术感染力，这就是语音修辞。

语音修辞有利于作者思想的表达和感情的抒发，能增强语言表情达意的效果和艺术感染力。教师在语文教学中掌握语音修辞的特点和方法，不仅利于朗读时对作品情感的把握，而且可加深对作品内容的理解和对作品形式的鉴赏。对语音进行修饰主要有以下这些方式。

一、音节的协调和匀称

在词语组合时需要注意音节的协调和匀称，尤其是在选择同义词时，需遵从单音词配单音词、双音词配双音词的规则。试对比：

①如果压力过大，就会对人的身心造成影响。
②如果对手过于强大，我们就只能见机行事。

例①中"过大"的"过"是"过于"的意思，此处用"过"就是为了追求音节匀称而做出的选择。例②中"过于强大"，就遵从了双音词配双音词的规则，此处"过于"不能简化成"过"。

在句子组合中，相应位置上的词语也需要音节协调和匀称。例如：

①在这里，我见到了最纯净的天空，最飘逸的云彩，最雄伟的雪峰，最漂亮的大拐弯，

---

[1] 陈望道:《修辞学发凡》, 2页, 上海, 复旦大学出版社, 2008。

最丰富的宝库。（北师大版五年级上册《雅鲁藏布大峡谷》）

②王五惊慌失措，东奔西走，到处寻找，可是，自己的驴还是踪影全无。（北师大版五年级上册《包公审驴》）

例①中的谓语"见到"的后面，是五个并列的偏正结构短语，这些短语的中心语有四个双音节词，还有一个三音节词，这种安排既求得了音节的协调和整齐，又使得句子富有变化。例②中的主语"王五"之后使用的三个词中，"惊慌失措""东奔西走"是四字成语，为求得音节的平衡和整齐，作者使用了"到处寻找"这个四音节的语音段落，以使整个句子的结构趋于稳定、和谐。

由不同音节构成的这些基本语音段落，以双音节词为主，穿插单音节词、三音节词，能调节语句的声音搭配，使整个句子富于变化，不显沉闷，也使语音的表达富有节奏感。如北师大版一年级下册课文《小鱼的梦》：

小鱼 / 玩了 / 一天 / 水，
池塘 / 妈妈 / 怀里 / 睡。
天上 / 星星 / 落下来，
为他 / 盖床 / 珍珠被。
风儿 / 唱起 / 催眠曲，
波浪 / 又把 / 摇篮 / 推。
小鱼 / 做了个 / 甜甜的 / 梦，
摇摇 / 尾巴 / 咂咂 / 嘴。

在这首儿童诗中双音节词占大多数，但也有一些单音节词、三音节词夹杂其中作调适，读来节奏分明，使诗句更加活泼和有趣。

二、注重押韵和平仄

（一）韵脚和谐

押韵是指在诗文的创作中，某些句子的最后一个字使用韵母相同或相近的字，以使句子读起来音调和谐、有美感。在汉语中押韵的字通常都在句尾，所以叫作"韵脚"。押韵是我国传统的语音修辞手段，主要用在诗词歌赋等韵文的创作中，尤其是古典诗歌，无韵不成诗。"五四"以后，虽一度出现了自由体诗的创作潮流，但大多数新诗也是遵循一定的押韵原则的。押韵常见的有以下几种类型。

1. 偶句押韵

偶句押韵也称偶韵，是指在诗歌中，偶句的最后一个字押相同或相近的韵。例如，北师大版五年级上册李贺的《马诗》："大漠沙如雪，燕山月似钩。何当金络脑，快走踏清秋。"全诗即偶句押韵。

2. 奇奇偶韵

奇奇偶韵是指在四句一组的诗歌中，第一句、第三句、第四句押韵，因为它们分别是奇数句、奇数句、偶数句，所以称为奇奇偶韵。

3. 随韵

在诗中，两句为一节，押同一个韵，一节一换韵。例如：

> 心口呀莫要这么厉害地跳，（ao）
>
> 灰尘呀莫把我眼睛挡住了……
>
> 手抓黄土我不放，（ang）
>
> 紧紧儿贴在心窝上。
>
> 几回回梦里回延安，（an）
>
> 双手搂定宝塔山。
>
> 千声万声呼唤你，（i）
>
> ——母亲延安就在这里！　（贺敬之《回延安》）

此例就是一节（两句）一换韵的。此外，随韵中也有四句一换韵的。

4. 排韵

排韵即诗句中多句押同一个韵，或是一韵到底，整首诗不换韵。例如，统编版一年级上册《雪地里的小画家》：

> 下雪啦，下雪啦！（a）
>
> 雪地里来了一群小画家。（ia）
>
> 小鸡画竹叶，小狗画梅花，（ua）
>
> 小鸭画枫叶，小马画月牙。（a）
>
> 不用颜料不用笔，
>
> 几步就成一幅画。（ua）
>
> 青蛙为什么没参加？（ia）
>
> 他在洞里睡着啦。（a）

5. 交韵

交韵即四句诗中，第一句、第三句押同一个韵，第二句、第四句押同一个韵。例如，臧克家的《老马》：

> 总得叫大车装个够，（ou）
>
> 它横竖不说一句话。（ua）
>
> 背上的压力往肉里扣，（ou）
>
> 它把头沉重地垂下！（ia）

一般认为，讲求押韵是韵文区别于散文的重要特征。在散文当中，适当地加入一些韵语，也会产生特殊的表达效果。例如，人教版小学语文六年级下册《在小学毕业典礼上的讲话》中，"从入学到现在，身边的这棵槐树已经增添了六个年轮。每一个年轮，都仿佛是一本色彩斑斓的画册，记录着学校的生活，记载着我们的故事。此时此刻，我耳边又回响着充满墨香的书声，快乐童真的歌声，尽情嬉闹的笑声，诲人不倦的心声……"，作者以毕业生的口吻回忆了过去六年的小学生活，例句最后一句中的四个偏正式短语形式整齐，而且都押"eng"韵，音调高亢，适于朗诵，表达了告别在即，人物内心激动而不舍的复杂心情。

（二）平仄交错

在现代汉语中，四声分别是指阴平、阳平、上声、去声四种声调。其中，阴平、阳平为平声，上声、去声为仄声。一般来说，平声发音长而扬，仄声发音短而抑，这就是现代汉语中的平仄之分。如果平仄声安排得当，语句读起来就会抑扬顿挫，节奏分明，富有美感。

众所周知，古代的诗词歌赋，尤其是律诗，是非常讲求平仄的，所以古诗词富有音乐性。其实"五四"以来的现代新诗作家继承了中国古典诗词的传统，也大多注重语言的形式美，注重音调的平仄协调和平衡。如《南方周末》1999年新年献词中的几句话：

> 阳光／打在／你的／脸上，（平平　仄仄　仄平　仄仄）
>
> 温暖／留在／我们／心里。（平仄　平仄　仄平　平仄）
>
> 有／一种／力量，（仄　平仄　仄仄）
>
> 正从／你的／指尖／悄悄／袭来，（仄平　仄平　仄平　平平　平平）
>
> 有／一种／关怀，（仄　平仄　平平）
>
> 正从／你的／眼中／轻轻／放出。（仄平　仄平　仄平　平平　仄平）

在散文中，平仄搭配使用，会使文章铿锵悦耳、抑扬有致。如茅盾的《白杨礼赞》：

> 它没有婆娑的姿态（仄声），没有屈曲盘旋的虬枝（平声）。也许你要说它不美（仄声）。如果美是专指"婆娑"或"旁逸斜出"之类而言（平声），那么，白杨树算不得树中的好女子（仄声）。但是它伟岸（仄声），正直（平声），朴质（仄声），严肃（仄声），也不缺乏温和（平声），更不用提它的坚强不屈与挺拔（平声），它是树中的伟丈夫！

在这段文字中，句末音节的平仄基本上是交错间隔的，产生了一种跌宕起伏、抑扬顿挫的朗读效果。

三、使用双声叠韵和叠音词

（一）双声叠韵

双声是指两个字的声母相同，叠韵是指两个字的韵母或主要元音和韵尾相同。双声词和叠韵词因为有相同的语音成分出现，因此人们听起来感觉语音回环往复、富有音乐美。双声和叠韵在诗歌中运用很频繁，在散文中也比较常见。例如，统编版六年级上册《草原》：

> 那些小丘的线条是那么柔美，就像只用绿色渲染，不用墨线勾勒的中国画那样，到处翠色欲流，轻轻流入云际。这种境界，既使人惊叹，又叫人舒服，既愿久立四望，又想坐下低吟一首奇丽的小诗。

其中，双声词有"境界"，叠韵词有"渲染""舒服""奇丽"。这些词在文中形成了声音的回环往复，表现了草原小丘绿色的美。

（二）叠音词

叠音是指字的重叠，因此也被称为叠字。叠音和双声、叠韵一样，是汉语语音修辞的重要方法，在诗文中被广泛运用。在现代汉语中，叠音往往体现为以下几种形式。

第一，相同语素或音节重叠成词，如"往往、常常、纷纷、碌碌、叮叮当当、轰轰隆隆、叽叽喳喳"等；第二，重叠后与其他语素组合成词，如"胖乎乎、轰隆隆、骨碌碌"等；第三，词语重叠，形成叠词，如"整理整理、研究研究、琢磨琢磨"等；第四，量词、数量词重叠，如"个个、句句、一支一支、一辆一辆"等，"一"又可以省略，如"一支支、一双双、一把把"等。例如，北师大版五年级上册《海市》：

> 在长久单调的旅途中，假如眼前忽而掠过了几丛稀稀拉拉的骆驼草，那样短暂而可怜的一点绿色，也会给人带来莫大的惊喜。针叶状的骆驼草总是自顾自一丛丛生长着，周围聚起一个个小沙堆，略略地高出沙地，远看就像是一座座小小的绿岛，淹没在无边无际的沙海之中。

"稀稀拉拉""一丛丛""一个个""略略""一座座"等叠词的使用，把在单调旅途中意外看到几丛稀疏的草、几个略高出沙地的小沙堆的欣喜之情表现了出来。

叠音的使用可以使语音同一声波连续刺激人的听觉器官，使语流显得和谐悦耳，弥补了书面语缺少声音表现的缺憾，使人获得强烈的听觉感受，使语意更加鲜明。

▶ 解读示例

文本链接 >>>

听听，秋的声音

听听，
秋的声音，
大树抖抖手臂，
"唰唰"，
是黄叶道别的话音。

听听，
秋的声音，
蟋蟀振动翅膀，
"㘗㘗"，
是和阳台告别的歌韵。

一排排大雁追上白云，
撒下一阵暖暖的叮咛；
阵阵秋风掠过田野，
送来一片丰收的歌吟。

听听，
走进秋，
走进这辽阔透明的音乐厅，
你好好地去听
——秋的声音。

秋的声音，
在每一片叶子里，
在每一朵小花上，
在每一滴汗水里，
在每一颗饱满的谷粒里。

听听，

秋的声音，

从远方匆匆地来，

向远方匆匆地去。

听听，

我们去听秋的声音。

——统编版三年级上册

　　《听听，秋的声音》是一首现代儿童诗，诗人选取秋天特有的声音来描绘秋景。全诗利用汉语的语音特点描摹出动人的秋的声音，整体给人的感觉是朗朗上口，和谐自然，能给读者带来视觉、听觉、触觉的多重审美体验。

一、叠音词的使用：似大地回声

　　叠音是把同一字无间隔地、重复相叠起来使用的修辞方式，是古今汉语特有的一种修辞方式。叠音词的运用，能够产生特殊的音响效果，使声音鲜明突出、音节和谐悦耳、声音循环往复，从而给人以深刻的印象和美妙的感受。因为叠音形容词具有抒情性，所以一些诗文往往借助叠音形容词来加强抒情色彩。写景状物时使用叠音形容词，不仅可以保持原意，而且可以起强调的作用。

　　本诗的主旨就在于"听"到秋天的声音，通过"听"跟随作者感知秋的美好。全诗"听听"这个叠音词共出现了5次。"听听"一词口语化特点很明显，在原意的基础上又增添了抒情性，似乎能够让人听到作者透过文字的呼唤：快来和我一起聆听、一起感受秋天的美好。因此，作者首先利用它来开头，强调让读者去仔细听，听具体的声音，如听黄叶的唰唰声、蟋蟀的嚁嚁声，还有大雁的叮咛。"唰唰""嚁嚁"也是叠音词，形象生动地描述出真实的风吹树叶与蟋蟀的声响。接下来作者继续用"听听"这个叠音词开启下文又一轮的"听"，调动听觉去寻找秋天其他的声音，秋天的声音还在叶子里、小花上、汗水里……最后一节两次用"听听"这个叠音词，造成声音的循环往复，更加强调使用听觉去寻找秋天，去体会秋天，从而带来更多的秋天的感受，形成一种音响的效果，余音不绝。

　　此外，本诗还存在其他叠音词，如大树"抖抖"手臂，直观地表现了大树在秋风中摇曳、叶子散落的特点，在将大树拟人化的同时增强了诗的节奏感，给人美妙的体验与感受。又如"一排排""阵阵"，则通过叠音词强调大雁数量之多、队形之整齐与秋天风的大量存在，使大雁和秋风仿佛在眼前循环，可使人调动不同感官感受美好的秋色。又如一阵"暖暖"的叮咛则通过叠音表现出叮咛的温暖；"好好"地去听，强调了作者希望读者认真聆听的情感；"匆匆"通过叠音增强了诗歌的韵律感。全诗用到的叠音词非常多，在强调、抒情的同时增强了诗歌的可读性与韵律性，将对秋天的赞美表现得丰富而饱满。

二、响亮的韵律：余音缭绕

在押韵与平仄方面，几乎每小节都存在韵脚相同的句子，押韵虽不严谨但仍具备较强的韵律性。全诗"in""ing"韵出现频率较高，诗歌整体基调欢快，凸显出"听"秋天的"音"这一主旨。在平仄搭配上，无论是每小节中每个字之间的平仄变换，抑或每句结尾字的平仄穿插，都搭配得当，使诗歌朗诵时语音在长扬与短抑中交错而至，仿佛真的有人在告诉你秋天有哪些声音，在给人以身临其境之感的同时让诗歌"活"了起来。

三、交错的音节：节奏明快

本诗由不同音节构成不同语音段落，形成音节的协调与匀称。诗句以双音节词为主，穿插着单音节词与三音节词，通过音节的变化调节声音的变化，通过语音的变换表现出秋天声音的多样性，使诗句具有节奏感与韵律感，从语音角度赋予诗歌生命力与更强的表现力。其音节的匀称还体现在音节的搭配上，如"撒下……叮咛"与"送来……歌吟"、"从……来"与"向……去"等，即单音节词搭配单音节词，双音节词搭配双音节词，关联对应，搭配协调。第五小节"在每一片叶子里……在每一颗饱满的谷粒里"几句中，名词衬上方位词与对应的词保持音节一致，使音节协调整齐又富于变化，使声音和谐稳定又富有韵律感，增强了诗歌的表现力。

四、描述词的运用：生动形象

从语言学的角度看，描述词是表现事物形状、颜色、声音等并诉诸读者的听觉、视觉、触觉、嗅觉等，引起联想和想象的词语，有如画家手中的画笔，或细描粗绘，或淡涂浓抹，从而达到烘托气氛、表露情感、塑造人物形象的效果。

本诗在色彩方面，"黄叶""白云"中的"黄""白"使叶子、云一下生动起来，秋季的枯叶与湛蓝色天空上缓慢移动的白云形象跃然纸上，从视觉上引起读者想象，也表现出秋季的特点与美好。在形状方面，"大树""大雁""小花"通过对树木、雁、花的简要形状描绘让诗中景物形象更为立体。"一排排""阵阵""每一片""每一朵""每一滴""每一颗"这样可视化的词语将大雁、秋风、叶子、花、汗水、谷粒量化，将秋天的美好蕴含在这些点滴的可视化事物中。"辽阔透明的音乐厅"更是在视觉上留下丰富想象的空间，描述性词语的使用让本不存在的秋天音乐厅形象呈现在读者心中，仿佛秋的音乐厅真的辽阔而透明地存在。

小学语文教学讲授修辞的几种方法

（一）引导学生树立修辞意识

1.告诉学生修辞一点也不神秘。教师应该告诉学生，不要把修辞看得很神秘。修辞本来就是增强语言表达效果的方法，原本并不神秘。修辞存在于说写中，凡说写，必有修辞。

（25）问：鱼缸里有8条金鱼，送了邻居4条金鱼，鱼缸里还有几条金鱼？

甲答：鱼缸里还有4条金鱼。

乙答：还有4条金鱼。

丙答：4条金鱼。

丁答：4条。

（26）妈妈像朵花。

爸爸不是豆腐渣。

例（25）从修辞的角度看，甲、乙、丙的回答都显得啰嗦，丁的答案"4条"最为简洁。在特定的语境中丁的答案就是得体的修辞、好的修辞。例（26）既用了比喻，也押韵了。这两例虽然不是小学语文课本中的例证，但都是小学生很容易理解的语言，是很平常的话语。教师告诉学生这样平常的话语都包含着修辞，小学生们就能够理解修辞真的不神秘，修辞就存在于自己的说写中。

2.告诉学生"一样话可以百样说"。

（27）请你让我过去。

请你让我过去，好吗？

（28）今天天气好。

今天天气不错。

今天天气真好。

今天天气确实好。

例（27）中的两句话语意基本相同，例（28）中的四句话语意基本相同。教师授课时，要通过这样的例证让学生了解，在汉语中语意基本相同时有很多不同的表达方式。在语文教学中适当地进行这方面的训练，就可以开拓学生的思路，甚至可以在一定程度上纠正小学生说写时常常无话可说的现象。

（二）引导学生联想想象

修辞原本是作者联想想象的结果。学习修辞，学生也要运用联想和想象，这样才能更好地理解修辞所呈现的美，更好地理解修辞所蕴含的情。比如《咏柳》："二月春风似剪刀"这个比喻，我们就可以揣摩一下作者的联想想象：该句诗的前一句是"不知细叶谁裁出"，在这样的设问之下，作者联想到，柳树的细叶是在春风的吹拂下才生长出来的，于是把春风想象成裁缝手中的剪刀，以"春风"为本体，以"剪刀"为喻体，才有了"二月春风似剪刀"这样的妙喻。学生理解这个比喻时，如能按照作者这样的思路进行联想想象，就能很好地理解它。

当然，在小学语文中讲联想想象，也要注意分寸。低年级少讲一点，高年级多讲一点；低年级尽量讲得浅显些，高年级讲得稍深一点。比如，跟一年级学生讲"妈妈像朵花"，本体"妈妈"是熟悉的，喻体"花"也熟悉，用这样的例句引导低年级学生进行联想想象，也是能被有效接受的。

（三）恰当运用比较法

所谓比较法，就是在原句的基础上变换一种说法来比较优劣的方法。运用比较法，关键是要提供比较的恰当材料。

1.利用作者自己创作时改动的材料，比较优劣。

（29）春风又绿江南岸，明月何时照我还。（王安石《泊船瓜洲》）

作者创作时在用"绿"字的地方曾经想用"到、过、入"，最后选定了"绿"字。比较可知，"绿"与"到、过、入"都是仄声字，从语音修辞看，它们没有什么不同。它们的不同则是在表意，"到、过、入"所表达的只是"春风"曾经到了或已经到了"江南岸"，而"绿"不仅暗含"春风"到了"江南岸"的语意，而且写出"春风"来到"江南岸"所产生的结果：满眼皆绿，令人联想到草长莺飞，生机勃勃。可见，作者之所以选择"绿"，是因为在这个特定的语境中，"绿"所表达的语意更为丰富，其表达也更形象更生动。

2.利用别人改动的材料，比较优劣。

（30）千里莺啼绿映红，

　　水村山郭酒旗风。

　　南朝四百八十寺，

　　多少楼台烟雨中。（杜牧《江南春》）

《升庵诗话》的作者杨慎认为："千里莺啼，谁能听得？千里绿映红，谁能见得？若作十里，则莺啼绿红之景、楼台、僧寺、酒旗，皆在其中矣。"就是说，杨慎要把"千里莺啼绿映红"改成"十里莺啼绿映红"。事实上，杨慎的说法是不正确的。改作"十里莺啼绿映红"，如果套用他的标准，则可以说，十里莺啼，未必能听得，十里绿映红，未必能见得。结合原诗可见，作者原本是讲江南的广袤大地，以"十里"写江南春，当然与题不合；而以"千里"这样的虚数来描写，便是非常恰当的。可以说，这是改得不好的例证。杨慎用机械的逻辑尺度来衡量修辞，把一首好诗改成了一首歪诗，可谓点金成铁！

3. 授课教师自己变换词语，比较优劣。

（31）白日依山尽，黄河入海流。

（32）起初，叶子中夹了个绿绿的花苞，非常小……长了几天，花苞就透出了一点黄色……（刘新《丑菊》）

（33）在法庭上，我们跟父亲见了面。……我看到了他那乱蓬蓬的长头发下面的平静而慈祥的脸。……父亲说完了这段话，又望了望我们。（李星华《十六年前的回忆》）

例（31）如果把"白日"改成"太阳"，把"黄河"改成"大河"，则在色彩的丰富性，在对偶等方面大不如原诗。例（32）的"透"用得很准确，如果改成"长"，则表达效果明显不如原句。例（33）的"望"表示稍远地方的"看"，如果都改成"看"，则效果不如原句。

实际上，小学语文教材中就用了变换词语来比较的方法。

（34）比较下面每组中的两个句子，说说哪个句子写得好，为什么。

（A）翠鸟叫声清脆，爱在水面上飞。

　　翠鸟鸣声清脆，爱贴着水面疾飞。

（B）翠鸟离开苇秆，很快地飞过去。

　　翠鸟蹬开苇秆，像箭一样飞过去。（《翠鸟》）

这是《翠鸟》一文的思考练习题。观察可见，例（A）"爱贴着水面疾飞"更好，因为它的描写比"爱在水面上飞"更具体、更准确；例（B）"翠鸟蹬开苇秆，像箭一样飞过去"更好，此句中的"蹬开"比上一句中的"离开"描写更具体、形象，"像箭一样飞过去"用了比喻，其描写比"很快地飞过去"更加形象生动。结合《翠鸟》一文来看，这两组句子中表达上更好的语句都是课文《翠鸟》中的原话，教材编写者刻意编出在表达效果上比原文差的句子进行对比，恰恰就是为了让小学生了解修辞。从一定意义上讲，这样的思考练习题恰恰体现出教材编写者对于修辞教学的高度重视。

（四）讲解宜简明扼要

修辞当然有一些术语，表述起来比较复杂。如比拟，它的一般表述是："根据想象把物当作人写或把人当作物写，或把甲事物当作乙事物来说，这种辞格叫比拟。"如果在小学语文教学中详细地讲解这样的术语，我以为是很不恰当的。小学《语文》中的修辞现象，非常丰富，系统讲解，也不恰当。因此，我主张，在小学语文教学中，不要全面地阐述术语。我还以为，也不宜系统地讲辞格，而应该根据具体的例证来点出术语、点出辞格。

1. 结合具体的例证点出修辞术语。就是只就具体的例证作概括，不具体地详细讨论术语。

（35）天上的星星眨着眼睛。

（36）这里叫教条主义休息，有些同志却叫它起床。

教师在教学中告诉学生，例（35）是比拟，星星不是人，不会眨眼睛，说星星眨眼睛，是把星星当作人来写，这是拟人。例（36）是把抽象概念当人写，也是拟人。

2. 结合具体的语言事实讲修辞现象。

（37）春天种下一棵棵秧苗，就是种下一个个希望。

（38）妈妈给我补衣裳，补丁缝在衣服上，情意缝在我心里。

这两例都是拈连。在小学语文教学中教师就这两个具体例证告诉学生这是拈连即可，不要过多地解释。当然，为了加深印象，也可以在教学中引导学生回忆类似的例证。

（五）多讲一般性修辞

一般性修辞是相对于辞格来讲的，也可以叫作非辞格修辞现象。一般性修辞主要包括词语的锤炼（意义、声音的锤炼）和句式的选择，它们的修辞魅力不如辞格，但内容特别丰富，使用最为广泛，在表达上有特别的作用，应该在教学过程中有计划地讲授。当然，所谓多讲一般性修辞的"多讲"，也是相对辞格的讲授来说的。

（39）守门员和观众都望着远处的场地，……那个戴红帽子的小女孩生怕别人挡住她，往外探着身子，眼睛盯着远处。……他坐在最边上，也全神贯注地注视着局势的发展。……也许是头一回看到这样激烈的球赛。……他面带微笑，看得津津有味。（《小足球赛》）

此例中的"望、盯、注视、看"都表示"使视线接触人或物"，"望"是"向远处看"，"盯"是"把视线集中在一点上"，"注视"是"注意地看"。例（39）中"望、盯、注视、看"的运用，表意准确，富于变化，有很好的修辞效果。这就是词语意义的锤炼。《小足球赛》课后的"思考·练习"也要求小学生"体会词义有什么不同"。它虽未明确指出这是修辞，实际上所涉及的就是修辞问题。我以为教师讲课时，不如捅破这层窗户纸，明确地让学生知道，这就是一般性修辞。

——节选自曹石珠：《小学修辞教学的意义和方法——跟小学语文教师谈修辞教学》，载《湘南学院学报》，2015（3）。

想一想，练一练

1. 语音修辞有哪几种方式？

2. 押韵指的是什么？结合例子说明押韵的类型有哪些。

3. 什么是叠音词？叠音的方式是什么？

参考文献

[1] 陈汝东.当代汉语修辞学.北京：北京大学出版社，2004.

[2] 张春泉，陈光磊.文学话语的语音修辞：历时视角.重庆：西南师范大学出版社，2018.

[3] 傅惠钧.修辞学与语文教学.杭州：浙江大学出版社，2016.

第二节　词语的选择与句式的变异

　　通俗来说，修辞是语言的艺术，而艺术化了的语言，则使文章收到了较好的表达效果。因此，在阅读、阐释、欣赏文本的时候，文章语言的艺术——修辞是绕不过去的内容，修辞学知识就成为文本解读的基础知识之一。

　　词语修辞和句式修辞通过词语的选择与句式的变异来增强文章的表达效果。

▶ 理论聚焦

　　词语是构成文章的基本单位，句子是由词语构成的、传递信息的基本单位，因此，词语、句子的选择和变化准确与否、恰当与否，都直接影响文章的表达效果，甚至影响文章的成败。通过词语的选择与句式的变异来增强文章的表达效果，这就是词语修辞和句式修辞。

一、词语的选择

　　文章写得是否生动感人和词语的选择运用有着极为密切的关系。如果要提高语言的表达效果，就必须注重词语的选择。词语本身不仅具有含义，还具有相应的感情色彩。我们在选择词语时不仅要精确地掌握其含义，还要利用其所具有的感情色彩，以此来为文章增色。我国古代有"百炼为字，千炼成句"的说法。唐代诗人贾岛"推敲"的故事，就说明了古人对词语选择的重视。只有词语选用得当，文章才能表现得准确生动，文章的思想内容、情节线索、人物形象才能表达得深刻、明晰、突出。

（一）同义词的选择

　　选取最恰当的词语，更多的时候是在同义词语中进行最恰当的选择。汉语中有大量的同义词，同义词的意义大体相同，但在表述语境、表述习惯等方面存在差别。正如唐代诗人贾岛"推敲"的故事那样，运用词语细小的差别来准确清晰地表达出人们对事物的情感态度，文章才能生动活泼。例如：

　　　　①他给我拣定了靠车门的一张椅子；我将他给我做的紫毛大衣铺好座位。他嘱我路上小心，夜里要警醒些，不要受凉。（统编版八年级上册朱自清《背影》）

　　　　②孔乙己便涨红了脸，额上的青筋条条绽出，争辩道："窃书不能算偷……窃书！……读书人的事，能算偷么？"（统编版九年级下册鲁迅《孔乙己》）

　　　　③……这只是我自己心情的改变罢了，因为我这次回乡，本没有什么好心绪。（统编版九年级上册鲁迅《故乡》）

例①"他给我拣定了靠车门的一张椅子"中，不用"找"，也不单用一个"拣"，而用"拣定"，表明是经过一番挑选、比较才确定下来的。"他嘱我路上小心"中，不用"要""叫"一类词语，而选择了"嘱"，表现了父亲的千叮咛万嘱咐。"夜里要警醒些"中的"警醒"，含"警觉、留神、不要睡得太死"之意，表现出这是父亲对远行的儿子最不放心的地方。这些都是作者精心选择的词语，质朴而准确，字字传情，真切地表现了平凡而深沉的父爱。例②中"窃"与"偷"意思虽同，语体色彩却不一样，"窃"字文雅，"偷"字通俗。孔乙己不愿接受别人用低俗的"偷"来指责自己这"高雅"的读书人。"读书人的事，能算偷么？"清楚地反映了孔乙己对词义色彩的敏感及好恶。作者用这两个同义词之间的细微差别，写出了孔乙己虽然穷酸，但仍然要突出自己读书人的身份，用自己读书读来的知识为自己开脱，勉强维持自己读书人的尊严的心理状态。这个精彩的细节，为塑造孔乙己的性格特征添上了精彩的一笔。例③中的"心情"和"心绪"是近义词，但有细微差别：前者指心境、感情的一般状态，可好可坏，因此与"改变"搭配比较合适；后者多指心境的紊乱，因此与"没有什么好"相组合较为得体。

（二）词语的色彩配合

1. 词的形象色彩

词的形象色彩是词义中能引起主体对客观对象的形象联想的那部分内容。形象色彩的形成取决于多方面的要素，词义所标记的客观事物是具体事物而不是抽象事物。一些形容词、名词、动词、拟声词、叹词、量词等，在反映词语所指的对象时，以生动、具体的形象诉诸人们的听觉、视觉、嗅觉、味觉等，突出了对象的形象感，如"麦浪、雪白、火红、青松、翠柏、直挺挺、鹅卵石"等含视觉形象感，"扑通、尖叫、哗啦"等含听觉形象感，"臭烘烘、香喷喷"等含嗅觉形象感，这些都是具有形象色彩的词。在特定的情境之中，选取能够表达特定的形态或气氛的词语，能够准确地体现作者意图，创造鲜明图景，刻画人物形象，使作品语言生动、意境含蓄深远，给读者带来丰富的想象空间，增强文章的表达效果。例如：

①枯藤老树昏鸦，小桥流水人家，古道西风瘦马。夕阳西下，断肠人在天涯。（统编版七年级上册马致远《天净沙·秋思》）

②她滑滑的明亮着，像涂了"明油"一般，有鸡蛋清那样柔软、那样嫩。（朱自清《绿》）

③在天底下，一碧千里，而并不茫茫。四面都有小丘，平地是绿的，小丘也是绿的。羊群一会儿上了小丘，一会儿又下来，走在哪里都像给无边的绿毯绣上了白色的大花。那些小丘的线条是那么柔美，就像只用绿色渲染，不用墨线勾勒的中国画那样，到处翠色欲流，轻轻流入云际。（统编版六年级上册《草原》）

例①前三句由九个偏正结构的名词短语组成，每个短语看似用平常语写平常景，却都是具有视觉形象色彩的词，像是一个个特写镜头，这一系列镜头在读者脑海中引起形象联想，补充想象成一幅浑然一体的天涯旅客的背景画面，画面中的每一种景物都是极平常极常见的，但浓墨重彩地渲染出一种凄凉萧瑟的气氛，抒发了天涯游子思乡悲秋的愁苦心情，将读者带进荒寂清冷的艺术境界。这首小令几乎成了写景的绝唱。例②中"绿"是具有视觉形象色彩的词，"软""嫩"是具有触觉和味觉形象色彩的词，以"软"写"绿"，"绿"仿佛可以触摸；以"嫩"写"绿"，"绿"似乎也能品尝；这样，只能用眼睛看的"绿"，竟变得触得到、尝得着，使人的不同感官综合发生作用，让读者的心灵得到美的享受。正是因为作者选用了涉及视觉、触觉、味觉等不同感官的具有浓郁形象色彩的词，使人的不同感觉相互沟通，构成"通感"，所以使景物描写达到了生动形象的艺术效果。例③中写到的草原上的白色羊群，人们很容易平平淡淡地直说，而作者却用比喻"绿毯绣上了白色的大花"把这景色形象化了。写到辽阔的草原，人们也容易用"一望无边"一类的词语描写，作者却用了带有视觉形象色彩的"翠色欲流，轻轻流入云际"，使人浮想联翩，好像被带入那如诗如画的内蒙古大草原。

2. 词的感情色彩

除了具有形象色彩外，有些词还能表达感情态度。感情态度也叫感情色彩，指附加在某些词语上的褒扬、喜爱、肯定、尊敬或者贬斥、厌恶、否定、鄙视等感情。表达感情态度的词有褒义词和贬义词之分，反映了人们对事物的爱憎感情和褒贬评价。在通常情况下，表示对人或事物的褒扬、喜爱、尊敬等感情，要用褒义词；表示贬斥、憎恶、鄙视等感情，要用贬义词。

在某种特定的语境中，为了表达的需要，有时褒义词可以含有贬义的色彩，贬义词能体现出褒义色彩。例如：

①东京也无非是这样。上野的樱花烂熳的时节，望去确也像绯红的轻云，但花下也缺不了成群结队的"清国留学生"的速成班，头顶上盘着大辫子，顶得学生制帽的顶上高高耸起，形成一座富士山。也有解散辫子，盘得平的，除下帽来，油光可鉴，宛如小姑娘的发髻一般，还要将脖子扭几扭。实在标致极了。（统编版八年级上册《藤野先生》）

②我小时候父母不在跟前，叔父不大管我，可是他不让看闲书。怎么办呢？我就放学以后不回家，偷偷藏在一个地方看闲书。（人教版五年级上册《小苗与大树的对话》）

例①中"标致"本是褒义词，在这段描写中与"油光可鉴"连用，是褒义词贬用，形象地展现出这些清国的留学生在日本不务正业的滑稽丑态，含蓄地表达了作者对他们的不满，笔调充满讽刺意味。例②中"偷偷"一词本义表示行动不使人察觉，此处贬义词褒用，形象生动地反映出"我"酷爱看闲书，话语间的幽默风趣扑面而来。

二、句式的变异

句式就是句子的格式。句子是传递信息的基本单位，关系到信息的准确、晓畅与否，因此，句式的使用技巧也是修辞的内容之一。俗话说："一句话，百样说。"即意思相同的一句话，由于句式发生了变化，表达效果也会发生变化，这就是句式的变异。所以，句式的调整是根据上下文语意表达的需要进行的，是篇章、段落内部句子之间连贯语意、畅通语气的重要手段。例如，"你来得真早"和"早啊！你来得"都是对于主语"你""来得早"发出感叹，但后者通过句式的变化表达了更强烈的感叹。

句式修辞主要是同义句式的选择，目的是更恰当地表达思想内容。对于同义句式的划分，不同的研究者有不同的思考，使用频率较高的主要有以下几种。

（一）整句和散句的调整

从文章句子的结构上看，结构上相同或相近的、形式整齐的句子就是整句，反之就是散句。文章里的句子大多数是散句，整句的运用往往是穿插其间的，所起的作用是提高文章的艺术性。此处主要讲整句。对偶句和排比句是整句常见的形式。

1. 对偶

对偶句是指形式上对称均衡、意义上互相关联的两个句子。在古诗文中，对偶句常常出现。例如，"两个黄鹂鸣翠柳，一行白鹭上青天""开轩面场圃，把酒话桑麻"，上下句的意思相近，内容互为补充，这被看作"正对"；"横眉冷对千夫指，俯首甘为孺子牛""朱门酒肉臭，路有冻死骨"，意思相反，有对比效果，是"反对"；"欲穷千里目，更上一层楼""即从巴峡穿巫峡，便下襄阳向洛阳"，上下句意思关联，有递进、连贯等关系，是"串对"。

对偶句不仅形式整齐匀称，而且节奏和韵律和谐优美，便于记忆和吟诵。在日常生活中常见的对偶句是对联。还有一些口号和标语也是含义或形式对称，以达到易懂易记的效果。例如，"流血流汗不流泪，掉皮掉肉不掉队""高高兴兴上班来，平平安安回家去"等，由于上下联内容互补映衬，富于情感色彩，更容易被人们接受和广泛地传播。

2. 排比

排比是三个或三个以上意义相关、结构相同或相近的词组、句子的连用。排比的使用使文章句式整齐匀称，在表达上更有气势。例如：

①这地方的火烧云变化极多，一会儿红彤彤的，一会儿金灿灿的，一会儿半紫半黄，一会儿半灰半百合色。葡萄灰、梨黄、茄子紫，这些颜色天空都有。还有些说也说不出来、见也没见过的颜色。（统编版三年级下册《火烧云》）

②从宇宙飞船上看月球，随着太阳光线角度的变化，月球的表面呈现出各种奇异的色彩，有时是灰色的，有时是棕色的，有时是黄色的。从宇宙飞船上看地球，地球发出耀眼的蓝色和白色的光芒，在茫茫的宇宙中，显得特别美丽。（北师大版四年级上册《飞向月球》）

例①中的四个"一会儿"，例②中的三个"有时"，都是排比手法，将景色描写展开得全面、细致，令人读来酣畅淋漓。

排比和对偶的区别在于排比是由三个或三个以上的词组或句子组成的，而对偶必须是两个。

3.叠用

叠用是指重复使用有基本相同结构的句子或词组。叠用的形式多样，重复的可以是句子，也可以是词组；可以是单句，也可以是复句。例如：

①哦，阿妈，我们到溪边去吧，去看看小水塘，看看水塘里的月亮，看看我采过野花的地方。（统编版四年级上册《走月亮》）

②……走过月光闪闪的溪岸，走过石拱桥，走过月影团团的果园，走过庄稼地和菜地……啊，在我仰起脸看阿妈的时候，我突然看见，美丽的月亮牵着那些闪闪烁烁的小星星，好像也在天上走着，走着……（同上）

例①中三次重复运用的"看看"是动词，"看看"本身也是动词的叠用。例②中四个"走过"作动词的动宾词组，第一、三句的宾语结构相同，第二、四句的宾语结构相同。叠用的使用不仅写尽了周围的景色，而且强化了文章的情感。叠用和排比比较相似，但是叠用的形式更灵活一些，排比则更注重形式的整齐匀称。

（二）短句和长句的搭配

1.短句

短句指结构简单、字数较少的句子，多用口语词构成。口语是人们的日常用语，生动活泼，姿态万千。文章作者经过提炼和加工，会使这些口语焕发出新的光彩，使短句不仅通俗易懂，而且具有极强的文学表现力。例如：

①猫的性格实在有些古怪。说它老实吧，它的确有时候很乖。它会找个暖和的地方，成天睡大觉，无忧无虑，什么事也不过问。可是，它决定要出去玩玩，就会出走一天一夜，任凭谁怎么呼唤，它也不肯回来。说它贪玩吧，的确是啊，要不怎么会一天一夜不回家呢？可是，它听到老鼠的一点儿响动，又是多么尽职。它屏息凝视，一连就是几个钟头，非把老鼠等出来不可！（统编版四年级下册《猫》）

②震荡可怕极了。一刹那间，男人、女人、小孩，所有的人都奔到甲板上，人们半裸着身子，奔跑着，尖叫着，哭泣着，惊恐万状，一片混乱。海水哗哗往里灌，汹涌湍急，势不可当。轮机火炉被海浪呛得嘶嘶地直喘粗气。（统编版四年级下册《"诺曼底号"遇难记》）

例①通过短句的运用，营造了一种自然、亲切、口语化的叙述氛围，在短促的语境中表达了作者对猫的喜爱之情，这是老舍作品突出的语言风格之一。例②通过短句的运用，将"诺曼底号"轮船被撞击后船上混乱而紧急的情况真实地再现出来，短句读起来紧凑有力，给人一种急迫感，很好地渲染了悲剧的气氛。

2. 长句

此处的长句是指单句和复句中的分句。长句因其形式较长、词语较多，结构也比较复杂，因此含有比较丰富的信息。和短句相比，长句多出现在书面语中。比如：

①此后三十多年，他与长风为伍，云雾为伴，行程九万里，历尽千辛万苦，获得了大量第一手考察资料。（北师大版五年级下册《阅读大地的徐霞客》）

②徐霞客日间攀险峰，涉危洞，晚上就是再疲劳，也一定录下当日见闻。即使荒野露宿，栖身洞穴，也要"燃松拾穗，走笔为记"。（同上）

例①中，句子的主要成分是主语"他"及谓语宾语"获得了大量第一手考察资料"，中间部分的"与长风为伍，云雾为伴，行程九万里，历尽千辛万苦"是状语。例②中，"晚上就是……，也……""即使……，也要……"都是一个长句，但它们在整个句子中充当主语"徐霞客"的谓语。

可见，长句在文章中也有不同的表现形态，它本身虽不是复句，但表达出的意思像复句一样丰富深刻。以上两例就用长句表现了徐霞客为获得有价值的考察资料而不顾艰难困苦的顽强的科学求实精神，蕴含了比较丰富的信息，还能表达充沛的感情，读起来富有气势。

总的来说，长句与短句的使用是为了适应表达的需要。长句与短句交替使用，可使文章节奏起伏多变，句式灵活变化，读起来不呆板。

（三）肯定句和否定句的选择

肯定句和否定句是就句子的语气来说的，肯定句表示肯定的语气，否定句表示否定的语气。否定的语气是通过否定词来表示的。常见的否定词有"不、没有、无非、未"等。

一般来说，肯定句、否定句的语气都比较明确、直接；有时，否定句可以通过词语来加强否定的语气。例如：

①杰克逊大叔心想，给逃难的人一顿饭吃，每个善良的人都会这么做。于是他回答："不，我没有什么活儿需要您做。"（人教版四年级下册《尊严》）

②爸爸把手伸进被里，摸着雨来光溜溜的脊背，说："这哪有准儿呢？说远就远，说近就近。"（统编版四年级下册《小英雄雨来》）

例①中"不"表达了否定的意思，没有特别的感情色彩。例②使用了表示反问语气的词语"哪"，表示否定意思，即"没有准儿"，带有比较强烈的感情色彩。

在否定句中有时还会出现两个否定词，如"没有……不……""非……不可……""不……不……"等，这就是双重否定句。双重否定句表示肯定的意思，但比一般的肯定句语气更加强烈。例如：

我怀着好奇的心情独个儿仰卧在小船里，自以为从后脑到肩背，到臀部，到脚跟，没有一处不贴着船底了，才说一声"行了"，船就慢慢移动。（统编版四年级下册《记金华的双龙洞》）

这个句子是双重否定句，"没有一处不贴着船底了"，强调身体全部都贴着船底了。

（四）设问句和反问句的使用

设问句和反问句与一般疑问句不同的是，它们虽然都是提问，但其实提出问题的人心里已经有了答案。使用设问句和反问句大多是为了达到某种修辞效果。

1. 设问句

设问句是指先提出问题，再把答案说出来的疑问句。简单说，设问句就是自问自答。例如，统编版六年级下册《藏戏》开头的三个句子：

世界上还有几个剧种是戴着面具演出的呢？

世界上还有几个剧种在演出时是没有舞台的呢？

世界上还有几个剧种一部戏可以演出三五天还没有结束的呢？

开篇提出了三个问题，这些疑问在文章随后的内容里一一进行了解答，由此可以看出，设问句很大的一个作用是引起读者的注意和兴趣，启发读者思考。再如，统编版四年级下册《飞向蓝天的恐龙》第 3 自然段：

恐龙是如何飞向蓝天的呢？让我们穿越时空隧道，访问中生代的地球，看看这一演化过程吧！

这篇课文的前两个自然段点明近年来发现的大量化石显示鸟类"和恐龙有亲缘关系"，甚至"很可能就是一种小型恐龙的后裔"。因此，作者自然而然地顺着这个思路提出了"恐龙是如何飞向蓝天的"这个疑问。

接着，作者在第 4 自然段对这一演化过程展开叙述。行文当中的设问句往往起到承接上文、引起下文的过渡作用。

文章结尾有时也会出现设问句。例如：

孩子们都依偎在母亲的身边去了，独独扔下了孤寂的他；究竟是死去的人更不幸，还是活着的人更不幸呢？（钱钢《唐山大地震》）

这句话是写一个男子在地震中失去了他的妻子和三个孩子，只剩下了孤寂的他。作者在此提出了两种供选择的可能，似乎是问句，但其实文中已交代出答案：死去的人固然是不幸的，但活着的人要承受失去亲人的痛苦，因而也是不幸的。这个意思如果直接写出来，就不如现在这样问而不答，让读者自己思考来得含蓄和深沉。

2. 反问句

反问句是用问句的形式表示确定的意思。设问句和反问句都不是因为真有疑问而提问，设问句主要是要引起读者的注意和思考，而反问句主要是为了表达强烈的语气和感情色彩。设问句是自问自答，而反问句则不用回答，答案已经包含在问句之中。例如：

①"我？"桑娜脸色发白，说，"我嘛……缝缝补补……风吼得这么凶，真叫人害怕。我可替你担心呢！""是啊，是啊，"丈夫喃喃地说，"这天气真是活见鬼！可是有什么办法呢！"（统编版六年级上册《穷人》）

②"爸爸的鼻子又高又直，您的呢，又扁又平。"我望了他们半天才说。"你不知道，"伯父摸了摸自己的鼻子，笑着说，"我小的时候，鼻子跟你爸爸的一样，也是又高又直的。""那怎么——""可是到了后来，碰了几次壁，把鼻子碰扁了。""碰壁？"我说，"您怎么会碰壁呢？是不是您走路不小心？""你想，四周黑洞洞的，还不容易碰壁吗？"（统编版六年级上册《我的伯父鲁迅先生》）

③我由此想到，老师们在平凡的教学岗位上付出的一切不会是徒劳的。既然我的老师们播下的种子在他们学生的身上开花结果了，我们播下的种子有什么理由不在自己学生的身上开花结果呢？（人教版六年级下册《难忘的启蒙》）

例①结尾"可是有什么办法呢！"是个反问句，意思是根本没有什么办法，它并不要求回答，只是表达了渔夫对现实无可奈何的感情，语气更加强烈。反问句的末尾多数用问号，有时也可以用叹号。例②"你想，四周黑洞洞的，还不容易碰壁吗？"是一个反问句。因为"四周黑洞洞的"，所以肯定容易碰壁，答案就是反问句本身。例③中作者由自己的老师对自己的影响推想到自己也会对自己的学生产生同样的影响。作者没有把肯定的答案直接说出来，而是用了一个反问句，答案不言而喻。

从以上例子可以看出，反问句表达的意思是肯定还是否定的，跟是否含有否定词语有关。例①中没有否定词，表示否定的意思，意为"没有什么办法"。例②、例③中出现了否定词"不"，则表示肯定的意思。从以上例子也可以看出，反问句的修辞作用是表达强烈的语气和特定的感情色彩。

（五）顺装句和倒装句的安排

在汉语中，句子成分的先后顺序大体上是确定的。例如，单句一般是主语在前，谓语在后。句中如果有修饰语，则定语或状语在前，中心语在后；补语一般在中心语之后等。

在文章中，按照正常的顺序组成的句子就是顺装句，句子中的某个成分或复句中的某个分句颠倒了通常的顺序，就形成倒装句。使用倒装主要是为了突出某个句子成分，加重语气，起强调作用。下面仅介绍几种在小学语文教材中常见的倒装现象。

1. 主谓倒装

主语在前，谓语在后，这是正常的语序。如果把谓语放到主语前面，就是主谓倒装句。这种倒装常见于疑问句、感叹句和祈使句中。谓语和主语之间一般有停顿，可以用逗号隔开。例如：

①她听见了医生的话，眼珠一转，眼泪涌了出来。放下一百个心似的，疲乏的微笑的闭上眼睛，嘴里说："真辛苦了你们了！"（冰心《分》）

②医生笑了："可了不得，这么大的声音！"一个护士站在旁边，微笑的将我接了过去。（冰心《分》）

例①中"真辛苦了你们了"，正常的语序是"你们真辛苦了"，把谓语前置是为了强调"真辛苦"。例②中"可了不得，这么大的声音"，正常的语序是"这么大的声音可了不得"，为了强调声音之大，特意把谓语前置，表达一种不由自主的惊叹。

2. 状语前置

状语前置一般来讲是为了强调状语的内容。例如：

茅屋里点着一支蜡烛。在微弱的烛光下，男的正在做皮鞋。（统编版六年级上册《月光曲》）

句中"在微弱的烛光下"就是前置的状语。这句话可以写成"男的正在微弱的烛光下做皮鞋"，将状语前移，是为了强调屋内光线昏暗，兄妹两人的生活非常窘迫。

除了强调的因素外，当表示时间、地点、目的等的状语比较长时，常移到句首，并用逗号与全句隔开，以保持句子结构的匀称和平衡。例如：

早上我起来的时候，小屋里射进两三方斜斜的太阳。（统编版六年级下册《匆匆》）

这句话本可以写成："小屋里在早上我起来的时候射进两三方斜斜的太阳"，但这样表述句子就显得很长，作者本是想强调早上起来的时候，这句话拉长后，这种强调效果就减弱了。状语提前，突出了从一早起床后就深刻地感受到了时间的流逝。

▶ 解读示例

文本链接 >>>

我们奇妙的世界

这是一个奇妙的世界，一切看上去都是有生命的。

你看天空的珍藏——

清晨，太阳升起，带来新的一天。开始，天空呈粉红色，慢慢地变成了蔚蓝色，太阳就像一个大火球一样升起来了。

有时，云彩在蓝色的天空中飞行，如同经过雕饰一样，呈现出各种奇妙的形状，告诉我们许多奇妙的故事……

当云彩变得又黑又重时，雨点就会噼噼啪啪地降落到大地上。

雨后，我们会看到地上有许多水洼，就像有趣的镜子，映射着我们的脸。

一天结束了，落日的余晖不时变幻着颜色，好像有谁在天空涂上了金色、红色和紫色。

黑夜降临了，我们看见夜空中群星闪烁，就像千千万万支极小的蜡烛在发光。

再看大地的珍藏——

我们能看到植物生长的奇迹——极小的一粒种子种到地里，生根、发芽，不久就开花了，花很漂亮。

我们能看到各种水果诱人的颜色，圆润的鲜红色的樱桃，深紫色的李子，浅黄色的梨。

夏日，在大树下乘凉，我们会感叹，大树带来这么多绿荫。

秋天带着金黄色的光辉神奇地到来了，那时，道路上好像洒满了光芒。蝴蝶张开漂亮的翅膀在空中翩翩起舞。

鸟儿为了建造它们的房子，衔着泥土振翅飞翔。

我们领略秋风的劲吹——树枝颤动，树叶飘落。

冬天，我们看到了房檐上垂下的冰柱，它们好像一把把锋利的刀剑在阳光下闪耀。等到积雪融化时，从房檐上落下的小水滴，就像一颗颗珍珠。

只要我们仔细地观察、寻找，就能从极普通的事物中找到美——各种形状的卵石，三桅小船的模型，颜色各异的羽毛。

是的，世界上存在的奇妙的事物是无穷的，只要我们去寻找。

——统编版三年级下册

《我们奇妙的世界》是一篇语言优美的散文。作者以简洁、生动的文字，运用丰富的修辞手段，围绕天空与大地两个方面来表现世间事物的奇妙和美丽，从而为学生提供了一个认识世界的独特视角，用饱含温情的笔触启发他们对世界、对生活的别样感受。

一、寻常词语的艺术化

本篇课文的语言活泼生动、充满活力。作者将本不引人注目的普通词语放在恰当的位置，使得寻常的词语"艺术化"，产生了良好的表达效果。

第一，文章通过巧妙使用动词提升文本内容的生动性与真实性。例如，"有时，云彩在蓝色的天空中飞行，如同经过雕饰一样，呈现出各种奇妙的形状，告诉我们许多奇妙的故事…"中的"雕饰"和"告诉"二词。"雕饰"形容云朵呈现奇妙形状的状态。其实这些奇妙的形状是自然界赋予的，但是作者通过一个动词，为学生留出了想象空间，仿佛有工匠在云彩上进行雕刻和修饰，从而形成了现在这般奇妙的形象。而"告诉"一词则唤起读者对于云的形象感，通过奇妙的形状引出奇妙的故事，将内容化静为动，使得文字细腻生动，从而引发学生的进一步联想。再如"就像有趣的镜子，映射着我们的脸"一句中的"映射"。该词可以用"照着"等词进行同义替换，但是"映射"在这个语境中更加准确。而"鸟儿为了建造它们的房子，衔着泥土振翅飞翔"中的"建造"更加贴合学生的理解层面，精准抓住鸟儿衔土的意图和特征，使得文章新鲜活泼。

第二，文章对于形容词、副词的使用也恰到好处，增强了语言的形象性。例如，"开始，天空呈粉红色，慢慢地变成了蔚蓝色，太阳就像一个大火球一样升起来了"一句中的"慢慢地"，将天空颜色变化的动态性准确地表达了出来，增强了课文的变化性。而"我们能看到各种水果诱人的颜色，圆润的鲜红色的樱桃，深紫色的李子，浅黄色的梨"中的"诱人的""圆润的"分别是对水果颜色和形状的形容，突出了水果颜色鲜艳、形状饱满的特点，增强了语言的生动性，让学生如见其形一般。

值得一提的是，课文运用大量的颜色词描写天空、水果等景物，引发学生的想象。例如，"天空呈粉红色""慢慢地变成了蔚蓝色""好像有谁在天空涂上了金色、红色和紫色"等，细致描写出天空颜色的变化。课文通过对色彩的描述，在学生脑海中唤起逼真清晰的形象，让学生产生对色彩的美感联想，从而增强语言的表达效果。而"圆润的鲜红色的樱桃，深紫色的李子，浅黄色的梨"一句中的颜色词能够更加突出水果的形态，从视觉感受慢慢扩散到嗅觉和味觉，不仅能使读者感受到优美的形象、新鲜的意境，还可以为课文主题服务，充分体现出世界的奇妙。

二、句式"有零有整"，搭配恰当

《我们奇妙的世界》精心选择不同的句式交错使用，恰当搭配整句与散句，使文章节奏轻松、长短错落，在句式的变换中增强了语言的表现力。

"清晨，太阳升起，带来新的一天。开始，天空呈粉红色，慢慢地变成了蔚蓝色，太阳就像一个大火球一样升起来了。"散句搭配整句，既清晰地说明了作者想要表达的内容，也不至于使学生读起来疲累和费劲。生动明快与表意严密相碰撞，形成了一种交错美。

对比第 10 自然段和第 11 自然段，很明显第 10 自然段大都是散句，第 11 自然段大都是整句，前一段结构错落，句式长短不齐，从而显得形式灵活自然，富有变化，避免了语言形式的单调；而后一段结构整齐，音节和谐，文本内容也很贯通，表达了丰富的感情。这两段交替使用整句、散句，增添了音韵美。

三、使用比喻和比拟辞格，突出对象形象感

在词语和句式的多变之中，课文还穿插使用了大量的比喻和比拟辞格，在赋予文章生动感与形象感的同时，提升了其审美价值。

比喻状物能使概括的东西形象化，给人留下深刻的印象。例如，"雨后，我们会看到地上有许多水洼，就像有趣的镜子，映射着我们的脸。"该句将"水洼"比作"镜子"，突出了水洼能够映射景物的特点，浅显易懂，使学生容易接受。"黑夜降临了，我们看见夜空中群星闪烁，就像千千万万支极小的蜡烛在发光"一句，将"群星"比作"千千万万支极小的蜡烛"，形象具体，描写出星星散发出的点点光明，烘托出如画如梦般的意境。

比拟能够使描写的事物形象生动，使抽象的事物更具体。例如，"云彩在蓝色的天空中飞行"一句，将云朵拟物化。云彩本不能飞行，却赋予其鸟类一般的动作，使得云朵显得更活泼。而"蝴蝶张开漂亮的翅膀在空中翩翩起舞"一句，将蝴蝶拟人化。"翩翩起舞"将蝴蝶在空中舞动翅膀的形象描写得具有强烈的视觉美感，在增强语言活泼性的基础上，也体现出作者对于自然美景、自然生物的热爱。

四、精心构思——"两性"合一，纵横交错

作者通过精妙的结构布局，将文章的各部分艺术地联系在一起，体现了篇章修辞的连贯性和统一性。

课文的结构为总—分—总形式。第 1 自然段开门见山，直接点题"这是一个奇妙的世界，一切看上去都是有生命的"，前半句对应题目"我们奇妙的世界"，后半句对应着下文以比喻、比拟手法描写的自然景物，既直奔主题又引出下文。课文中间自上而下围绕天空与大地两个方面进行叙述，通过天空与云朵颜色的变换所引发的物理现象，以及四季的变换（春草、硕果、夏荫、秋风、冬雪）来展现世界的奇妙。最后一段"是的，世界上存在的奇妙的事物是无穷的，只要我们去寻找"精准点题，再一次表达世界的奇妙，做到了首尾呼应。从文章整体来看，结构清晰连贯，各个部分具有连接性和逻辑性。

课文的内容还具有统一性。统一性是指一篇文章各部分指向同一个中心与主题，即目标一致。不管是天空还是大地，作者所描绘出的自然现象都是变幻无穷和奇妙的，每一部分都统一在文章的主题——"我们奇妙的世界"之下。文章基调轻松活泼，节奏欢快，全文格调和谐一致，从内容到形式形成了一个完整的统一体。

在层次安排上，课文展现出纵横交错式结构。它既涵盖了横式结构中空间顺序的同时性，又包含了纵式结构中的历时性，体现出了奇妙的多样性与复杂性，让学生对奇妙的世界有一个较为全面的认识。

这篇字数不多的课文，描写细腻，联想丰富，展现出世界的美丽与奇妙，让人读起来画面感极强。此外，作者具有一颗童心，他站在儿童的视角来观察、了解、探究世界，寻求世界的真善美，发现世界万物都是奇妙的，哪怕是很普通的事物也会有它独特的存在价值。

▶ 拓展阅读

消极修辞在写作教学中的地位与作用

1. 消极修辞在写作教学中的地位

写作教学内容多，范围广，消极修辞知识是写作教学知识体系的一个重要分支，主要研究如何使用语言表达准确、畅晓。学生学习消极修辞运用后，必然能提升写作综合能力。所以在初中语文写作教学过程中，教师应引导学生认识到消极修辞不可或缺的地位。

1.1. 消极修辞知识是写作教学知识体系的一个重要组成部分

消极修辞分为语音修辞、词语修辞、语句修辞、篇章语体风格上的修辞等几个部分，也被称为讲究声韵、锤炼字词、选择语句、切合语体。消极修辞知识的运用是写作教学的一种必要手段，所以在古代写作中消极修辞就为大家所重视。早在唐代散文家李翱在《答王载言书》中也说："意虽深，理虽当，词不工者不成文。"从写作结果来看，作文只有经过了语言的修饰，才能够达到明白畅晓的目的。从写作实践来看，消极修辞也渗透在写作教学的各个阶段中。教学题材的选定、材料的取舍、主题的表现、结构的安排大都直接或间接与消极修辞联系在一起。消极修辞技巧是提高语言交际能力的一种有效途径，所以说要达到有效教学，学生消极修辞技巧的学习是不可缺少的。在写作教学中，教师应有意识将消极修辞知识纳入自己作文教学知识体系中，使之成为一个必要组成部分，和其他写作知识相互渗透，相互作用，提高学生的整体写作水平。语文教师将消极修辞内容及知识点有意识地归入写作教学中，也能使教师自身写作教学知识体系更加完整。

1.2 消极修辞学习是学习其他写作修辞技巧的基础

消极修辞讲究锤炼语句，主要是对词语意义的准确把握。意义是词语的灵魂，词语意义的把握是词语运用的核心。首先，善于选择词语可以有效添加文采，增强语言的表现力，进而收到理想的修辞效果。其次，切合语体，语体本是为适应交际的需要而形成的语文体式，是修辞规律的间接体现。每篇文章都是由字、词、句、段组成的，词语和句式的选择搭配跟各种修辞格的选用一样重要。再者，中学生作文写作的基本规律是先要做到明白畅晓，然后才是文采斐然。在写作教学的过程中不充分重视消极修辞的作用，学生就不能很好地理解写作的基本目标，就会在写作中出现言之无物、语言匮乏、逻辑混乱等一系列问题。消极修辞的讲授具有先导性，能让学生更准确地表达自己的意思，学生只有形成了一个好的遣词造句习惯，才能很好地驾驭其他的写作手法或表达方式。一个学生在习作过程中如果连最基本的准确这一要求都达不到，那么无论选用的形式有多花哨，这样的作品也确定是失败的，教师这种写作教学方式也是失败的。

2. 消极修辞在写作教学中的作用

2.1 能提高学生的写作语言准确性

修辞是选择最适合表达需要的语言手段，来增强语言的说服力和感染力，提高表达效果的方法。消极修辞的一个重要内容就是语音修辞与词语修辞。词语是写作的基本材料，如同建筑房屋楼舍，需要砖瓦木石钢筋水泥一样，写作决然离不开词语。汉语词汇量丰富，词语的组合形式多种多样，因此要让学生写作内容反映得恰当，做到准确、鲜明、生动，非要注意词语的选用不可。

写作教学对学生用词的基本要求就是准确，这就要在写作教学中让学生了解中国文字的组合特点。 中国文字有一个特性就是适于偶数结合，一词与别的词相结合时，如果不成偶数，读起来就不太顺口。有句话叫"父母之命"读起来顺口，拆开为"父命"或"母命"也没有什么不顺口，但是如果改说"父母命"读起来就不顺口了。单字的词与其他单字的词结合成双字的词或句，是没有障碍的。例如"天气""天亮""国富"之类都顺口。双字的词，如果是形容词，有的勉强可与单字词相接，如"毛毛雨""同情心"等。至于双字的动词，就不能与单字的词相结合，如果擅自组词，那么原词意义会随之发生改变。所以说基本的词语组合能力的培养，是提高整体写作语言表达准确性的一个重要环节。

在写作过程中词语的选择也是非常重要的。无论要讲什么，真正能表达它的句子只有一句，真正适用的动词和形容词也只有一个。作文、说话是一样的，在承接和转折的地方选词最要注意。一句话里边有几个词不得当还不过是一句的内部的毛病，承接和转折的地方弄错了，那就会把一段的意思搅糊涂。初中阶段，学生作文训练还处于开始培养用语习惯阶段，还不能很好地把口语和书面语区别开来。教师在这样一个重要的阶段把消极修辞知识运用到写作教学当中去，势必能让学生形成一个很好的用词习惯，能确切地表达概念，清晰地说明事物，为他们以后的学习打下良好的基础。

2.2 能有效培养学生的写作思维能力

一篇作文是一个完整的意义结合体，主题思想或者说是文章结构都应该是完整的，所以要特别注意语句衔接的连贯性，这对学生的思维能力也是一个考验。初中生在作文中经常表现出意义的缺失和累赘等现象，这是教师在指导写作时要特别注意的问题。出现这种问题的一个重要原因是，学生刚进入初中进行系统的写作学习，难免急于求成，不把意义想周全便提笔来写。如果学生学习了消极修辞的知识，就会知道在文中，一句话意义没有说完全就不能成一句完整的话；反过来，说得太繁琐了，把不相干的内容都加进去，也同样不成一句话。如果学生在写作中，每个句子都经过细细考量，那么他们的思维能力就会有所提升。

语句通顺之后便要注意句式的选择。文章中，如果句子的构造差不多，读起来就稍嫌平板不调和了。句末的结语，许多学生的作文是"的的调"或者是"了了调"不知变化，习惯性的用口语"的"或"了"来结束，以致没有美感。中学生在写作过程中想要文字的句调丰富，切记不要老用一种句式。我国通行的句式分类不过三种：一种叫散句，一种叫束句，还有一种叫对称句。作文中句式的错综使用，是调和句调的一种重要方法。如果老师在写作教学中充分注意到这一点，那么就会使学生对写作这种书面表达形式有一个更加清晰的认识，也能让学生对自己的习作有一个宏观的认识，就能在准确的基础上再上一个高度了，也能起到锻炼学生逻辑思维能力的作用。

2.3 有助于学生的写作审美能力提高

在初中的语文教学培养目标中，对学生美感的培养一直是教师在教学中关注的重点，也是难点。美育中国古来有之，却不成系统，也一直被喻为可意会不可言传的感情培养。而现今的语文教学中就要把这种美感的培养化解到语文学习的各个环节。所以在写作教学中通过消极修辞的学习让学生能直观地感受到语言组织的美。

写作教学中要求学生遣词用句力求配合得当，前后呼应，整体和谐，这样能产生一种和谐美。一篇作文，是由一个一个的完整句子组成的，虽说单句语调没有毛病，但如果句与句间关系不协调，连贯地看仍是不和谐。例如，在文章中如果上句有"从前"的字样，下句大概就得用"现在"等词来与上句相呼应。上句用"的"字结尾，如果下一句的性质相同，也该用"的"字结尾。例如说，"这本书是你的，那本书是我的。"这样使句子看起来很整齐。不同的语句之间细细斟酌，读起来顺口，看起来整洁，所以说追求句与句的和谐，就能直白地把一种语句排列的形式美呈现出来。

遣词造句力求准确妥帖，不仅能准确反映客观事物，妥帖地表达思想感情，而且用词准确精要，就会产生一种质朴的美感。安排稳密，是指词句的安排契合内容的需要，词语对于内容的需要，至少要有切镜切机的稳和不盈不缩的密。也就是说词语的选择要同内容相切合，写作的目的是什么，内容情感就是什么，也是决定所用词语是什么。主题有差别，词句上的安排也要有差别。如果内容与需要表达不相符的话，就不能理解作者的态度究竟怎样，同时也不能理解作者的本意到底如何。

力求色彩鲜明，情感表现到位。词语的选用关系到作文能否鲜明地表达出学生的思想情感，并引起共鸣，顺势增强文章的感染力。汉语的词汇富有感情色彩，包含着爱憎褒贬的意蕴。学生在习作中若选词不当，就难免要影响思想情感的表达，甚至出现是非不分、爱憎不明的现象。词语的选用关系到文笔是否精粹、简练，是否能克服拖泥带水的现象。汉语的词汇既具有极强的概括性，同时又兼有很大的附着性。写作时词语选用得好，往往一个词就足以表情达意；选用得不好，就会扯三拉四，芜杂累赘，使作品毫无美感可言。

——节选自谭玉、李胜清：《论消极修辞在初中语文写作教学中的地位与作用》，载《当代教育理论与实践》，2016（11）。

想一想，练一练

1. 词语修辞分为哪几类？举例说明。

2. 什么是句式的变异？句式修辞主要有哪几种？请从句式修辞的角度分析北师大版语文四年级下册《语言的魅力》一文。

3.长短句搭配有什么效果？

4.设问句和反问句有什么区别，分别有什么作用？

参考文献

[1] 王希杰.汉语修辞学（修订本）.北京：商务印书馆，2004.

[2] 池昌海.现代汉语语法修辞教程（第四版）.杭州：浙江大学出版社，2021.

[3] 李庆荣.现代实用汉语修辞（修订版）.北京：北京大学出版社，2010.

第三节　常见辞格及其表达作用

辞格，有着明显的形式特征，是语言艺术化的典型体现。汉语辞格丰富多彩，是汉语最具表现力的表达手段。

▶ 理论聚焦

辞格也称修辞格、修辞手法等。唐钺于 1923 年最早提出"修辞格"这一术语，认为凡语文中因为要增大或者确定词语所有的效力，不用通常语气而用变格的语法，这种地方叫作修辞格（又称语格）。此后，修辞学家张弓指出，修辞方式（又叫修辞格）是适应社会交际的需要，根据民族语言的内部发展规律创造的具体的、一定的手法（语言艺术化的手段如对偶、对照、回环、反复、比喻、拟人、夸张、同语、幽默、讽刺、双关等式）。① 现在一般认为，辞格是一种具有特定表达效果的言语优化模式。②

辞格的种类众多，至今在辞格研究中没有一个统一的说法。③ 辞格种类的划分方法各不相同，《新课标》附录 3 "关于语法修辞知识的说明"中要求掌握的八种常见的辞格为比喻、拟人、夸张、反复、排比、对偶、设问、反问，其中对偶、排比、反问、设问四种，因在第二节中已涉及，此处不再赘述。

在语文阅读教学中，辞格主要起认知作用。首先，辞格的知识有利于学生认知篇章的整体结构，有利于学生认知作者的思维方法和表达手法；其次，有利于学生对篇章内部结构的把握，深入地理解作者的思想、情感；最后，有利于学生对语句的理解，从而更准确地把握作者的思想、情感。总之，学生掌握了辞格的知识将极大地利于他们阅读能力的提升。

一、比喻

比喻，就是打比方，就是用跟一种事物有相似点的别的事物或道理来打比方。这个有相似点的别的事物或道理往往是人们熟悉和了解的，作者利用人们的已知经验引起新的经验，或用具体事物来描述、说明抽象的事物。

构成比喻的三个基本要素是：本体、喻体、相似点。本体是指被比喻的事物，喻体是作比喻的事物，相似点是连接本体和喻体的基础，即本体和喻体在某个方面的相似之处。根据本体和喻体出现的情况，比喻主要分明喻、暗喻和借喻三种。

---

① 以上转引自李庆荣：《现代实用汉语修辞》（修订版），188 页，北京，北京大学出版社，2010。
② 刘凤玲、邱冬梅：《修辞学与语文教学》，316 页，广州，暨南大学出版社，2010。
③ 影响较大的分类包括唐钺在《修辞格》中提出的五类二十七格，陈望道在《修辞学发凡》中提出的四类三十八格，张弓在《现代汉语修辞学》中提出的三类二十四式等。

（一）比喻的分类

1. 明喻

本体、喻体、比喻词都出现的就是明喻。常见的比喻词有：好像……一样、好像、像、如同、如……一般、仿佛、仿佛……似的、犹如，等等。例如：

①小镇的早晨又是热闹的。走在街上，仿佛置身在欢闹的海洋里。（北师大版三年级上册《小镇的早晨》）

②腊八这天还要泡腊八蒜。把蒜瓣放到高醋里，封起来，为过年吃饺子用。到年底，蒜泡得色如翡翠，醋也有了些辣味，色味双美，使人忍不住要多吃几个饺子。（统编版六年级下册《北京的春节》）

例①中的"仿佛"，例②中的"如"等，把本体和喻体连接，形成了明喻。

2. 暗喻

暗喻又称隐喻。暗喻中出现本体、喻体，比喻词多是"是、成、变成、当作"等。本体和喻体之间在形式上看似不相似，实则通过某种联想建立了相似点。例如：

①风更狂了，雪更大了。大雪很快覆盖了军需处长的身体，他成了一座晶莹的丰碑。（统编版五年级下册《丰碑》）

②快活的脚印落在沙滩上，穿成金色的项链，挂在大海胸前。（统编版一年级上册《项链》）

例①中的"成了"，例②中的"穿成"是暗喻的标志，军需处长冻僵的"身体"和"丰碑"并不形似，但具有给予外界警示，引起人们注意、敬重的相似点，是神似。例②中"脚印"连成串印在沙滩上，远远望去，与"项链"相似，又因为沙滩在阳光照射下变成金色，所以是"金色的项链"，更是神似了。这两个比喻均具有神似的特点。

3. 借喻

在借喻中，本体不出现，直接用喻体代替本体，也没有比喻词。在比喻句中，借喻的本体和喻体的关系最紧密。借喻在小学阶段出现的例子极少，此处就不展开分析了。

（二）比喻的修辞作用

说明事理时使用比喻，可以使复杂的、抽象的事理变得浅显易懂，容易被人理解和接受。描述事物时使用比喻，可以使抽象的事物具体化、形象化。刻画人物时使用比喻，可以突出人物的思想性格。如统编版三年级上册《卖火柴的小女孩》中：

她穿过马路的时候，两辆马车飞快地冲过来，吓得她把鞋都跑掉了。一只怎么也找不着，另一只叫一个男孩捡起来拿着跑了。他说，将来他有了孩子可以用它当摇篮。

此例中，"可以用它当摇篮"是暗喻，强调卖火柴的小女孩所穿之鞋的大，像小孩的摇篮一般。这里使用比喻，无疑强化了小女孩生活的贫苦，她没有自己的鞋，只能穿着大人的鞋出门，还因为躲避马车而弄丢了鞋。暗喻的运用加强了语言的表达效果，令人对小女孩产生深切的同情。

（三）小学语文教学比喻时应注意的问题

小学低段应加强对明喻的辨认和运用；而在小学中高段，应逐渐加强对暗喻的辨认和运用。例如：

> ①春雨，像春姑娘纺出的线，轻轻地落到地上，沙沙沙，沙沙沙……（人教版一年级下册《春雨的色彩》）
> ②大大小小的鞋，
> 就像大大小小的船，
> 回到安静的港湾，
> 享受家的温暖。（人教版一年级下册《鞋》）

上述两例都是明喻，有明显的本体、喻体和比喻词，学生比较容易辨认。在此基础上，让低段的学生从他们熟悉和了解的事物着手，用已知经验引起新的经验，加深对事物的认识和理解。

暗喻的辨认具有一定难度，由于没有"像、如同、仿佛"等比喻词而容易被忽略，而且本体和喻体在形式上有的具有一定的相似点，有的没有明显的相似点，只能用二者之间的"神似"来加以确认。例如：

> 今年四月，我到广东从化温泉小住了几天。四围是山，怀里抱着一潭春水，那又浓又翠的景色，简直是一幅青绿山水画。（杨朔《荔枝蜜》）

此例中，"又浓又翠的景色"和"一幅青绿山水画"具有一定的相似性，突出了景色的青翠之美犹如一幅山水画。本体和喻体之间用"是"连接，可以作为辨认暗喻的标志。

在辨认比喻辞格时，还有一些情况是需要特别留意的。

第一，作者在举例时也会使用"像、比如、比方说"等词语，但它们不是比喻词。例如，统编版三年级上册《卖火柴的小女孩》："'奶奶！'小女孩叫起来，'啊！请把我带走吧！我知道，火柴一灭，您就会不见的，像那暖和的火炉，喷香的烤鹅，美丽的圣诞树一样，就会不见的！'"强调火柴一灭，奶奶就会像那消失了的暖和的火炉、喷香的烤鹅和美丽的圣诞树一样不见了踪影。此处是举例说明，不是比喻。

第二，在表示猜测时也会使用"像、仿佛"等词语。例如，统编版三年级上册《给老师的一封信》："此刻，我仿佛看见其中一根头发是为我而白，一丝皱纹是为我所生的。"这里的"仿佛"表示猜测、猜度，不是比喻。

第三，在表示比较的时候也会用到"像……一样"等词语。例如，统编版三年级上册《卖火柴的小女孩》："一大把火柴发出强烈的光，照得跟白天一样明亮。奶奶从来没有像现在这样高大，这样美丽。""奶奶从来没有像现在这样高大，这样美丽"是对奶奶从前的形象和现在的形象进行对比，不是比喻。

二、比拟

比拟就是把一个事物当作另外一个事物来描述和说明的辞格。

（一）比拟的分类

1. 拟人

即把事物当作人来描写。例如：

①大拇指在五指中，形状实在算不上美。身体矮而胖，头大而肥，构造简单，比人家少一个关节。但在五指中，却是最肯吃苦的。（统编版五年级下册《手指》）

②满月的小猫们就更好玩了，腿脚还不稳，可是已经学会淘气。妈妈的尾巴，一根鸡毛，都是它们的好玩具，要个没完没了。一玩起来，它们不知要摔多少跟头，但是跌倒了马上起来，再跑再跌。它们的头撞在门上，桌腿上，和彼此的头上，撞疼了也不哭。（统编版四年级下册《猫》）

例①中的大拇指是没有生命的，但作者形容它时使用的是"身体矮而胖，头大而肥""算不上美""最肯吃苦"，就是把它当人来写的。例②在描写小猫时使用的"淘气""哭"等都是形容人的，因而是拟人的修辞手法。

2. 拟物

即把人当作物或者把某种物当作其他物来描写。例如：

①咱们老实，才会有恶霸！咱们敢动刀，恶霸就夹起尾巴跑。（老舍《龙须沟》）

②所以诗人在冬夜，只合围炉话旧，这就有点近于"蛰伏"了。（茅盾《冬天》）

例①中"夹着尾巴跑"描绘了犬类动物情绪不高、垂头丧气的样子，这里用来形容地主恶霸欺软怕硬的嘴脸，是把人当动物写。例②中的"蛰伏"也是如此，它一般形容动物的冬眠，这里描绘了人们冬日无处可去、猫在家中的状态。

（二）比拟的修辞作用

拟人让事物具有了人的思想情感，突出了作者的强烈感情，同时也使语言表达更活泼、更生动。拟物的作用是让被拟物具有某种新的寓意，也突出了作者的思想感情。

三、夸张

在描述客观事物时故意放大或缩小事实，即为夸张。夸张作为一种修辞手段在文章中被广泛应用。例如：

①朝辞白帝彩云间，千里江陵一日还。两岸猿声啼不住，轻舟已过万重山。（统编版三年级上册《早发白帝城》）

②天上的云从西边一直烧到东边，红彤彤的，好像是天空着了火。（统编版三年级下册《火烧云》）

③正像人们说的那样，西沙群岛的海里一半是水，一半是鱼。（统编版三年级上册《富饶的西沙群岛》）

例①中"千里""一日"的对比，"万重山"的描写都夸大了船行之快。例②中"一直"描写火烧云在天空中面积极大，突出了火烧云云量之大。例③中"一半是水，一半是鱼"形容西沙群岛的海里鱼的数量之多。

夸张的修辞作用体现在无论是刻画人物，还是描述事物，都可以突出他们的本质特征，体现出作者褒贬爱憎的态度，给读者留下深刻印象；而且在语言表达上也更幽默风趣，引人入胜。

四、反复

反复是把意思相同的词语或句子重复使用，以达到强调、突出作用的一种修辞手法。反复是诗文中经常运用的一种手段。例如：

①一百五十里全是草原。再走一百五十里，也还是草原。（统编版六年级上册《草原》）

②干部向我们敬酒，七十岁的老翁向我们敬酒。我们回敬，主人再举杯，我们再回敬。（同上）

例①中，简单平常的句子重复了两遍，构成反复，表现了草原的阔大，说明"我"走进了草原深处，不但承接了上文对草原美景的描绘，而且暗示了下文"我"即将做客的蒙古包位于草原深处。例②中，"向我们敬酒"和"我们回敬"两次反复，"再"字两次反复，强调了蒙古包内的欢聚是在热情洋溢亲如一家的气氛中进行的，突出了"蒙汉情谊深，民族大团结"这一主题。

反复的修辞作用如下：第一，强调，可以用来增强语气或语势；第二，反复咏叹，表达强烈的情感；第三，使诗歌或文章的格式整齐有序而又回环起伏，富有韵律美。

反复和排比的区别：第一，反复手法并不要求语法结构完全相同或相似；第二，排比一定要有三个或三个以上的并列项，而反复手法中有两个就可以。

▶ 解读示例

文本链接 >>>

走月亮

秋天的夜晚，月亮升起来了，从洱海那边升起来了。

是在洱海里淘洗过吗？月盘是那样明亮，月光是那样柔和，照亮了高高的点苍山，照亮了村头的大青树，也照亮了，照亮了村间的大道和小路……

这时候，阿妈喜欢牵着我，在洒满月光的小路上走着，走着……啊，我和阿妈走月亮！

细细的溪水，流着山草和野花的香味，流着月光。灰白色的鹅卵石布满河床。哟，卵石间有多少可爱的小水塘啊，每个小水塘都抱着一个月亮！哦，阿妈，白天你在溪里洗衣裳，而我，用树叶做小船，运载许多新鲜的花瓣……哦，阿妈，我们到溪边去吧，去看看小水塘，看看水塘里的月亮，看看我采过野花的地方。

啊，我和阿妈走月亮……

村道已经修补过，坑坑洼洼的地方已经填上碎石和新土。就要收庄稼了，收庄稼前，要把道路修一修，补一补，这是村里的风俗。秋虫唱着，夜鸟拍打着翅膀，鱼儿跃出水面，泼刺声里银光一闪……从果园那边飘来果子的甜香，是雪梨，是火把梨，还是紫葡萄？都有。在坡头那片月光下的果园里，这些好吃的果子挂满枝头。沟水汩汩，很满意地响着。是啊，它旁边，是它浇灌过的稻田。哦，阿妈，这不就是我们家的地吗？春天，我们种的油菜开花了，我在田地里找兔草，我把蒲公英吹得飞啊飞……收了油菜，栽上水稻。看，稻谷就要成熟了，稻穗低垂着头，稻田像一块月光镀亮的银毯。哦，阿妈，我们到田埂上去吧，你不是说学校放假了，阿爸就要回来了吗？我们采哪一塘新谷招待阿爸呢？

啊，我和阿妈走月亮……

有时，阿妈给我讲月亮的故事，一个古老的传说；有时，却什么也不讲，只是静静地走着，走着。走过月光闪闪的溪岸，走过石拱桥，走过月影团团的果园，走过庄稼地和菜地……啊，在我仰起脸看阿妈的时候，我突然看见，美丽的月亮牵着那些闪闪烁烁的小星星，好像也在天上走着，走着……

多么奇妙的夜晚啊，我和阿妈走月亮！

——统编版四年级上册

　　《走月亮》是一篇优美的散文，人与自然的交融和谐，温馨、幸福与快乐的亲情溢于字里行间；同时，又充满了童真与童趣。在我国南方的一些地区，人们常在有月亮的晚上，到户外月光下游玩、散步、嬉戏，称为"走月亮"。

　　读着这篇文章，人们会不由得走进一幅如诗如梦的画卷中：在明亮而柔和的月光下，阿妈牵着"我"的小手，走啊走……山之高，村之静，水之香，塘之趣，果之甜；虫鸣、鸟飞、溪流、人语，无不充盈着温馨与甜美之情。

一、比喻比拟交叉——物之活衬景之灵

　　课文通过人们已知的经验引起新的经验，运用比喻与拟人的手法，表达作者强烈的感情，给读者带来全新的阅读体验。"卵石间有多少可爱的小水塘啊，每个小水塘都抱着一个月亮！"作者巧妙地借用月亮在小水塘里映射的倒影，将小水塘比拟成人。每一个小水塘都"抱着"一个月亮，不仅映衬了水塘之水的清澈，也赋予小水塘活泼之感，甜美、欢快、幸福的情绪，如流水绵绵不绝，显得那么和谐与美好。"秋虫唱着，夜鸟拍打着翅膀"，秋虫本不会唱歌，但是作者赋予秋虫以人感，说其在夜间鸣唱，增强了文章画面的动感，也突出表达了"我"对村里景物、小动物的喜爱之情。"稻穗低垂着头，稻田像一块月光镀亮的银毯。"这里作者交叉使用了比喻与拟人两种修辞手法。作者将稻穗比拟成人，将头低垂，与现实生活十分吻合，生动形象地再现了稻穗的形象。"稻田像一块月光镀亮的银毯"，用明喻的手法将"稻田"比作"银毯"，使得稻田的形象变得浅显易懂，更容易被读者理解和接受。

　　比喻和拟人修辞手法的使用，不仅使文章语言变得更加灵动活泼，增强了文章的画面感，也使"我"作为孩童活泼天真、具有奇思妙想的形象跃然纸上。此外，作者赋予自然景物生命，突出了"我"的强烈感情，表达了"我"对村子的喜爱。

二、反问设问结合——思考深促情感强

　　文章开头部分即用了"是在洱海里淘洗过吗？"问句不仅包含答案，还起到了承上启下的作用，承接上文月亮"从洱海那边升起来了"，自然会让童年时期的"我"联想到月亮是在洱海里淘洗过再升上天空的，并且承接后文，"洗过的月亮"月盘明亮，月光柔和，照亮了山山树树村村路路。

　　文章后半段，"从果园那边飘来果子的甜香，是雪梨，是火把梨，还是紫葡萄？都有。在坡头那片月光下的果园里，这些好吃的果子挂满枝头。"设问句的使用，不仅引起了读者的思考与注意，到底是哪种果子的甜香呢？哦，原来都有；而且增强了文章的趣味性，原来是顽皮的小孩子在列举，好像故意让我们猜选其中一样似的。这个设问句也起到了承上启下的作用，承接上文走过的村子与村道，承接下文的汩汩沟水。此外，"雪梨""火把梨""紫葡萄"，通过将词的形象色彩体现在前面的语素上，使得两个语素之间的关系呈现明喻关系，也增强了文章的色彩与视觉冲击力。

　　两处修辞的使用，不仅表达了更加强烈的语气，也表达了"我"对村子深厚的情感。

三、反复排比并重——韵律美而气势足

文章开头一个反复的使用，"秋天的夜晚，月亮升起来了，从洱海那边升起来了"，描绘了一个静谧美好的秋夜画面，不仅氛围感很强，而且呼应了课文的题目"走月亮"。紧接着，"（月亮）照亮了高高的点苍山，照亮了村头的大青树，也照亮了，照亮了村间的大道和小路……"通过排比的运用使得文章的句式更加整齐匀称，在表达上也更有气势。月亮的皎洁，为"我"和阿妈"走月亮"起到了铺垫的作用。另外，色彩词的使用（"大青树"）与反义搭配（"大道和小路"），使得语句更加充实，更加富于变化。

后文中作者还使用了三个叠词"看看"："看看小水塘，看看水塘里的月亮，看看我采过野花的地方"，四个"走过"："走过月光闪闪的溪岸，走过石拱桥，走过月影团团的果园，走过庄稼地和菜地……"不仅增强了文章的韵律感，也展现了"我"和阿妈走月亮的愉快心情，展现了孩童充满活力与活泼的天性。

整篇课文，通过四处"我和阿妈走月亮……"进行反复式衔接，不仅十分贴合文章的主题"走月亮"，还起到了强调和突出的表达作用。前三处"我和阿妈走月亮"都是一段新的开始的标志，开启了在"走月亮"这个主题下的新篇章与"我"和阿妈新的故事，最后一处呼应了开头。此外，中间两处"我和阿妈走月亮"的结尾都使用了省略号，像是没有写完的故事，给人以无限美好的遐想，充分表达了"我"和阿妈走月亮时的无比幸福和喜悦之情。细细咀嚼这种情致与意趣，虽是秋夜，却让人心中涌起融融的暖意。

文章中反复修辞的使用，不仅起到了咏叹、表达强烈情感的作用，还使文章格式整齐有序，富有韵律美。

四、词语超常规搭配，新鲜且活泼

这篇课文使用了比较多的新鲜搭配，不仅让人眼前一亮，还为文章增色不少。"阿妈喜欢牵着我，在洒满月光的小路上走着，走着……""洒满"一词写出月光好像是一粒粒小碎银，铺满整个小路，一闪一闪，不仅闪耀着小村子，闪耀着"我"和阿妈，还闪耀着"我"快乐温馨的童年。

"细细的溪水，流着山草和野花的香味，流着月光。"溪水自由流动，不是伴着香味、伴着月光，而是"流着"。一个"流"字，将溪水的自由形态展现得淋漓尽致，将溪水与这月这夜这村庄自然地融为一体，给人带来无限回味。

"沟水汩汩，很满意地响着。"作者使用"很满意地"修饰"响着"，将沟水的形象刻画得惟妙惟肖，赋予了整个小村庄一层神秘的气息，灵动又鲜明。

《走月亮》一文通过情、景、物的巧妙与完美融合，为我们绘就了一幅静谧、清凉的月夜美景图。此外，它在给我们展现月色下的美好意境的同时，也让我们切实感受到"我"和阿妈之间真真切切的情与爱。

▶ 拓展阅读

《走月亮》教学建议

一、多层次落实单元语文要素，防止虚化

本单元的语文要素是"边读边想象画面，感受自然之美"。"想象画面"这一语文要素不是首次提出，在低年级就要求"试着想象画面"，三年级是"一边读一边想象画面"，统编教材把"想象画面"作为一个语文要素写进不同年级，意在体现螺旋序列。二、三年级要求相对粗放、简单，主要是作铺垫，集中落实则在四年级。但在教学中，"想象画面"这一语文要素很容易被虚化为简单的教学指令，教师往往会布置"请同学们边读边想象，感受走月亮的美"这一教学任务，至于学生要想什么、怎么想，想到了什么，哪些文字触发了想象，想到的画面给人一种怎样的感受，诸如此类的具象化指导过程往往一句带过。

想象画面，先要把作者描写的语言内化，想象之后说出来就是外化，由此提升学生的阅读能力与表达能力。《走月亮》一文语言优美，学生通过想象画面能够获得丰富的审美体验。怎样获取丰富的想象体验呢？可从以下几方面着眼。

1. 代入感

课始可以通过播放云南风光片，使学生感受独特的地域风情，在脑海里建构起想象所需的初始材料；教师可以在范读环节，配上相应的民族乐曲；还可以让学生在初读时圈出带有鲜明地域特色的词语，理解这些山水花草、生活事件、乡村风俗。教学中营造浓郁的民族风情，是为了打破时空限制，使得虚拟性想象有很强的代入感。

2. 画卷感

文章写的是"我"和阿妈一路欢歌走月亮的过程，场景在不断推移变换，所以本文的想象不是一个定格的画面，而是一幅绵长的画卷。如"照亮了高高的点苍山，照亮了村头的大青树，也照亮了，照亮了村间的大道和小路……"，此处是从高到低、从远到近的动态图。在想象"我"和阿妈走月亮的路线图时，更像是随身的长焦镜头不断延展，从溪岸到石拱桥，从果园到庄稼地，人在动，画也在动，连缀成一幅山乡柔美风情的长轴画卷。

3. 生活感

文中的小女孩跟着阿妈边走月亮边聊天，想象的点还可以放在富有生活情趣的对话上。如"哦，阿妈，我们到田埂上去吧，你不是说学校放假了，阿爸就要回来了吗？我们采哪一塘新谷招待阿爸呢？"我们就可以想象到小女孩拽着妈妈的手，摇摇晃晃走在乡间的小路上，用手指数着一塘塘稻田，歪着脑袋，扑闪着大眼睛望着妈妈的画面。童稚的语言和画面充满了生活气息和童真情趣，最贴近儿童的情感世界，特别有亲切感和愉悦感。

二、多角度品悟语言表达，防止异化

这篇课文给人最大的感受是文辞清丽，在教学中一定要避免异化为枯燥的文学手法分析、教师的强塞告知。因此，很有必要处理好以下几种关系。

1. 品读与想象

本课教学，不能把品读与想象割裂开来。教学时要把重点放在引导学生在品读语言时，发掘语言中的张力，感受月光下的美景，体会小女孩的乐趣。同时，还要调动学生的生活体验，充分发挥想象，抒发感悟体会。如重点词句"细细的溪水，流着山草和野花的香味，流着月光"的教学，让学生去发现句子的特别之处，进行咀嚼回味。"流着"一词两次使用，香味在流，月光在流，这怎么可能？但正是这样的语言，才给本无感情的事物附上甜美欢快的情绪，如流水一样绵绵不绝。只有在品读中想象，在想象中品读，才能达到品味语言美和想象画面美相得益彰的境界。

2. 品味与诵读

诵读是一种目视其文、耳闻其音、心悟其意的综合活动。它把无声的文字变为有声的语言，是从字词句到段篇，从文字到语音、语义，从表面到深层再到细微的全面感知。这种"以声释义""以声传情"的潜移默化的作用，是品评无法取代的。本文语言精妙别致，富有散文诗之美，在品味语言时，绝不能忽视诵读的功效。

在诵读中体悟声调韵律的搭配。文中有多处重复和变调，如"月亮升起来了，从洱海那边升起来了。""走过月光闪闪的溪岸，走过石拱桥，走过月影团团的果园，走过庄稼地和菜地……"这种修辞手法的表达效果不是教师能讲出来的，只有在品味中诵读，在诵读中品味，学生才能得其滋味。

在诵读中明白篇章布局的思路。全文中"我和阿妈走月亮"反复出现了四次，学生在诵读中感受反复这一修辞在语音、语势、语情上的表达效果，即能抒发"我"和阿妈走月亮时无比幸福的喜悦之情，同时也自然地品悟到原来这句话看似重复，实为妙笔，在篇章结构上起到了串联全文的作用。

在诵读中积累优美的语言。课后思考题的第1题就是"有感情地朗读课文。背诵第4自然段"。在语文学习中，语言积累的功效不言而喻。教学时要让学生充分地读，尽情传达自己对语言的体味。除了要求背诵的段落，还要尽可能地让学生多背一些段落甚至全文，以达到积累好词好句、沉淀内化语言的目的。

3. 品悟与迁移

品悟是理解，是感悟，也是内化，还是积累，但小学生的语言学习重在从理解到运用。因此，在教学中不能止步于对语言的品悟，更要善于捕捉迁移的练习点，指导学生模仿、灵活运用课文中的好词佳句，丰富词汇，培养语感。本文有如下几处仿写点：

形式的仿写。本文语句排列的重复和变调呈现了"大珠小珠落玉盘"的节奏感和韵律美。如"照亮了……照亮了……""走过……走过……"等句式，要求学生据此仿写山村小女孩"日出时上学"或"日落后放学"的情景。如此设计旨在利用文中的典型形式，实现从"月下"到"日出日落"情境的自然迁移。语境的无痕同化，能为学生较好地习得言语提供借鉴。

情境的仿写。本文课后有一道小练笔：读读课文第 6 自然段，说说"我"的所见所想。你还记得月下的某个情景吗？仿照着写一写。这里要求学生依托文本的语言形式，结合自己的生活情境，"辞以情发"，既有"课"的影子，又有心灵的折射，由此开掘出文本的潜在资源乃至创造文本的新资源。

主题的仿写。课文通过"我"和阿妈走月亮的事情抒发了一种浓浓的亲情。依此引领学生回想这样的画面：小路上妈妈张开双臂迎接蹒跚学步的幼儿，月夜奶奶教孙子数天上的星星……并要求他们写一写切身体验过的亲情。如此一来，仿写既有现实意义，又有迁移价值。其所传达的情、展示的境，学生也曾体会过，但又往往表达不出、表达不好，有必要进行这种习作实践，以深化其对文本的理解，孕育人文情怀，满足学生在阅读过程中产生的表达欲望。

——节选自何必钻：《走入语言背后的诗意和诗意背后的语言——〈走月亮〉文本解读与教学建议》，载《小学教学（语文版）》，2019（Z1）。

想一想，练一练

1. 辞格的含义是什么，有哪些种类？

2. 什么是比喻？比喻的基本要素是什么？基本要素之间有什么联系？

3. 比喻分为哪几类？列举教材课文中的例子说明其不同点。

4. 比拟是什么，与比喻有什么区别？

5. 夸张的定义是什么？它有什么修辞作用？

6. 什么是反复？它有什么修辞作用？请结合统编版教材六年级下册《匆匆》一文具体说明。

参考文献

[1] 蒋华.汉语实用辞格.成都：西南交通大学出版社，2021.

[2] 刘凤玲，邱冬梅.修辞学与语文教学.广州：暨南大学出版社，2010.

[3] 刘仁增.知识内容：统编小学语文教科书中的类型与呈现.小学语文，2020（5）.

第三章

小学语文文本解读的
文学基础

——

文学使思想充满血和肉，它比科学和哲学更能
给予思想以巨大的明确性和说明性。

——高尔基

知识地图

文学活动的基本要素 —— 作者、作品、世界和读者

小学语文文本解读的文学基础

文学文本的层次 —— 言、象、意的"三层次说"

英伽登的"四层次说"

各种文学体裁的特征 —— 小说 / 戏剧 / 散文 / 诗歌

学习目标

1. 了解文学活动的定义及四要素之间的关联。

2. 掌握言、象、意"三层次说"的含义及内容，明晰三者之间的关系。

3. 理解文学体裁的定义，掌握文学体裁四分法的内容。

4. 掌握小说、戏剧、散文、诗歌四种文学体裁的特征。

第一节　文学活动的基本要素

　　文学活动是指人们进行的文学创作、文学阅读和欣赏、文学批判等一系列活动。文学活动由四个要素构成，它们分别是世界、作者、作品和读者，因此文学批评应该以作品为中心，围绕作品与现实、作品与作者、作品与读者、读者与作者、作者与现实、读者与现实等方面的关系来整体地解读和评价作品。

▶ 理论聚焦

　　文学活动在人类所有活动中是一个比较复杂而特殊的活动，人们要研究人类的文学活动，首先要从文学活动的构成入手。

　　美国当代文艺学家艾布拉姆斯在《镜与灯：浪漫主义文论及批评传统》中提出，文学活动由四个要素构成，它们分别是世界、作者、作品和读者。他认为，"每一件艺术品总要涉及四个要点，几乎所有力求周密的理论总会在大体上对这四个要素加以区辨，使人一目了然。第一个要素是作品，即艺术产品本身。由于作品是人为的产品，所以第二个共同要素是生产者，即艺术家。第三，一般认为作品总得有一个直接或间接地导源于现实事物的主题——总会涉及、表现、反映某种客观状态或者与此有关的东西。这第三个要素便可以认为是由人物和行动、思想和情感、物质和事件或者超越感觉的本质所构成，常常用'自然'这个词来表示，我们却不妨换用一个含义更广的中性词——世界。最后一个要素是欣赏者，即听众、观众、读者。作品为他们而写，或至少会引起他们的关注"①。也就是说，艾布拉姆斯认为对文学的研究都应涉及作者（艺术家）、作品、世界、读者（欣赏者）这四个要素。

　　艾布拉姆斯认为文学理论研究所把握的不是这四个要素中孤立的一个要素，而是由四个要素构成的整体活动及流动过程和反馈过程。

　　他进一步把这四个要素联系起来，构成了以作品为中心的三角关系，深刻地反映了艺术活动中各要素之间的内在关系。如图 3-1②：

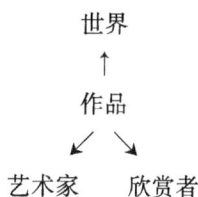

世界

↑

作品

↙　　↘

艺术家　　欣赏者

图 3-1　四要素之间的关系

---

　　① ［美］艾布拉姆斯：《镜与灯：浪漫主义文论及批评传统》，郦稚牛、张照进、童庆生译，4 页，北京，北京大学出版社，2015。

　　② ［美］艾布拉姆斯：《镜与灯：浪漫主义文论及批评传统》，郦稚牛、张照进、童庆生译，5 页，北京，北京大学出版社，2015。

这个三角关系表明，艾布拉姆斯把作品置于文本解读的中心。一切文学作品都有源泉，这就是生活，即世界。作者面对复杂的客观世界，会有自己的所见所闻所感，有了切身体验，才会有表达的愿望，才会拿起笔进行文学创作。文学创作本身也是一个曲折复杂的过程，其结果是文本的产生。文本可能是一个蕴含情感、意义和诗意的存在，还要经过读者的阅读和再创造，完成文学的接受过程。可以说文学活动是由文学四个要素构成的复杂的精神活动，完整的文学活动包含体验、创作、接受这三个环节。

艾布拉姆斯的"四要素说"成为文学研究的重要理论，充分揭示了文学活动的构成要素及其相互之间的密切联系，被文学理论界广泛接受。文学活动的四个基本要素之间是相互依存、相互渗透和相互作用的关系，没有世界，文学活动就不会存在，没有作者，也就不会有作品，就更不用说文学接受和文学消费了。受该理论的影响，中西方文学作品的解读和文学批评往往都从这四个要素及其相互关系的角度展开。

▶ 解读示例

文本链接 >>>

穷　人

　　渔夫的妻子桑娜坐在火炉旁补一张破帆。屋外寒风呼啸，汹涌澎湃的海浪拍击着海岸，溅起一阵阵浪花。海上正起着风暴，外面又黑又冷，这间渔家的小屋里却温暖而舒适。地扫得干干净净，炉子里的火还没有熄，食具在搁板上闪闪发亮。挂着白色帐子的床上，五个孩子正在海风呼啸声中安静地睡着。丈夫清早驾着小船出海，这时候还没有回来。桑娜听着波涛的轰鸣和狂风的怒吼，感到心惊肉跳。

　　古老的钟发哑地敲了十下，十一下……始终不见丈夫回来。桑娜沉思：丈夫不顾惜身体，冒着寒冷和风暴出去打鱼，她自己也从早到晚地干活，还只能勉强填饱肚子。孩子们没有鞋穿，不论冬夏都光着脚跑来跑去；吃的是黑面包，菜只有鱼。不过，孩子们都还健康，没什么可抱怨的。桑娜倾听着风暴的声音。"他现在在哪儿？老天啊，保佑他，救救他，开开恩吧！"她自言自语着。

　　睡觉还早。桑娜站起身来，把一块很厚的围巾包在头上，提着马灯走出门去。她想看看灯塔上的灯是不是亮着，丈夫的小船能不能望见。海面上什么也看不见。风掀起她的围巾，卷着被刮断的什么东西敲打着邻居小屋的门。桑娜想起了傍晚就想去探望的那个生病的女邻居。"没有一个人照顾她啊！"桑娜一边想一边敲了敲门。她侧着耳朵听，没有人答应。

　　"寡妇的日子真困难啊！"桑娜站在门口想，"孩子虽然不算多——只有两个，可是全靠她一个人张罗，如今又加上病。唉，寡妇的日子真难过啊！进去看看吧！"

　　桑娜一次又一次地敲门，仍旧没有人答应。

　　"喂，西蒙！"桑娜喊了一声，心想，莫不是出什么事了？她猛地推开门。

　　屋子里没有生炉子，又潮湿又阴冷。桑娜举起马灯，想看看病人在什么地方。首先投入眼帘的是对着门的一张床，床上仰面躺着她的女邻居。她一动不动。桑娜把马灯举得更近一些，不错，是西蒙。她头往后仰着，冰冷发青的脸上显出死的宁静，一只苍白僵硬的手像要抓住什么似的，从稻草铺上垂下来。就在这死去的母亲旁边，睡着两个很小的孩子，都是卷头发、圆脸蛋，身上盖着旧衣服，蜷缩着身子，两个浅黄头发的小脑袋紧紧地靠在一起。显然，母亲在临死的时候，拿自己的衣服盖在他们身上，还用旧头巾包住他们的小脚。孩子呼吸均匀而平静，睡得正香甜。

　　桑娜用头巾裹住睡着的孩子，把他们抱回家里。她的心跳得很厉害，自己也不知道为什么要这样做，但是觉得非这样做不可。她把这两个熟睡的孩子放在床上，让他们同自己的孩子睡在一起，又连忙把帐子拉好。

　　桑娜脸色苍白，神情激动。她忐忑不安地想："他会说什么呢？这是闹着玩的吗？自己的五个孩子已经够他受的了……是他来啦？……不，还没来！……为什么把他们抱过来啊？……他会揍我的！那也活该，我自作自受……嗯，揍我一顿也好！"

　　门吱嘎一声，仿佛有人进来了。桑娜一惊，从椅子上站起来。

　　"不，没有人！天啊，我为什么要这样做？……如今叫我怎么对他说呢？……"桑娜沉思着，久久地坐在床前。

　　门突然开了，一股清新的海风冲进屋子。魁梧黧黑的渔夫拖着湿淋淋的被撕破了的渔网，一边走进来，一边说："嘿，我回来啦，桑娜！"

　　"哦，是你！"桑娜站起来，不敢抬起眼睛看他。

　　"瞧，这样的夜晚！真可怕！"

　　"是啊，是啊，天气坏透了！哦，鱼打得怎么样？"

　　"糟糕，真糟糕！什么也没有打到，还把网给撕破了。倒霉，倒霉！天气可真厉害！我简直记不起几时有过这样的夜晚了，还谈得上什么打鱼！还好，总算活着回来啦。……我不在，你在家里做些什么呢？"

　　渔夫说着，把网拖进屋里，坐在炉子旁边。

　　"我？"桑娜脸色发白，说，"我嘛……缝缝补补……风吼得这么凶，真叫人害怕。我可替你担心呢！"

　　"是啊，是啊，"丈夫喃喃地说，"这天气真是活见鬼！可是有什么办法呢！"

　　两个人沉默了一阵。

　　"你知道吗？"桑娜说，"咱们的邻居西蒙死了。"

　　"哦？什么时候？"

　　"我也不知道，大概是昨天。唉！她死得好惨啊！两个孩子都在她身边，睡着了。他们那么小……一个还不会说话，另一个刚会爬……"桑娜沉默了。

　　渔夫皱起眉，他的脸变得严肃、忧虑。"嗯，是个问题！"他搔搔后脑勺说，"嗯，你看怎么办？得把他们抱来，同死人待在一起怎么行！哦，我们，我们总能熬过去的！快去！别等他们醒来。"

但桑娜坐着一动不动。

"你怎么啦？不愿意吗？你怎么啦，桑娜？"

"你瞧，他们在这里啦。"桑娜拉开了帐子。

——统编版六年级上册

《穷人》是19世纪俄国现实主义作家托尔斯泰的短篇小说，讲述了渔夫和他的妻子桑娜关心、同情邻居西蒙，在西蒙病逝后毅然收养了她的两个孩子的故事，反映了沙俄时期穷苦人民的悲惨生活和他们宁可自己受苦，也要帮助别人的纯朴、善良品质。如果从作品与作者的关系角度来解读这篇小说，我们会发现，其主题远不是上述那样简单。

其实，这篇小说是托尔斯泰对法国著名作家雨果的诗歌《穷苦人》的改写。《穷苦人》是雨果的史诗《历代传说》中众多历史小故事中的一个，但找不到它相应的历史、来源，更像是取材于现实的叙事诗。托尔斯泰将《穷苦人》改写成小说《穷人》后，情节上没有太多的变化，与诗歌明显不同的是叙述视角。雨果的诗歌既以桑娜的视角来叙事，也以桑娜丈夫的视角来抒情。而小说主要是以桑娜的视角来进行叙述的，表现的都是桑娜的心理活动。

雨果《历代传说》的创作意图是用这些历史小故事表达人类在物质生活中不断向上的追求精神。他故意模糊了故事发生的时间和地点，使得诗歌具有了一种超越时空和具象的象征意味，桑娜的小屋宛如远在洪荒时代，人们所面对的恶势力是来自大自然的凶险，即使有许多人为的因素也都在黑暗中悄然隐去。他利用邪恶的大自然，来彰显人类的抗争与人性的美好以及人类的宿命。在对主题的处理上，托尔斯泰既对原诗中的主题思想进行了保留，同时也带有他本人浓厚的思想印记。托尔斯泰在《穷人》中延续了雨果原作模糊人物生活背景的做法，这样，我们的目光就不能只投射在桑娜的贫穷上，也就是说作品的主题并不仅仅是揭露社会的罪恶，而且折射了托尔斯泰本人对生活、对人生的认识。[1]

托尔斯泰一生都在思考人生的意义，正如1855年他在一篇日记中所写的："昨天关于神和信仰的一番谈话使我产生了一个伟大的、了不起的思想，我觉得为了实现它我能够献出我的一生。这种思想就是建立一种与人类发展状况相适应的新宗教，是一种清除了信仰和神秘的基督的宗教，是一种不许诺来世的幸福，而给予尘世幸福的实在的宗教。"[2]经过痛苦的思考，托尔斯泰最终形成了自己对人生的认识，他认为人生的意义和人类生活的意义，在于以爱心待人，不仅爱自己的亲人与朋友，而且爱一切人，包括宽恕和爱自己的敌人，因此要不断地完善自己的道德，纯洁自己的灵魂。

在《穷人》中，他将这种思想灌注于主人公身上，所以，他笔下的桑娜不同于雨果笔下的桑娜，他的桑娜不再抱怨贫穷，不再对未来的生活充满恐惧，而是尽力让生活过得美好："外面

①　方德佺：《从〈穷苦人〉看〈穷人〉主题的解读》，载《教学月刊小学版（语文）》，2012（9）。

②　转引自许海燕：《托尔斯泰的宗教探索及其对创作的影响》，载《江苏社会科学》，2001（6）。

又黑又冷，这间渔家的小屋里却温暖而舒适。地扫得干干净净，炉子里的火还没有熄，食具在搁板上闪闪发亮。挂着白色帐子的床上，五个孩子正在海风呼啸声中安静地睡着。"她带有一种犹如圣母般的沉默与隐忍，对生活的贫穷无更多的怨言，"不过，孩子们都还健康，没什么可抱怨的"。她对自己家庭的未来充满信心，深深地爱着孩子和丈夫，对西蒙充满关爱，对失去母亲的孩子充满崇高而深厚的爱。因此，这海边小屋里的细烛所发出的微弱的光，具有了强大的光明力量，超越了时空，成为穷苦的人们勇敢前行的伟大象征。

▶ 拓展阅读

依据文体特征，研制教学内容——以《穷人》教学为例

不同的文体有其不同的教学价值。如何基于文体特征，发掘文本的教学价值，确定合宜的教学内容呢？笔者以为，可从以下两个维度对文本进行价值考量。

一、基于文体的价值考量

1. 思考"这一类"的教学价值

文体是人们对文章作品内在规律、特质的一种认识和总结，写作者需遵循它们进行写作，阅读者也需要依循这些规则进行阅读，离开了对体裁的认知，会严重地影响我们的读写行为。所以，一接触课文，我们就需要对文本体式作最初的判断，辨别它属于哪一类文体，以便沿着常见思路、常规模式去思考探求，掌握规律性的东西，进一步思考"这一类"文体共有的教学价值。

《穷人》属于哪一类文体呢？我们浏览一遍，就会有一个直观判断。全文共有 27 个自然段，分三个部分叙述。第一部分，渔夫的妻子桑娜在寒风呼啸的夜晚，焦急地守候在小屋里，等待出海打鱼的丈夫回家；第二部分，桑娜出门探望丈夫的渔船，结果走进了西蒙家，意外地发现西蒙已经病故，她把西蒙留下的两个孤儿抱回家，然后忐忑不安地继续等待丈夫；第三部分，渔夫回家，得悉西蒙死去，主动提出收养孤儿，夫妻俩的想法不谋而合。无疑，这一千多字的课文是一篇短篇小说，依据有三：第一，细致地刻画人物形象；第二，生动地叙述故事情节；第三，具体地描绘典型环境。

基于以上分析，《穷人》一课的教学价值为：①把握故事情节；②揣摩人物形象；③赏析环境描写；④概括小说主题；⑤品味语言特色。

这样的教学内容有文体的共性，虽说不具体，也难操作，但方向是正确的。

2. 思考"这一篇"的教学价值

有了对文本体式的最初判断，有了这一类文体共有的教学价值，我们还需要遵循小说的基本特征进一步细读文本，发现这一篇文章的特质，思考"这一篇"文章的教学价值。

《穷人》蕴涵着作家内心深处的复杂情感，体现着作家简洁的文字风格与高超的写作艺术。具体来说，一是体现在富有深意的文题上，在作者的笔下，"穷人"是一个充满敬意的高贵词汇，

虽然桑娜、渔夫和西蒙物质生活是贫穷的，但他们的灵魂却无比高贵，他们穷苦的生活在某种程度上意味着一种脱离了罪恶的干净与美好。二是体现在环境描写上，海上"寒风呼啸"，渔家小屋"温暖而舒适"，西蒙家"又潮湿又阴冷"，为人物形象的塑造描摹了一幅色调深沉、黯淡的开阔背景。三是体现在人物描写上，有多方面的心理刻画：心理交错描写，心理映衬描写，心理揣度描写，心理旁白描写，心理矛盾描写等；有多形式的对话描写，桑娜和渔夫的一段对话，把故事推向高潮，同时也恰到好处地戛然而止，给读者留下了更大的悬念；有十三处使用省略号，大多用在描写桑娜心情矛盾的部分，桑娜担心、矛盾、后悔，反反复复地进行着心理斗争，一系列的省略号写活了一个平凡的家庭妇女形象。四是体现在扣人心弦的情节描写上，以桑娜矛盾内心为主线，围绕收养西蒙孩子这件事，设置两个悬念，渔夫会不会平安归来，渔夫会不会同意收留孤儿，构成小说的内在张力，显示出作者高超的艺术技巧。

基于以上分析，《穷人》一课的教学价值可以为：①概括故事主要内容；②体会设置悬念的表达效果；③赏析多种方式的心理描写，体会人物的高贵品质；④赏析言简意丰的对话描写，体会人物的内心世界；⑤赏析多处典型的环境描写，体会人物的内心世界；⑥理解文题，进一步提炼主题思想；⑦体会省略号的作用，进一步体会穷人的穷苦与善良。

有了以上的考量，既能让我们所教的内容具体化、可操作化，又能确保我们所教的内容更加符合"这一篇"小说的体式特征。

二、基于学情的价值考量

1.思考"这一组"的教学价值

然而，我们对小说文本解读所获得的教学价值不可能一一呈现在课堂上。不同学段究竟"教什么""学什么"，还应该基于学情作"量"的取舍删选和"度"的增减升降。我们得参考课标中的年段要求和这篇文章在教材中的地位和作用。

课标要求：第三学段"目标与内容"中有与小说阅读相关的要求，"在阅读中了解文章的表达顺序，体会作者的思想感情，初步领悟文章基本的表达方法。""阅读叙事性作品，了解事件梗概，能简单描述自己印象最深的场景、人物、细节，说出自己的喜欢、憎恶、崇敬、向往、同情等感受。"

教材编排：本组教材的编排目的，一是让学生阅读课文，感受文中人物的美好心灵，体会真情给人们生活带来的感动；二是在读懂课文的基础上，学习作者通过环境、人物心理活动等方面的描写，刻画人物形象，抒发真情的写作方法。

单元重点：学习作者如何通过环境和人物的心理活动等方面的描写，抒发美好情感。"交流平台"还列举了《唯一的听众》《穷人》中的有关句子，让学生讨论这样写的好处。

基于以上分析，《穷人》一课的教学价值为：①了解故事梗概；②赏析多种方式的心理描写，体会人物的高贵品质；③赏析典型的环境描写，体会人物的内心世界；④理解文题，进一步提炼主题思想；⑤体会省略号的作用，进一步体会穷人的穷苦与善良。其中，教学重点是第②项和第③项。

这样的教学内容考虑到了年段要求和编者意图，体现了文本的课程价值。

2.思考"这一课"的教学价值

教学内容是文本的教学解读与具体学情之间来回斟酌的结果。基于学情的价值考量，还应站在学生的角度思考，阅读这篇小说学生可能学到什么？哪些内容可能是学生学习的起点？哪些内容可能是学生学习的难点、盲点？哪些内容是学生学习的增长点？

《穷人》一文中有大量的对话描写，特别是小说的第三部分。为什么不把"分角色朗读对话，体会人物内心世界"作为本课的教学内容呢？首先，对话并非本课独一无二的特色，学生在此前所学的大量课文中，都接触过对话描写；其次，孩子们离穷苦人们的生活很遥远，加之阅历和年龄差异，孩子们很难恰如其分地读好文中言简意丰的人物对话。因此，分角色朗读对话，体会人物内心世界，不作为本课的教学内容，应该舍去。

体会设置悬念的表达效果，在《桥》和《刷子李》等课文中学过，不作为本课的教学内容，同样舍去。

可是，环境描写和心理描写，学生原来也多次接触过，为什么要作为本课的教学内容呢？因为它是本篇小说的特色，是单元训练的重点，要让学生经历如下三个维度的学习：一是通过朗读想象，走进文本，让学生思考"写了什么"；二是通过追问作者"为什么要这么写"，领会独特的表达方式背后的意图；三是创生语境，让学生迁移运用，学着"怎么写"。不过，"这一课"的内容要相对集中，学生才会学得相对透彻，所以我们还需要作进一步取舍，聚焦到"交错对比的环境描写"和"心理矛盾描写"两个点上。此外，我们还可以将"体会省略号的作用"这个内容整合到心理描写学习中。

基于以上分析，《穷人》一课的教学价值确定为：①了解故事梗概：等待丈夫——抱回孩子——丈夫归来；②抓住心理矛盾描写的语句，体会表达效果，体会主人公的高贵品质；③抓住交错对比描写环境的语句，体会表达效果，体会主人公的内心世界；④初步尝试运用心理描写表现人物品质的方法续写《穷人》。

通过上述考量，最后确定的教学内容是合宜的，符合小说的文体特征，符合学生的学情，教这些内容才会把小说教成小说。

总之，基于文体的价值考量，回答"学什么"的问题。基于学情的价值考量，回答"谁在学"的问题。依据文体特征，参照学情分析，开掘教学价值，重构教学内容，是学理高度与学情地气的无痕对接，是研制合宜的教学内容的有效思路，是提高阅读教学质量的有力保障。

——节选自王小毅：《依据文体特征，研制教学内容——以〈穷人〉教学为例》，

载《语文教学通讯》，2015（30）。

想一想，练一练

1.什么是文学活动？文学活动的四个要素是什么？

2.文学活动的四个要素之间有什么联系？

3.为什么作品位于文本解读的中心？

4.请从作者、作品、社会三者关系的角度尝试分析统编版教材五年级上册《珍珠鸟》一文。

参考文献

[1] 童庆炳.文学理论教程（第四版）.北京：高等教育出版社，2008.

[2] 张利群.文学批评原理.桂林：广西师范大学出版社，2004.

[3] 魏信香.文学"四要素"说给语文教学的启示.中学语文教学参考，2015（12）.

第二节　文学文本的层次

从某种意义上说，一篇具体的文学文本，就是一个具有不同表现层次的复杂结构。解读文学文本，就是要理清文本的表达层次及其所表达出来的深刻意蕴。近年来，解读语文教材文本时借鉴最多的文学理论是中国古代文论中的言、象、意的"三层次说"和波兰文艺学家英伽登的"四层次说"。

▶ 理论聚焦

文学文本是文学存在的客观形态。它以书面语言或口头话语的形式将作家的审美意识物态化为语言实体，使其成为一个可以被他人感知的对象。由于文学活动是一种特殊性质的艺术活动，因此，文学文本可以脱离创作主体而具有相对的独立性。它的各个构成要素相互依存、相互影响、相互制约、相互作用，共同构成了一个有核心、多层次而又具有开放性的系统。研究、了解文学文本的结构层次、各个层次的结构要素及其相互间的联系是理解文学文本的基础。

一、言、象、意的"三层次说"

对于文学文本结构层次的分析，中国古代文论曾明确提出了"言""象""意"三个层面。"言、象、意"的文本层次理论见于三国时期著名经学家王弼的《周易略例·明象》："夫象者，出意者也；言者，明象者也。尽意莫若象，尽象莫若言。言生于象，故可寻言以观象，象生于意，故可寻象以观意。意以象尽，象以言著。故言者所以明象，得象而忘言；象者所以存意，得意而忘象。"尽管王弼这里所谈的"言""象""意"，指的是《易经》中的卦名、卦象，但他对"言""象""意"及三者关系的论述后来演变为中国传统文论的重要概念。从文本构成的角度看，"言""象""意"三者正好构成了文本基本结构的三个层面，即语言层、现象层和意蕴层。具体来说，文学作品是语言的艺术，语言是构成形象的基础，语言和形象又共同完成了对"意"的表达。

（一）言——文学作品的语言层

语言层是文学作品的表层，对文学作品的解读往往从语言层入手。语言层又可分为语音、语义两个层面。语音层主要由音韵、旋律和节奏结合而成。读者欣赏文学作品，首先感受到的是语言的音韵、旋律和节奏，由此才能进一步体味文学语言特有的情趣、韵味、格调、色彩。因此，好的文学语言应该是音韵和谐、旋律悠扬、节奏鲜明、表达流畅的美文。如苏轼的《念奴娇·赤壁怀古》：

大江东去，浪淘尽，千古风流人物。故垒西边，人道是，三国周郎赤壁。乱石穿空，惊涛拍岸，卷起千堆雪。江山如画，一时多少豪杰。

遥想公瑾当年，小乔初嫁了，雄姿英发。羽扇纶巾，谈笑间，樯橹灰飞烟灭。故国神游，多情应笑我，早生华发。人生如梦，一尊还酹江月。

在上阕中，作者多用入声字，利用入声音短，多表示肯定、决绝态度的特点，表现豪迈雄浑的人物气概，为下文中作者对古人发出的感慨做铺垫。下阕写了年华方盛即卓有建树的周瑜，他和仕途蹭蹬、壮志未酬的词人形成鲜明的对比，但词人随即又以"人生如梦，一尊还酹江月"宽慰自己，表现了他豁达的襟怀。全词韵律和谐，节奏分明，有助于表情达意。又比如孟浩然的《春晓》："春眠不觉晓，处处闻啼鸟。夜来风雨声，花落知多少。"诗中的第一、二、四句押"ɑo"韵，韵脚响亮，听起来和谐悦耳，读起来朗朗上口，表达出诗人热爱春天、珍惜春光的美好心情。

在语义层面，文学语言作为一种特殊的艺术符号，其目的是要传达意义信息，唤起新鲜独特的审美情感和体验，因而在特定的语言环境中，由于传达复杂的审美体验和信息的需要，文学表达往往会借助各种修辞手段，甚至会对语言成规进行有意识的破坏，以尽可能获得更为丰富的语义，达到独特的表达效果。例如，北师大版四年级下册《语言的魅力》，记叙了法国著名诗人让·彼浩勒为一个盲老人在他的求乞牌子上添加了几个字而令盲老人获得了更多帮助的故事。一开始盲老人在他的求乞牌子上写着"我什么也看不见"，让·彼浩勒为他改为"春天到了，可是……"，则引起过路人对美好春天的联想，从而唤起他们对看不到美好春天的盲老人的同情，于是改后的求乞结果大为改观。

（二）象——文学作品的现象层

"象"即文学文本的内容，是由文学文本的语言所描绘的人物、事件、情节、环境、景物等构成的整个作品的形象体系。文学文本的现象层分为叙事性文本的现象层和抒情性文本的现象层。

叙事性文本的现象层包括故事、情节、人物、环境等要素。叙事性文本一般需要叙述一个虚构的故事，在故事中又需要依靠情节来展示人物性格，而环境是指人物活动的场所，也指故事发生的时代和社会历史背景。

抒情性文本的现象层是指作为抒情载体的具体可感的人、事、景、物。抒情性文本最根本的特征是抒情，然而情感是抽象的，这就需要作者把抽象的情感化为可感知的具体形象，于是具象化的人、事、景、物就成了传情达意的载体，以景写情、托物言情就成为常见的抒情方式。例如，"问君能有几多愁，恰似一江春水向东流"两句，愁思无形无状，但作者用不舍昼夜、长流不断、无穷无尽的春水来形容愁思，可谓形象具体，读来也是声情并茂。何为母爱？唐代诗人孟郊在《游子吟》中告诉了读者："慈母手中线，游子身上衣。临行密密缝，意恐迟迟归。谁言寸草心，报得三春晖。"母亲手中为游子密密缝补的衣衫就是对母爱的最具象的诠释。

（三）意——文学作品的意蕴层

相对于文学文本的语言层和现象层来讲，"意"才是文学文本的实质、核心和灵魂之所在，是"一种内在的生气、情感、灵魂、风骨和精神"①，即文学作品所要表达的主题思想、作者的意图。

作品中的"意"往往是在分析了作品的"言""象"之后得出的，而"象"往往又是建立在"言"的基础上的。除了"言"之外，读者本身的经验，对作家经历与作品背景的了解，也会对理解作品的"象""意"有所帮助。如李白的《早发白帝城》：

朝辞白帝彩云间，千里江陵一日还。两岸猿声啼不住，轻舟已过万重山。

这首诗的四句都在写景，表面上看没有抒情，但是通过诗人乘"轻舟"，伴着耳畔"啼不住"的猿鸣声，一日即越过"万重山"，从"彩云间"的白帝城回到了江陵这一描写，传达出了诗人在流放途中遇赦得以返家时的喜悦心情。它表面上写景，实际上句句抒情，真正是"一切景语皆情语"（王国维语）。这首诗中的"意"（喜悦愉快的心情）就是通过描写的景物和营造的意境（"象"）表现出来的。

可见，"言、象、意"是一个由表及里的审美结构，文本的最外在层次是"言"，它的功能是表达"象"；"象"是文本的中间层次，功能是沟通"言"与"意"；"意"是文本的最内在层次，是文本的核心。② 人们在解读文学文本时，首先接触"言"，其次窥见的是"象"，最后才能意会到由"象"所表示的"意"。

长期以来，中小学语文教学中，习惯上把文学作品的结构分为内容和形式两部分。内容包括题材和主题，形式包括语言、体裁、结构和表现手法。从内容和形式两个方面划分文学作品的结构层次，有利于学生从横向把握文学作品的构成要素；而近年来，更多的语文教师开始从"言、象、意"三个层面划分文学作品的结构层次，这则有利于学生对文学作品作纵向的把握。

二、英伽登的"四层次说"

近二三十年来，随着当代西方文论的引入，有不少教师将波兰现象学派文艺学家英伽登的"四层次说"作为解读文学文本的理论基础。英伽登认为文学作品是一种"意向性客体"，为保证意义的同一性，它具有可分为四层的基本结构：第一，字音和建立在字音基础上的高一级的语音构造；第二，不同等级的意义单元；第三，由多种图式化观相、观相连续体和观相系列构成的层次；第四，由再现的客体及其各种变化构成的层次。③

通俗地说，英伽登将文学文本的结构分为：第一，语音构造层，这是文学作品的物质基础。它包括语音素材、字、词、句等以及这些材料的组织结构与音韵效果，如节奏、速度、乐调、韵律等。第二，意义单元层，不同含义的字词聚在一起而具有特定的含义，这个含义通过人的主观意识活动意向性地指向一个"意向性对应物"，进而形成"再现客体"。第三，再现客体层，是作品所虚构的、所要表现的那个世界。"再现客体"从作品被创作出来的时候就有了一个现实的"外

---

① 黑格尔：《美学》（第1卷），朱光潜译，26页，北京，商务印书馆，1979。
② 代顺丽：《文学理论——解读文学文本的钥匙》，载《语文学习》，2012（3）。
③ 蒋孔阳：《二十世纪西方美学名著选》，258页，上海，复旦大学出版社，1988。

在形态"，只不过要加上人的意向性意识活动，它才能够显现出来。第四，图式化观相层，作品所构建的客体的方方面面不可能都在作品中出现，只能做部分勾勒，它们构成作品的图式化观相，其中充满了"空白"和"未定点"。而读者的阅读，正是通过这些图式，对这些"空白"和"未定点"进行补充和具体化，进而洞见其背后的事物的整体。值得注意的是，除了以上四个基本层次，英伽登又提出了文学作品的"形而上品质（metaphysical qualities）"，指的是"例如崇高、悲剧性、可怕、骇人、不可解说、恶魔般、神圣、有罪、悲哀、幸运中闪现的不可言说的光明以及怪诞、娇媚、轻快和平等性质"，"这些性质不是客体的属性，也不是心态特征"，但是通过这一层面，"艺术可以引人深思"。[①]

从文学文本的构成层面看，中国的"言、象、意"三层次说与英伽登的"四层次说"有不少相似性。二者都将文学作品大致看为三个层面：语言层（"言"/语音构造层、意义单元层）、形象层（"象"/再现客体层、图式化观相层）和意蕴层（"意"/"形而上品质"）。而无论是"言、象、意"还是英伽登的作品"四层次"，都很重视作品的深层意蕴，认为有着深层意蕴的作品才可能是伟大的作品。

▶ 解读示例

文本链接 >>>

匆　匆

燕子去了，有再来的时候；杨柳枯了，有再青的时候；桃花谢了，有再开的时候。但是，聪明的，你告诉我，我们的日子为什么一去不复返呢？——是有人偷了他们吧：那是谁？又藏在何处呢？是他们自己逃走了吧：现在又到了哪里呢？

我不知道他们给了我们多少日子，但我的手确乎是渐渐空虚了。在默默里算着，八千多日子已经从我手中溜去，像针尖上一滴水滴在大海里，我的日子滴在时间的流里，没有声音，也没有影子。我不禁头涔涔而泪潸潸了。

去的尽管去了，来的尽管来着，去来的中间，又怎样地匆匆呢？早上我起来的时候，小屋里射进两三方斜斜的太阳。太阳他有脚啊，轻轻悄悄地挪移了，我也茫茫然跟着旋转。于是——洗手的时候，日子从水盆里过去；吃饭的时候，日子从饭碗里过去；默默时，便从凝然的双眼前过去；我觉察他去得匆匆了，伸出手遮挽时，他又从遮挽的手边过去；天黑时，我躺在床上，他便伶伶俐俐地从我身上跨过，从我脚边飞走了；等我睁开眼和太阳再见，这算又溜走了一日；我掩面叹息，但是新来的日子的影儿又开始在叹息里闪过了。

在逃去如飞的日子里，在千门万户的世界里的我能做什么呢？只有徘徊罢了，只有匆匆罢了。在八千多日的匆匆里，除徘徊外，又剩些什么呢？过去的日子如轻烟，被微风吹散了，如薄

---

①　蒋孔阳：《二十世纪西方美学名著选》，260 页，上海，复旦大学出版社，1988。

雾，被初阳蒸融了。我留着些什么痕迹呢？我何曾留着像游丝样的痕迹呢？我赤裸裸来到这世界，转眼间也将赤裸裸地回去吧？但不能平的，为什么偏要白白走这一遭啊？

你聪明的，告诉我，我们的日子为什么一去不复返呢？

——统编版六年级下册

《匆匆》是中国现代著名作家朱自清所作的一篇脍炙人口的散文。作者紧紧围绕"匆匆"二字，细腻生动地刻画了时间飞逝的踪迹，并由此引发出对时光飞逝的无奈和惋惜之情。文章作于新文化运动倡导之初，在白话文取代文言文的实践初期，堪称白话文典范之作。

一、语音层面的音乐美

《匆匆》的语言表达具有诗歌般的音乐美，这种音乐美体现在它的韵律和节奏上。

作者被眼前代表着春天讯息的具象"再来的燕子""再青的杨柳""再开的桃花"所牵引，生发出对时间踪迹的追寻："洗手的时候，日子从水盆里过去；吃饭的时候，日子从饭碗里过去；默默时，便从凝然的双眼前过去；我觉察他去得匆匆了，伸出手遮挽时，他又从遮挽的手边过去；天黑时，我躺在床上，他便伶伶俐俐地从我身上跨过，从我脚边飞走了"，这一组排比句，句式简单，语调轻快，营造了轻巧流畅的音乐节奏。

文中叠字的使用也营造出了语言的韵律和节奏美。太阳是"斜斜的"，是"轻轻悄悄地挪移"，"我"则"茫茫然"地旋转。即使天黑时，它也是"伶伶俐俐"地"匆匆"而去。这些叠字的使用，不仅丰富了读者对时间流逝的视觉观感，而且诉诸读者的听觉感受，将情与景自然地结合起来。此外，这种叠字与排比几乎出现在文章每个自然段中，使整个文章节奏均匀而和谐。

文章还使用了复沓的表现手法，也增添了语言的音乐美，"只有徘徊罢了，只有匆匆罢了""过去的日子如轻烟，被微风吹散了，如薄雾，被初阳蒸融了""我留着些什么痕迹呢？我何曾留着像游丝样的痕迹呢""我赤裸裸来到这世界，转眼间也将赤裸裸地回去吧"，这些句子句式相同或相似，反复吟咏时光的流逝，有着一唱三叹的艺术效果。

二、语义层面的意象美

在语义层面，作者为了引起读者新鲜独特的审美体验来感受时光的飞逝而运用了多种修辞手法，以求达到独特的诗意效果。如"八千多日子已经从我手中溜去，像针尖上一滴水滴在大海里，我的日子滴在时间的流里，没有声音，也没有影子。""八千多日子"的时光从身边"溜去"，"像针尖上一滴水滴在大海里"，是悄无声息的。"八千多"的数目，单从数字上看并不少，但在时间的流动中，它是转瞬即逝的，迅速而微小得像"针尖上一滴水滴在大海里"。此处比喻手法的使用，突出了时光的如闪电般飞逝。此外，作者还使用了拟人的修辞手法，太阳就像人有脚一样，会"轻轻悄悄地挪移"，日子也会"伶伶俐俐"地从人们身上"跨过"，在轻巧的用词中表达出了时光流逝的沉重的心理感受。

从文学文本的现象层来看，《匆匆》作为抒情性的文本抒发了作者对时光流逝的感叹。虽然情感是抽象的，但作者将其化为了具体可感的意象："洗手的时候，日子从水盆里过去；吃饭的时候，日子从饭碗里过去；默默时，便从凝然的双眼前过去……我躺在床上，他便伶伶俐俐地从我身上跨过，从我脚边飞走了。……我掩面叹息，但是新来的日子的影儿又开始在叹息里闪过了。"把无休无止的时间的流逝具象化为日常生活的点点滴滴，凸显出对时光流逝的无奈和惋惜之情。

三、意蕴层面的含蓄美

相对于文学文本的语言层和现象层，文本的意蕴层更是我们应该把握的核心和灵魂。在对作品的意蕴进行分析时，也应对作家的生活经历和作品的创作背景加以了解。《匆匆》作于1922年3月28日，此时正值五四新文化运动的落潮期，朱自清是一个被时代思潮感染而追求新思想、新文化的时代青年，曾经的求索、努力以及眼前春景的触动使他迸发出时光虚度的慨叹。他当时奉行"刹那主义"的思想，在给友人俞平伯的信中说："生活中的各种过程都有它独立的意义和价值——每一刹那有每一刹那的意义与价值！每一刹那在持续的时间里，有它相当的位置。"因此，他并没有因为时间的无情流逝、理想追求的受阻而沉沦，而是反躬自问："在逃去如飞的日子里，在千门万户的世界里的我能做些什么呢"，同时又自我解答："我赤裸裸来到这世界，转眼间也将赤裸裸地回去吧？但不能平的，为什么偏要白白走这一遭啊？"利用反问句含蓄地表达出人生不能"白白走这一遭"之意。

由此可以看出，在感叹时间流逝的背后，作者所要表达的是对人生意义的探问、对人生道路的追索、对人生价值的思考。这不仅是年轻时的朱自清面临的困惑，也是一代又一代年轻人的困惑，作者用优美的语言将其形象化为时间的流逝，在一代又一代年轻人心中引起强烈的审美感受和思想共鸣。

▶ 拓展阅读

谈谈统编教材中《匆匆》一课的教学

一、多重解读，精准定位教学目标

第一，研读课程标准，把握学段教学目标。教师不但要掌握语文课程的总体目标，还要明晰语文课程的学段目标。义务教育语文课程标准第三学段对阅读和写作的要求如下：在阅读中了解文章的表达顺序，体会作者的思想感情，初步领悟文章的基本表达方法；能写简单的记实作文和想象作文，内容具体，感情真实。

第二，解读单元导语，明确编写意图。编写意图往往通过单元导语呈现，在把握年段目标后，教师须认真研读教材中的单元导读，联系统编教材中的单元目标序列要求，有效调整习作单元中精读课文的教学视角。六年级下册第三单元以"让真情在笔尖流露"为人文主题，明确提出两个语文要素：一是体会文章是怎样表达情感的；二是习作时，选择合适的内容写出真情实感。前一个指向阅读，学习作者表达真情实感的方法，包括融情入景、直抒胸臆等；后一个指向习作，明确本单元的习作重点是选择印象深刻的内容写具体，把情感真实自然地表达出来。可见，二者相辅相成，其具体要求散布在单元的各个部分。

第三，关注课后习题、单元习作要求，深度解读教材。习作单元的课后习题、交流平台、初试身手等都是围绕单元习作展开的，教师要充分解读并深入挖掘其背后蕴藏的教学价值。精读课文的教学，应以课后习题为指向，适时穿插、渗透交流平台提炼的方法，明确教学的指向性。

根据以上分析，本课的教学目标确定为：会写"藏、挪"等六个字，会写"确乎、空虚"等十一个词语；有感情地朗读课文，背诵课文；能了解课文内容，体会作者对时光流逝的感受；能抓住关键句段，感悟作者表达情感的方法。学习作者将抽象事物具象化的写法，仿照课文第三自然段，写出自己对时光流逝的感触。

二、聚焦文本，精心揣摩表达方法

《匆匆》是现代著名作家朱自清写的一篇脍炙人口的散文。文章紧扣"匆匆"二字，细腻地刻画了时间的流逝，表达了作者对时光流逝的无奈和惋惜。教学时，教师在引导学生整体感知课文内容后，让学生细读课文，思考从课文的哪些地方可以感受到时光匆匆，一去不复返。教师引导学生抓住文中的关键语句、重点词语，在反复品味中，体会作者的情感，揣摩表达方法，再通过朗读把作者的感情表达出来，可采用以下策略。

其一，聚焦句式，借助问句来了解文章的写作方法。

《匆匆》一文通篇六百来字，却用了十几个疑问句，在一连串的问句中，作者内心的惆怅不安、不甘、眷恋等情感直接表达了出来。结合课后第二题"课文中有两处使用了一连串的问句，找出来读读，说说表达了作者怎样的内心感受，体会这样表达有什么好处"，教师可引导学生边默读边作批注，交流从哪些地方可以感受到作者的情感。在第一自然段中，作者运用排比、对比、问句（直接问、连续问），流露出对时光一去不复返的感慨。在第四自然段中，作者的情感就这样在一连串的问句中自然地流露出来，更让我们感受到时间的宝贵，更应该珍惜时间。教师可以再让学生连起来读读这两个自然段，体会这样的连串问句在表达上有什么好处。通过交流，学生体会到，用问句更加直接，直抒胸臆，能吸引读者，让人感受到作者不甘虚度光阴、力求向上的一种精神，具有震撼人心的力量。

其二，聚焦修辞，学习作者把时间写具体、形象的方法。

引导学生结合课后第三题"时间的流逝本是司空见惯的现象，为什么作者能写得如此感人？"在涵泳品味中思考作者是如何把无形的时间写得具体、形象的。

学生从第二自然段"八千多日子已经从我手中溜去，像针尖上一滴水滴在大海里，我的日子滴在时间的流里，没有声音，也没有影子"中体会到作者运用了新奇巧妙的比喻，把过去的"八千多日子"比喻成极小的"针尖上的一滴水"，把"时间的流"比喻成"浩瀚的大海"。日子显得如此渺小，消逝得如此之快，表现了作者十分无奈的心情。在第三自然段中，学生从"过去""跨过""飞走""闪过"等词语中可以感受到时间的脚步匆匆，明白我们应该抓紧时间，去做有意义的事情。在品味文字中体会作者将时间写得如此新鲜活泼，使无情之物充满了人情味。这是因为作者在写时光的流逝时饱含真情，把抽象的事物变得具体可感，所以真切感人。

其三，聚焦写法，交流读写促提升。

在细读课文的基础上，教师可以让学生再次回顾课文，谈一谈学了这篇文章的收获。

教师根据学生的汇报，总结出本节课作者所运用的表达方法：作者通过一连串的问句来表达自己的内心感受。这种写法直接抒发情感，既吸引读者，又震撼人心。不仅如此，作者还借助具体事物来表达情感，运用比喻、拟人、排比等修辞手法表达真情实感，这与单元导语里所说的"让真情在笔尖流露"相符合。

三、搭建支架，精巧设计赋能表达

在教学《匆匆》第三自然段时，教师首先引导学生揣摩作者是如何把抽象的时间写得形象而具体的。学生通过小组讨论，总结出课文的写作方法：运用具体的事例，选用恰当的动词，采用排比、拟人的修辞手法写出时间悄悄溜走的情形。这样写生动形象，富有感染力。接着，教师引导学生联系生活谈感受。"生活中不经意的细节被朱自清先生捕捉到，进行浓墨重彩的描写，课文第三自然段就是个例子。朱自清的时间步履匆匆，在洗手、吃饭的时候过去了。其实，文中列举的这些事情我们也每天都在做，如洗手、吃饭、睡觉、发呆……那么，你们的时间是怎样从你的身边一点一滴溜走的呢？你从哪里感受到了时间的匆匆呢？请你结合自己的生活谈谈感受。"学生发言，交流时间流逝的感触。因为这个问题与学生的生活密切相关，极易引发学生的共鸣。这时，教师可以趁热打铁，"读了课文，你对时间的流逝有怎样的感触？请同学们仿照课文第三自然段的写法，抓住自己身边的小事，赋予时间生命，写出自己对时间流逝的感触。可以仿照课文前后照应的方法，用上比喻、排比、拟人等修辞手法来写"。这就真正实现了以读促写，读写迁移。最后，小组之间交流习作，互评互改。教师展示学生的习作，让学生思考习作中的优点与不足，品评动词运用是否恰当，进行文章升格，从而达到当堂训练、学以致用的效果。

——节选自朱建淑：《例谈习作单元精读课文的教学——以六年级下册第三单元〈匆匆〉为例》，载《语文建设》，2021（2）。

想一想，练一练

1.为什么说"意"是文学文本的实质、核心和灵魂所在？

2.如何理解"言、象、意"三者之间的关系？试从这三个层面分析统编版教材六年级下册《那个星期天》。

3.英伽登的"四层次说"指的是什么？

4."三层次说"与"四层次说"的共同点在哪里？

参考文献

[1] 曹顺庆.文学概论.北京：北京师范大学出版社，2017.

[2] 郭勇健.文学现象学——英加登《论文学作品》研究.上海：学林出版社，2011.

[3] 殷亚清.从言意矛盾到言意兼得——教师教学文本细读的一种取向.教学与管理，2014（14）.

第三节   各种文学体裁的特征

我国自五四时期便确立了诗歌、小说、散文、戏剧四种文学体裁，它们各自的特征突出，易于辨认。《新课标》第一次明确地将"文学阅读与创意表达"作为语文课程内容的重要组成部分，要求学生"阅读表现人与社会、人与他人的古今优秀诗歌、散文、小说、戏剧等文学作品，学习欣赏、品味作品的语言、形象等"，"旨在引导学生在语文实践活动中，通过整体感知、联想想象，感受文学语言和形象的独特魅力，获得个性化的审美体验；了解文学作品的基本特点，欣赏和评价语言文字作品，提高审美品位"。[①] 历来的小学语文教材中，编选了相当数量的诗歌、散文、小说等常见的文学作品，只有以文学理论为指导，才能对这些文学作品进行准确而深入的解读，感受文学语言和形象的艺术魅力。

▶ 理论聚焦

文学作品的体裁是文学文本存在的基本形态，也是直接呈现在读者面前的具体形态和样式。读者通过体裁来感知作品描写和表现的对象，来感知作家创作的思维形式及其在创作中的情感体验方式、作品的结构布局、语言运用和表现手法等内容。正确认识和把握文学的体裁以及它们的特征，对于文学创作、接受、批评、研究都具有重要的意义。

文学体裁是依据作品描写对象的特征、作家创作的情感体验方式以及结构布局、语言运用、表现手法等划分出来的，是文学作品在这些方面呈现出来的整体风貌和稳定的审美形式规范。

从古至今，文学体裁的划分方法是有变化的，从最早的韵文、散文之分的"二分法"，到根据文学作品题材类型、构思方式和情感体验方式以及塑造形象的表现手法将文学划分为叙事类、抒情类、戏剧类的"三分法"，再到目前普遍采用的"四分法"。五四时期确立起来的"四分法"是根据文学作品的题材特征、塑造形象的构思方式、结构布局、语言运用及艺术表现手法来划分文学体裁的一种方法。"四分法"具体是指诗歌、小说、散文、戏剧的划分。[②] 它注重从作品的外在形态来分类，标准明确，名称具体，较好区别，易于掌握，运用起来比较方便。

文学体裁意味着某种制度、秩序，对于读者来说，文学体裁是阅读期待视野的规范。读者总是按文学体裁系统进入特定的文学阅读氛围。阅读一部具体的作品，读者常常会自觉或不自觉地将文本纳入一个共同的制度系统中，将它与其他同类的作品进行类比，文本的独特性便在对照之中显现出来，从这个意义上讲，体裁也意味着某种阅读惯例和成规。[③] 这四种文学体裁具有各自相应的特点，因此掌握它们的特征有助于我们理解某一类的文学作品。以下将分别简述四种体裁的主要特征。

---

① 中华人民共和国教育部：《义务教育语文课程标准（2022 年版）》，26～27 页，北京，北京师范大学出版社，2022。

② 刘安海、孙文宪：《文学理论》（第二版），131 页，武汉，华中师范大学出版社，2007。

③ 代顺丽：《文学理论——解读文学文本的钥匙》，载《语文学习》，2012（3）。

一、小说

小说是一种以刻画人物形象为中心，通过完整的故事情节和环境描写来反映社会生活的文学体裁。小说是典型的叙事性作品，对于小说叙事的研究，20世纪以来逐渐形成了一门新的独立学科，即叙述学，包括小说的叙述视角、叙述人称、叙述线索、叙述时间、叙述节奏、叙述基调、叙述距离、叙述语言等问题的研究。但无论如何，小说一定是围绕人物、情节、环境三个要素展开叙述的，在人物、情节、环境的建构中，小说的特征得以展现。

第一，塑造具有鲜明性格的典型人物形象是成为优秀小说必不可少的条件。在塑造人物形象时，作者可以使用正面描写和侧面描写的方法。正面描写包括外貌描写、语言描写、动作描写、心理描写等；侧面描写是指通过其他人或事来烘托出主要人物形象。此外，也可以通过环境的烘托来塑造人物形象。鲁迅笔下优秀的艺术典型形象，如阿Q、孔乙己、祥林嫂无不是以这些方法塑造出来的。

第二，围绕人物而出现的故事情节须具有完整、曲折、生动、复杂等特征。优秀的小说作家都从丰富的社会生活中提炼出为文学创作所用的素材，为塑造典型的人物形象做准备。例如，茅盾为创作小说《子夜》，对20世纪30年代的中国社会经济生活情况进行了深入的考察。证券投机市场上的明争暗斗，资本家大亨们的钩心斗角，上流社会里太太小姐、少爷绅士们的无聊人生，等等，都被作者组织到了作品的情节中，把它们作为刻画、烘托民族资本家吴荪甫这个艺术典型人物的素材。

第三，小说中的环境是指人物活动和情节发生的场所。小说中的人物、与人物有关系的情节，都要在具体的环境中才能存在和开展。跟其他体裁相比，小说中的环境描写最为充分。仍以小说《子夜》为例，作为中国现代文学史上第一部描写民族资本家前途命运的长篇小说，作者详细地设计了这部小说发生的时间、地点和当时的社会生活背景，并对当时社会各阶级阶层的矛盾和斗争进行了详细的描写，正因如此，该小说成为一幅全景式地展现20世纪30年代中国大都市经济生活的社会风俗画。

二、戏剧

（一）体裁特征

戏剧通常是指以语言、动作、舞蹈、音乐、木偶等手段将剧中所反映的生活情景直接通过舞台表演的形式展现在观众面前的一种综合艺术。文学上的戏剧概念是指为戏剧表演所创作的脚本，即剧本。戏剧文学或称剧本有着鲜明的审美特征。[①]

第一，戏剧文学具有戏剧冲突和戏剧情境。由于受到舞台、观众等的制约，戏剧的情节内容、人物的性格和相互间的关系都不能平铺直叙，只能通过戏剧冲突推动戏剧情节的展开，刻画人物的性格，突出故事的主题。戏剧情境包括人物活动的具体环境、突发事件以及特定的人物关系等。

---

① 刘安海、孙文宪：《文学理论》（第二版），152页，武汉，华中师范大学出版社，2007。

戏剧情境是促成戏剧冲突爆发并推动戏剧情节发展的契机。

第二，戏剧文学的人物、事件、时间、场景高度集中。戏剧和小说同属于叙事类文学作品，但它不能像小说那样从头至尾有始有终地叙述人物的活动和事件的进展，而只能撷取部分场景，突出主要的人物、事件、线索等，并在一定的时间范围内完成演出，因此，戏剧文学的人物、事件、时间、场景必须高度集中。

第三，戏剧文学有着分幕分场的特殊结构。这主要是由于戏剧受到时空的限制，其内容不可能都搬到舞台上表演。幕和场的区别在于前者是戏剧情节发展的大的段落，而后者是较小的段落。戏剧文学中可以一幕一场，也可以一幕多场。幕和场的设置可以调节戏剧情节的发展，使剧情更加集中和紧凑，增添戏剧文学的吸引力。

第四，戏剧文学的语言富有动作性、个性化和潜台词。戏剧文学的语言主要是指剧中人物的语言，他们的语言除了展现自身性格外，也推动着戏剧情节的展开、戏剧冲突的发生。由于戏剧是一门舞台表演的艺术，因此，人物的语言还要富于潜台词。潜台词是指作家在设计人物的语言时要让其具有言外之意，即人物没有直接说出来，但观众可以根据特定的戏剧情境和呈现出来的台词猜测、体会到的语言，它往往另有深意。

（二）分类

戏剧文学根据分类的标准不同，可以有多种角度的类别。通常根据戏剧冲突的性质以及给观众带来的不同心理反应把戏剧文学分为悲剧、喜剧和正剧三种。

悲剧有广义和狭义之分。广义的悲剧泛指一切表现人生的不幸、痛苦、死亡而具有悲剧意味的作品，小说、诗歌、散文创作中都可以有这种悲剧性的因素。狭义的悲剧专指戏剧中的悲剧，是在正义和邪恶的斗争中正义被毁灭从而引起人们悲痛、怜悯乃至崇敬的情感的一类戏剧文学作品。有代表性的有古希腊的悲剧、欧洲文艺复兴时期英国莎士比亚的四大悲剧等。

喜剧出现在悲剧之后。喜剧是指揭示、批判社会中丑陋、落后和庸俗的人和事，而肯定社会上美好事物的一类戏剧创作。英国的莎士比亚、法国的莫里哀、俄国的果戈理等都是杰出的喜剧大师。

正剧是介于悲剧和喜剧之间，兼有悲剧和喜剧因素的戏剧作品。跟悲剧、喜剧相比，它是更接近于人们日常生活的戏剧形式。

三、散文

散文有广义和狭义之分。广义的散文是指诗歌以外的一切写作文体，包括文学作品和普通文等。这里探讨的是狭义的散文，即文学性的散文。这种散文是以写"我"（作者）的经历、见闻、感受、联想等为主，或记人叙事，或状物摹景，或咏怀抒情的文学体裁，是一种富于感发性、题材广泛、内容精粹、篇幅比较短小、语言清晰自然、表现手法灵活、文情并茂的文学作品。[①] 散文表现出如下特点：

---

① 刘安海、孙文宪：《文学理论》（第二版），147 页，武汉，华中师范大学出版社，2007。

第一，散文的写作总是有感而发的。它多是作者在生活、工作中对某件事、某种现象突发感悟而写的，是作者真实的所思所想所感。

第二，散文的内容、结构或表现手法多是轻松随意的，没有一定之规。自1921年周作人在《美文》一文中提出美文可以分为"叙事与抒情"，也有很多两者夹杂的艺术性的"美文"的理论以来，在内容上以作者的感发为中心，在形式上倾向于"闲话风"的表现风格的散文创作越来越多。"谈闲天"的风格营造了一种自然、亲切、和谐、宽松的说话氛围，有益于真诚地述说自己的生活，甚至是内心的秘密。日本文学家厨川白村曾经这样描述散文的特征："如果是冬天，便坐在暖炉旁边的安乐椅子上，倘在夏天，则披浴衣，吸苦茗，随随便便，和好友任心闲话，将这些话照样地移在纸上的东西，就是essay。兴之所至，也说些以不至于头疼为度的道理罢。也有冷嘲，也有警句罢。既有humor（滑稽），也有pathos（感愤）。所谈的题目，天下国家的大事不待言，还有市井的琐事，书籍的批评，相识者的消息，以及自己的过去的追怀，想到什么就纵谈什么，而托于即兴之笔者，是这一类的文章"。[①]

第三，由于以上两个特点，散文题材和样式多种多样。从题材上看，无论是具体的事物、现象还是抽象的感情、感悟，无不可以涉笔成趣、点石成金。散文题材的广泛超过了其他一切文学体裁。散文的样式包括随笔、小品文、游记、回忆录、速写等，多种多样，不拘一格。

第四，散文的结构灵活自由。散文创作在结构形式上没有固定规范，作者信笔所至，随感情流动而抒发情怀，因此在形式上多呈现出"散"的面貌。但无论结构形式如何自由灵动，其内在的情感、思想、意蕴的线索还是有迹可循甚至是清晰可见的。这就是散文"形散而神聚"的特点。"形散"是散文外在的表现，而"神聚"是其内在的核心。"形散"最终还是要在"神聚"的要求内呈现的。

第五，散文的语言自然、清新、简洁、优美。散文独特的内容和其轻巧灵活的文体特点需要简洁、优美的语言与之相配。散文写身边事，谈自身情，语言的表达必然要求自然不造作。清新亲切的语言也是拉近作者与读者距离的必要手段，从而营造喁喁私语、娓娓道来的轻松语境。

四、诗歌

诗歌是饱含强烈的情感和丰富的想象，运用比兴、象征、拟人、隐喻、反复、重叠等表现手法，更集中概括地表现诗人的情思，语言生动、凝练，富于节奏和韵律的文学作品。诗歌具有以下特征。

第一，诗歌具有强烈的情感和丰富的想象。诗歌是以情感表达为指向的，这是诗之所以成为诗的必要因素。丰富的想象也是如此，诗歌中所描绘的客观事物，无不是作者基于现实而想象出来的、具有艺术魅力的事物。

第二，诗歌的结构呈现跳跃性的特点。这种跳跃性不仅指外在的诗行和小节的设置，也指诗歌的内在结构、内容具有跨越性的特点，诗人可以有意识地省略或是突出某一部分的时空内

---

① ［日］厨川白村：《出了象牙之塔》，鲁迅译，7页，上海，北新书局，1935。

容，使自己的情感、想象奔腾跳跃、张弛伸缩。

第三，诗歌的语言凝练，具有节奏和韵律，富有音乐性，也讲究对语言进行"陌生化"的处理。诗歌以凝练的字句引发读者丰富的想象和再创造，韵律美和节奏的高低起伏造成了诗人情感的自由抒发。"陌生化"的处理手法是指使日常用语发生扭曲和变形，或是运用典故、外来语、冷僻字等，还可以使词性发生变化、使句式发生变异等，以增加诗歌内容和形式的新鲜感，起到打动人心的作用。

第四，诗歌有特殊的表现手法和技巧，如起兴、隐喻、象征等。起兴，就是"先言他物以引起所咏之辞"。例如，《诗经·国风·关雎》："关关雎鸠，在河之洲。窈窕淑女，君子好逑。"开篇即以雎鸠鸟雌雄合鸣、相依相恋的情态来兴起淑女是君子的好伴侣的联想。象征是指用具体的事物来表达某种抽象的概念或思想感情。中国现代著名象征派诗人戴望舒在《雨巷》中描绘的希望"逢着"的"丁香一样的"姑娘是具象的，但这个姑娘是诗人心中朦胧的理想和追求的象征，这个具体的形象表达了诗人心中的彷徨、迷惘和期待。

▶ 解读示例

文本链接 >>>

桥

黎明的时候，雨突然大了。像泼。像倒。

山洪咆哮着，像一群受惊的野马，从山谷里狂奔而来，势不可当。

村庄惊醒了。人们翻身下床，却一脚踩进水里。是谁惊慌地喊了一嗓子，一百多号人你拥我挤地往南跑。近一米高的洪水已经在路面上跳舞了。人们又疯了似的折回来。

东面、西面没有路。只有北面有座窄窄的木桥。

死亡在洪水的狞笑声中逼近。

人们跌跌撞撞地向那木桥拥去。

木桥前，没腿深的水里，站着他们的党支部书记，那个全村人都拥戴的老汉。

老汉清瘦的脸上淌着雨水。他不说话，盯着乱哄哄的人们。他像一座山。

人们停住脚，望着老汉。

老汉沙哑地喊话："桥窄！排成一队，不要挤！党员排在后边！"

有人喊了一声："党员也是人。"

老汉冷冷地说："可以退党，到我这儿报名。"

竟没人再喊。一百多人很快排成队，依次从老汉身边奔上木桥。

水渐渐蹿上来，放肆地舔着人们的腰。

老汉突然冲上前，从队伍里揪出一个小伙子，吼道："你还算是个党员吗？排到后面去！"

老汉凶得像只豹子。

小伙子瞪了老汉一眼，站到了后面。

木桥开始发抖，开始痛苦地呻吟。

水，爬上了老汉的胸膛。最后，只剩下了他和小伙子。

小伙子推了老汉一把，说："你先走。"

老汉吼道："少废话，快走。"他用力把小伙子推上木桥。

突然，那木桥轰的一声塌了。小伙子被洪水吞没了。

老汉似乎要喊什么，猛然间，一个浪头也吞没了他。

一片白茫茫的世界。

五天以后，洪水退了。

一个老太太，被人搀扶着，来这里祭奠。

她来祭奠两个人。

她丈夫和她儿子。

——统编版六年级上册

《桥》是河北作家谈歌早期创作的微型小说，通篇仅 700 字左右。用曲折的情节不断深化主题；用简短的文字、精妙的修辞来渲染环境；用准确的用词、传神的描写，塑造人物形象；用悬念的设置、出乎意料的结尾给读者带来心灵上的冲击等，都体现出微小说的特征。

一、跌宕起伏的情节

文章在事件的发展上，以洪水为线索，以唯一的桥为地点，以时间为"经"，以事件为"纬"，形成了"逃生——指挥——遇难"的情节曲线，其中以"老汉指挥过桥"为主体事件展开详细叙述；同时，洪水越来越大的外在环境变化与人们努力逃生的内驱动力及主动行为，形成了一条"惊慌——镇定——悲痛"的情感发展线，体现了情感的变化。[1] 这样不断加剧的人与环境、人与人、人的内心世界等方面的多重冲突交织在一起，推动了情节的发展，一直到文章的高潮，随后，随着洪水的退去而结尾。

二、设置悬念的结构艺术

故事一开始，山洪暴发，洪水从山谷的南面袭来。由于山谷的东、西方向没有路，受惊的人们只能通过北面的一座窄窄的木桥奔向安全地带。然而木桥窄小，一百多号人只能排成一队通过。这危急的背景就是作者设下的悬念，到底这些人能不能脱险？读者的心一下子就被紧紧地抓住了，自然会迫不及待地看下去。接着，作者继续设下悬念，在过桥的队伍旁边，党支部书记——一个即将退休的老汉把一个小伙子从等待过桥的队伍中揪出来，叫他排到队伍的最后。正当读者

---

① 参见卢晓荣：《在语言的穿行中教学"语用"——以〈桥〉一课教学为例》，载《新教师》，2014（1）。

惊讶于小伙子只是"瞪了老汉一眼"而无别的怨言时，作者又写到只剩下他们两人时小伙子让老汉先过桥，而老汉却把小伙子推上了桥。就在这时悲剧发生了，木桥塌了，老汉和小伙子都被洪水吞没了。老汉和小伙子的行为让读者百思不得其解，小伙子为什么乖乖听老汉的话？过桥时小伙子为什么让老汉先走？而老汉为什么先把小伙子推上了桥？这时因为悬念而激起的读者的好奇心已经到达了顶峰，让人不看到结尾就决不罢休。可是作者却不急于揭示原因，只写了洪水退去后，一个老太太来祭奠两个人，一个是她的丈夫，一个是她的儿子。故事到这里戛然而止，并没有点明谁是她的丈夫，谁是她的儿子，然而读者已经恍然大悟。原来老汉和小伙子是一对父子，这样，他们之前的行为也就有了合理的解释，读者不禁为老汉这个共产党员在生死攸关之际舍己为人的高尚品德所震撼。小说通过悬念的设置，控制了文章的节奏，欧·亨利式的结尾出人意料，却又在情理之中，使内容更具戏剧性，比一般的平铺直叙更具有震撼人心的艺术效果。

三、简洁生动的环境描写

《桥》全文 700 字左右，环境描写占了很大篇幅。大篇幅的环境描写，都是铿锵有力的短句。试读：

> "黎明的时候，雨突然下大了。像泼。像倒。"
> "山洪咆哮着，像一群受惊的野马，从山谷里狂奔而来，势不可当。"
> "近一米高的洪水已经在路面上跳舞了。"
> "死亡在洪水的狞笑声中逼近。"
> "水渐渐蹿上来，放肆地舔着人们的腰。"
> "水，爬上了老汉的胸膛。"

这些形象生动的环境描写，表现了洪水灾害的瞬息万变。作者不动声色，不做铺排，用简短有力的句子，具有画面定格般的表达效果，给读者充分的想象空间，读来使人如临其境，紧张得令人窒息。将整个事件置于危急的氛围中，不仅推动了情节的发展，而且凸显了老汉临危不惧、舍己为人的形象。

四、典型、丰满的人物形象

《桥》正是在情节的不断推进中，使老汉这个主要人物形象在与环境的斗争中得以立体建构的。离开了人物活动的环境，人物的一言一行就失去了根基。作者重点描写了老支书在三个危险时刻的表现，在洪水没过膝盖、没过腰、没过胸膛这三个生死关头，他的每一次选择，都是那样果决：

> "桥窄！排成一队，不要挤！党员排在后边！"

　　"可以退党，到我这儿报名。"

　　"你还算是个党员吗？排到后面去！"

　　"少废话，快走。"

　　这些简洁快速的短句式言语，推动了情节的发展，表现出当时情况紧急，不容拖沓；更是塑造老汉这个基层党支部书记高大形象的重要手段。他在危急关头临危不乱，在生死关头毫不犹豫，展现了普通共产党员的博大胸怀。据作者自己说，这篇小说写于1988年，是将自己遇见过的普通优秀党员的事迹和品质综合到一起，塑造出的一个基层党支部书记的典型形象，以此来讴歌共产党员的党性和胸怀。[①]塑造人物形象是小说的核心，由此我们就可以理解为什么事件发生的时间、地点、人物姓名都是模糊的，只是营造了一个特定的环境——洪水到来，为人物活动提供了一个特殊场合——生死关头，因为这些都是为塑造人物形象服务的。当然这不免有"主题先行"之嫌，但由于作者高超的写作技巧，提高了小说的可读性和感染力。

　　《桥》是统编版六年级上册中的一篇课文，是学生第一次接触到这样完整的典型文学体裁课文——小小说，而且其表达方法和语言特色是如此个性鲜明，自有其教学价值。结合本文在教材单元编排的位置，本文的教学内容应确定为：①全文用线索、伏笔、悬念层层推动情节发展的结构方式；②具有典型意义的人物形象。

▶ 拓展阅读

从两版教材看《桥》教学进展与问题

一、选编课文特点梳理

　　《桥》是一篇新老教材都入选的课文，这篇课文在两版教材中的编排有较大差异，现以人教版和统编版两版教材为例，从单元位置、单元组合、单元主题、阅读训练要素、课后习题几方面做一编排梳理和综述。

　　在人教版教科书中，《桥》被安排在五年级下册"他们让我感动"单元，同单元入选的文章讲述的都是一些感人的故事，突出令人感动的人物形象，让学生在阅读中去体会那令人震撼的情感，阅读训练要素以悟情为主，在课后习题的安排上则以"老汉是个怎样的人"这样的人物形象感受为主问题。统编版教材中，《桥》一课调整到六年级上册，单元主题为"小说单元"，阅读训练要素也明确提出了小说的三要素：情节、环境、人物，在课后习题的设计上，2~4题分别针对小说三要素中的人物、环境、情节发问，引发学生思考。

　　从以上教材编排的变化上我们不难发现，统编教材在选文、编排理念上和以往教材有很大

---

　　① 参见项飞：《小学生到底要不要学"红色主旋律"课文——对话谈歌》，载《小学教学（语文版）》，2012（6）。

的不同，其中有一个重要改变就是强调文体意识。文体意识淡化一直是小学语文教学的通病，虽然人教版教材在最后一道课后习题已经开始关注《桥》作为一篇小小说在情节表达上以及环境描写上的特色，但是困于单元主题的限制，教师在实际教学中会弱化对于这个问题的处理，转而突显"感动的事和人"。再看统编版教材，从三年级开始，每一学年都专门编排一个"文体单元"，"小说单元"被安排在六年级上册，教学时要求师生关注"这一类"文体的特点，引发教者对"小说教学怎么教"的深度思考，也标志着文体意识在小学语文教材中得到彰显和回归。

二、教学内容的选择与变化述评

从课标的表述中，虽然我们没有明确看到对"小说"这一文体提出具体的目标要求，但是鉴于统编版教材六年级上册单独出现的"小说单元"及五、六年级教材中大量选编小说作品，我们不得不重新回过头来审视课标要求。笔者认为，第三学段的课程教学目标是将小说放在"叙事性作品"这样一个相对宽泛的表述中提出来的，有别于第四学段"文学作品"以及高中课程标准中"阅读古今中外诗歌、散文、小说、剧本等不同体裁的优秀文学作品"的具体要求。本文收集了9篇公开发表的《桥》一课的教学课例，按发表的时间顺序对9则教学课例进行编号，并把教学过程进行罗列、比较。

可以看出，在9则课例中，只有课例6和课例9是将《桥》作为一篇小说来教学的，其余的7则课例基本上围绕着"感受洪水之大—感受老汉的品质—理解桥的含义"这样一个思路开展教学。彼时《桥》这篇课文还在主题为"他们让我感动"这个单元中，教师们基本都是把这篇小小说作为纪实作品在教学，重点在感受人物形象的感动与伟大，甚至拓展升华到生活当中真实的事件和人物当中去，这和小说"虚构的生活"的文体特点是相悖的。课例6的执教老师根据这篇课文小说文体的特点，在教学设计时关注到了这篇小说环境的描写、人物的形象和情节的设计，在小说"教什么""怎么教"上做出了很好的探索。

三、教学主问题的设置述评

一个好的问题设计具有方向性和指导性，是教学内容的选择和教学思路的呈现，也是学生思维的表现形式。我们不妨来看看这9则课例的问题设计，看看教师们到底想教什么。

我们可以发现，除课例6外，2019年之前的7则课例基本围绕"感受洪水之大—感受老汉的品质—理解桥的含义"的教学过程在发问，问题的设计和教学思路一致。但课例4和课例8的结尾，执教者关注了文章的表达特点。课例6在讲人物、环境和结尾时，都将小小说的文体特点贯穿其中，总结出了此篇小说"语言简洁""环境衬托""结局巧妙"三个特点，让我们看到内容学习和表达领悟的高度统一，是一节十分典型的从"教课文"转向"教语文"的示范课。课例9中，教师已经明确地提出这是一篇小说，紧扣单元语文要素"读小说，关注情节、环境，感受人物形象"来选择教学内容和设计教学问题。

四、反思与小结

长期以来，一线语文阅读教学中存在模式化、短路化的问题，不论什么课文，不管什么文体，一律按照"讲读课"的模式，内容分析满堂灌，人物标签随处贴，造成阅读教学的效率低下，这种单一的教学模式让学生难以获得独特的阅读体验，从而失去阅读的兴趣。语言文字的运用就涉及言语的表达形式，教学一类文体就得体现这一类文体的共同特征。《桥》一课从最初的人文性倾向到统编教材中的文体回归，是小学语文教材编排上文体意识的彰显和强化。

回到小说，小说的三要素是一个整体，人物行动构成小说情节，人物也在情节中展现个性特点，而情节又在一定的环境中发生，环境同时又影响着情节的推动与发展。三要素共同构成小说虚构中的"可能的世界"。《桥》这篇小小说被编排为统编版教材六年级上册"小说单元"的第一篇文章，带领学生初识小说文体。情节上设置悬念、结局巧妙；人物集中塑造，关系让人意外；暴雨洪水的描写，用环境衬托人物形象，推动情节的发展，三者相互交织，凝练成了一篇六百余字且意味深长的小小说。那么，在讲授这篇课文时，教师的主要任务就是理清情节，读懂人物，认识环境描写对表现人物的作用，摒弃贴标签式的问题设置"老汉是个怎样的人"，转而从两条路径入手，一是从意外的结局中反观前文，在人物表现中寻找这样情节设置的"情理之中"，二是环境描写不能只停留在感受局势的危急上，而要看到这样的环境下主人公表现的与众不同，从而衬托出人物形象。通过这篇文章的教学，帮助学生建立起对小说文体的初步认识，为接下来的两篇课文学习做铺垫。

王荣生教授说："依据体式来阅读，是阅读的通则；依据文本体式来解读课文，把握一篇课文的教学内容，是阅读教学的基本规则。""文无体不立"，不同的文体就应有不同的阅读姿态和方式，教学不同的文体，应当有不同的教学策略和方法。

——节选自肖荔：《从两版教材看〈桥〉教学进展与问题》，

载《课程教材教学研究（小教研究）》，2020（Z3）。

想一想，练一练

1. 小说的定义是什么？它有哪些特征？

2. 如何理解散文的"形散神聚"？结合对统编版教材五年级上册《忆读书》的分析谈谈自己的理解。

3. 诗歌的特征是什么？

参考文献

[1] 王先霈. 文学文本细读讲演录. 桂林：广西师范大学出版社，2006.

[2] 童庆炳. 文学理论教程（第四版）. 北京：高等教育出版社，2008.

[3] 罗晓晖. 方法与案例：语文经典篇目文本解读. 上海：华东师范大学出版社，2017.

第四章

中国古代文本解读理论撷片

读书之法，在循序而渐进，熟读而精思。

——朱熹

知识地图

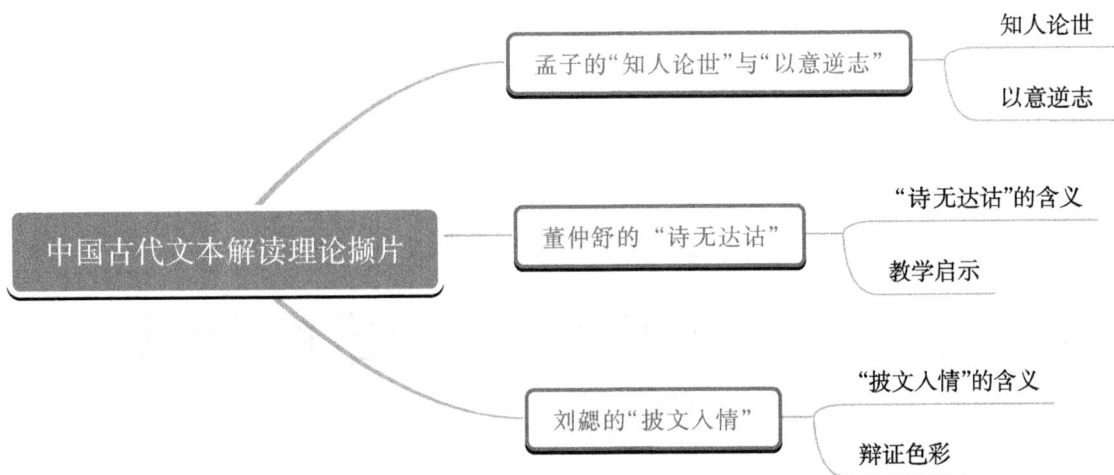

学习目标

1. 了解"知人论世"与"以意逆志"的内容。

2. 了解"诗无达诂"的内容。

3. 了解"披文入情"的内容。

4. 结合实际,理解中国古代文本解读理论在当下的作用和价值。

第一节　孟子的"知人论世"与"以意逆志"

我国早在先秦时期就出现了对于文本解读方法的探讨，以后逐渐形成了中国古代文学解读理论，展现了自先秦以来的学者们对文学的看法和评论。"知人论世"与"以意逆志"说强调追寻作者的创作意图，结合创作背景理解作者情感，实现读者与作者的心灵沟通。

▶ 理论聚焦

孟子（前 372—前 289），名轲，战国时期邹国人，是孔子的孙子子思门人的学生。孟子继承和发展了孔子的学说。他强调文艺的教化作用，在文学批评上，提出了"知人论世"和"以意逆志"的文本解读原则与方法。"知人论世"主要指文本背景的解读，意在解读文本时要关注作者背景和社会背景；"以意逆志"主要指文本内容的解读，意在解读文本作者的思想情志。

一、知人论世

"知人论世"的原则出现在《孟子·万章下》中。孟子提出"颂其诗，读其书，不知其人，可乎？是以论其世也，是尚友也"。也就是说诵前人之诗和读前人之书时，不了解前人是不可以的，而要了解前人的创作背景，就要和前人（作者）做朋友。也就是"读其书知其人"。先秦时代，论者常通过介绍作者创作的背景材料，帮助读者了解作者的创作心理，以便更加了解作品的内涵。

"知人"即了解、理解诗人或者诗文作者。这里的"人"一是作为社会的人，如他的生活经历、社会遭遇、思想渊源、家世交游等；二是作为个体的人，特别是艺术的创作者，如他特定的主观条件，像个性气质、艺术修养、审美情趣、创作才能等。"知人"涉及的是作者与作品的关系，由于前者在一定程度上制约、规定着作品，因而对其人其事的研究成为理解作品不可或缺的环节。

"论世"中的"世"指作者生活的时间与空间，即一定时期、一定范围内的自然和社会，包括经济的兴衰、政治的治乱，乃至典章制度、文化思潮、风俗习惯等。"论世"强调的是文学作品与其产生时代的社会生活的必然联系。如楚辞奇丽的风格，受到战国时期诸子蜂起、处士横议的放言恣肆的时风影响；而志深笔长的建安风骨的形成，又与当时世积乱离、风衰俗怨的社会密切相关。①

---

① 邵滢：《"知人论世"与文学批评》，载《赣南师范学院学报》，2010（4）。

二、以意逆志

　　"以意逆志"说出现在孟子对咸丘蒙的批评中。咸丘蒙曾经评议过《诗经·小雅·北山》中的诗句，"舜之不臣尧，则吾既得闻命矣。《诗》云，'普天之下，莫非王土；率土之滨，莫非王臣。'而舜既为天子矣，敢问瞽瞍之非臣，如何？"咸丘蒙认为《诗经·小雅·北山》中"率土之滨，莫非王臣"的诗句与尧舜的事相矛盾，尧让位给舜，但舜不以尧为臣，他等到尧死去后才继位；舜的父亲瞽瞍在舜为王后，也不算他的臣民。孟子批驳咸丘蒙这样理解诗句是错误的，他认为论诗不能"以文害辞""以辞害志"，而要"以意逆志，是为得之"。[①] 即论诗不能因为文辞而影响对诗句的理解，对诗句的解读不能影响诗的真正意思，不能断章取义。

　　"以意逆志"的意思就是论诗者通过对作品意象的体会来反推诗人的创作真意。它要求论者或读者以尽可能细腻的内心体验去揣度作者的创作用心，它强调的是读者的能动作用，要求读者在赏析文本时进行"心解"。总的来说，"以意逆志"体现了对读者——作品——作者三者关系的考察。这种批评原则要求我们在批评实践中要做到细读文辞，揣摩文意；融入自我体验，体会文中情趣，在此基础上再超越生发。如对于杜牧《山行》一诗，我们就可以把自己在山中行走欣赏美景的体验融入诗篇赏析，从而更好地体会"白云生处有人家""霜叶红于二月花"等诗句之妙，同时进一步明了杜牧创作此诗时的心意。

　　孟子不仅提出了"知人论世"和"以意逆志"的批评理论，还践行了他的理论。当时曾有人评价《诗经·小雅·小弁》是不孝的"小人之诗"，因为他抱怨君父，孟子则认为这种评论太固执。他举例子说，如果一个人看到陌生人要犯杀人之罪，他会不关痛痒地谈笑阻止；如果他看到自己的亲兄弟要犯同样的罪，就会心急如焚地劝阻，这没别的原因，前者是陌生人，后者是亲人，对亲人越亲近，劝阻的言辞就越激烈，以此人之常情推断《小弁》之怨，正是体现了亲人间的真挚情感。孟子从《小弁》的创作背景出发，看到此诗所深蕴的情感，然后推求此诗作者的意图，从而达到对诗歌的深刻理解。

　　总的来说，孟子提出的"知人论世"与"以意逆志"的原则与方法提醒人们在解读文学作品时，首先应客观地了解文本作者创作的时代背景，强调读者的参与认知，重新建构作者的精神世界，避免误读和附会，然后把握作品的意蕴，最后对文辞的得失做出评价。这种方法和原则，对后世的中国文学批评和文本解读产生了深远的影响，王国维在《玉溪生诗年谱会笺序》中说："由其世以知其人，由其人以逆其志，则古诗虽有不能解者寡矣！"[②] 也就是说，掌握了这两种批评方法和原则，就能成为一个合格的批评者。直到今天，"知人论世"与"以意逆志"的批评原则与方法在解读小学语文教材时，仍然具有重要的理论参考价值。

---

①　转引自赖力行等：《中国古代文论》，31页，海口，南海出版公司，2008。
②　转引自赖力行等：《中国古代文论》，34页，海口，南海出版公司，2008。

▶ 解读示例

文本链接 >>>

落花生

我们家的后园有半亩空地。母亲说："让它荒着怪可惜的，你们那么爱吃花生，就开辟出来种花生吧。"我们姐弟几个都很高兴，买种，翻地，播种，浇水，没过几个月，居然收获了。

母亲说："今晚我们过一个收获节，请你们的父亲也来尝尝我们的新花生，好不好？"母亲把花生做成了好几样食品，还吩咐就在后园的茅亭里过这个节。

那晚的天色不大好，可是父亲也来了，实在很难得。

父亲说："你们爱吃花生吗？"

我们争着回答："爱！"

"谁能把花生的好处说出来？"

姐姐说："花生的味道很美。"

哥哥说："花生可以榨油。"

我说："花生的价钱便宜，谁都可以买来吃，都喜欢吃。这就是它的好处。"

父亲说："花生的好处很多，有一样最可贵。它的果实埋在地里，不像桃子、石榴、苹果那样，把鲜红嫩绿的果实高高地挂在枝上，使人一见就生爱慕之心。你们看它矮矮地长在地上，等到成熟了，也不能立刻分辨出来它有没有果实，必须挖起来才知道。"

我们都说是，母亲也点点头。

父亲接下去说："所以你们要像花生，它虽然不好看，可是很有用。"

我说："那么，人要做有用的人，不要做只讲体面，而对别人没有好处的人。"

父亲说："对。这是我对你们的希望。"

我们谈到深夜才散。花生做的食品都吃完了，父亲的话却深深地印在我的心上。

——统编版五年级上册

中国现代文学史上的著名作家许地山的散文《落花生》，一直被收入我国语文教材，被视作散文教学的经典。这样一篇创作于 20 世纪 20 年代的不足 600 字的短小散文，在今天提倡多元解读的语文课堂上，被赋予了众多的主题内涵。多数老师围绕着"人要做有用的人，不要做只讲体面，而对别人没有好处的人"的主题进行探讨，对学生进行思想品德教育，但也有人既肯定做人要像落花生那样朴实无华，也肯定桃子、石榴、苹果这种不仅有实用价值，而且外表也好的人生态度，[1] 还有人认为这是一篇怀念父亲、赞美父爱、缅怀亲情的抒情小散文 [2]，甚至有人认为文

---

[1] 叶鹏贵：《让学生的个性在课堂上张扬》，载《小学教学设计》，2005（28）。
[2] 肖家华：《〈落花生〉异读》，载《福建论坛（社科教育版）》，2006（8）。

中暗示了母亲的为人就像落花生，为孩子们做出了榜样①。当然，也有些老师认为这篇文章已经不适应今天的潮流，不应该出现在今天的课堂上了。②在语文课堂上，教师和学生对于经典文本做出个性化解读，虽然无可厚非，但这种解读依然不能脱离作者、文本太远，否则便有滑向臆想的危险，背离语文教学的初衷。

中国传统文学批评理论认为解读文本时要"知人论世"，即了解作者的生活环境、个性气质有助于读者更好地理解文本。对《落花生》的解读，对它文化深意的了解，必然离不开对作者创作的心路历程和所处社会环境的了解。如果把《落花生》这篇文章放到它产生的时代背景和作者生平经历、思想探求的语境下来看，我们会发现它之所以能够成为经典的内在原因和今天的教学价值所在。

一、从许地山的人生态度看《落花生》主题

1922 年，29 岁的许地山以落华生为笔名在《小说月报》杂志上发表了散文《落花生》，引起了巨大反响。该篇自此成为传世名篇，后收入许地山代表性的散文集《空山灵雨》中。许地山写作《落花生》之际，正是以新文学革命为先锋的五四新文化运动使中国社会发生裂变之际，社会上的各种新思潮冲击着国人头脑中积淀日久的封建思想，新一代知识分子在时代的洪流中重新思考人生的意义，寻找人生的方向。

许地山出生在台湾一个爱国志士的家庭，受到五四运动的深刻影响，他和同为现代文学大家的沈雁冰、郑振铎等人组织了文学研究会。文学研究会在当时的宗旨就是"研究介绍世界文学，整理中国旧文学，创作新文学"，积极倡导白话文创作，而且主张文学是"为人生"的，即文学要讨论有关人生的一般问题。在对人生意义的探讨中，许地山时刻关注现实的人生，认为人们应当埋头苦干并默默奉献，然后平静地接受命运的安排。他在另一代表作——小说《缀网劳蛛》中说："他不晓得那网什么时候会破，和怎样破法，一旦破了，他还暂时安安然然地藏起来；等有机会再结一个好的……所有的网都是自己组织得来的，或完或缺，只能听其自然便了。"由此我们就理解了《落花生》行文中的那种似乎过滤掉了人生苦难的自然平和、心静如水的情感的根本所在。

许地山在《宗教的认识》一文中进一步表达了他对人生的看法，认为人不单要和他的潜伏的原始冲动相周旋，更要和知识所带来的各种毛病，如骄傲、虚伪、曲解等相对峙，人若想恢复他的本来自我，就要先变成无虚伪的赤子，把围绕在他周身的社会地位、阶级虚荣等毛病完全拆除，并将那些遮掩灵魂缺陷的外衣脱掉。这几乎可以看成《落花生》主题"人要做有用的人，不要做只讲体面，而对别人没有好处的人"的补充说明。许地山同时主张一方面要保持对人生的积极进取，另一方面要保持冲淡平和；一方面要努力为人生，另一方面又要朴素内敛，就像在黑暗的地下充实着自己的落花生。熊佛西曾经在《悼许地山教授》一文中写道："记得有一次我问他为什么取'落华生'的笔名，他说：'落华生'就是'花生'的俗名；别的果实大都是挂在树尖上招

① 方德伦：《从父亲到母亲——〈落花生〉文本解读新视角》，载《小学语文教师》，2014（9）。
② 陈建新：《〈落花生〉真的过时了吗》，载《现代教育科学（小学教师）》，2015（1）。

引人们的注意，深怕人们看不见它们的光泽与颜色，只有落花生是在土里结实而不向外招摇的！"

可见，《落花生》是将大道理寓于小故事中的说理之作，是许地山以虚构的[①]艺术形式表达自己对人生的思考。由此我们也就理解了为什么作品中的时间、地点甚至人物身份都比较模糊，仅以父子两代人的对话为主体内容，因为传达这几乎具有普遍价值意义的主题才是作者的写作目的。落花生的精神，不仅是作者的自我要求，而且是对五四运动后的中国新青年所作的人生指引。唯其如此，《落花生》才能够经久不衰、历久弥新地在一代代语文课堂上为青年人所学习、欣赏。

二、新文学革命与《落花生》的语言艺术

虽然《落花生》全篇不足 600 字，却写得言浅意深、辞近旨远，不仅表达了朴素而深刻的人生哲理，而且是中国文学现代性的一个标杆，是白话文创作的一个范例。

以白话文创作为代表的新文学革命成为五四新文化运动的发轫，当时涌现的大量白话文著作将汉民族书面语发展到现代汉语阶段。但不可否认的是，在早期，不少白话文学创作的语言表达或多或少保留了文言色彩，或具有明显欧化的倾向。而《落花生》选取的大多是日常生活话语，其语句的基本结构形态与今天的汉语句式并无大的区别，如同拉家常般娓娓道来，没有刻意修饰和提炼，保持鲜活的生活本色，亲切自然，真实感人。语言表达风格与文章主题的高度统一，不仅表明许地山白话文创作的技巧纯熟，而且证明现代汉语白话文已经摆脱文言文和外来语言的影响，与当时口语紧密相连，成为成熟而富有表现力的书面语言，因而《落花生》在当时的文坛颇受瞩目。

在文章结构安排上，《落花生》按照故事发生的自然顺序——种花生、收花生、吃花生、议花生进行叙述，从花生讲到做人，由叙事引出说理，简洁干练，有条不紊，体现出西方说理文的风格特点；而文章中对中心内容"收获节"聚会的描述，几乎全部是平实的对话。这种自然朴实的写法，又与先秦诸子散文中常用对话来透彻说理的写法一脉相承，反映出作者布局谋篇的精巧成熟；所以《落花生》堪称现代白话文著作的代表，为现代汉语的书面表达提供了范例。

三、《落花生》的教学价值

《落花生》通过叙述一次家庭活动，引出一个为人处世的道理，这种写法可以作为小学第三学段的习作范例；而它精悍完整的结构、材料详略得当的剪裁、自然平实口语化的语言，都拉近了小学生与经典的距离，使之成为可以模仿的例文。唯其如此，它才作为几十年来的传统篇目一直保留在语文教材中。《落花生》的写作方法，应当成为其主要教学内容，通过阅读理解，让学生通过这样的表达技巧来理解"人要做有用的人，不要做只讲体面，而对别人没有好处的人"这个主题在今天的深刻内涵。

---

① 沙蓬：《"落花生"家族史 "牧马人"救赎说——许地山之子周苓仲11年前采访录》，载《台声》，2014（5）。

周苓仲在其中明确地说："《落花生》是我父亲写的散文，文中那些孩子是我父亲那一辈，是我父亲讲他父亲那一辈的事，而且是虚构的。"

▶ 拓展阅读

《落花生》儿童情感教育价值探微

《落花生》是许地山先生于1922年创作发表的散文，是小学语文教材中的经典篇目。以往学界侧重于对其哲理主题的探究以及相关教学设计的研讨，而鲜从对儿童的情感教育价值视角进行分析。朱光潜在《情与辞》中说："不表现任何情致的文字就不算是文学作品。"作者的感情往往会通过某些事物表达出来，"以事抒情""托物怀思"是散文常用的抒情方法。因此，探讨《落花生》对儿童的情感教育价值有其必要性和现实意义。

一、真挚情感的熏陶价值

文章开篇写母亲提出让隙地荒芜着怪"可惜"，因为孩子们"爱吃花生"而提议辟来做花生园，表现了母亲对孩子们的理解和关怀，也体现了母亲的民主作风。作者对母亲慈爱和勤俭的赞赏之情隐含其中。"我们几姊弟和几个小丫头都很喜欢"，既表现了作者对母亲提议的佩服之情，也表现了几姊弟与几个小丫头之间的亲密友善感情。孩子们齐心合力种花生并获得丰收，表现了合作劳动的快乐、对收获的期待、通过自己的劳动获得丰收的喜悦心情。接着写母亲提议"做一个收获节，请你们爹爹来尝尝我们底新花生"，"我们"都答应了，表现了作者对父亲的期待、依恋之情。"母亲把花生做成好几样底食品，还吩咐这节期要在园里底茅亭举行"，表现了母亲的能干和有情趣，也暗含着作者对母亲的欣赏之情。

接下来写一家人议论花生的好处。父亲提出问题："你们爱吃花生么？""谁能把花生的好处说出来？"在孩子们充分发言的基础上，父亲将花生与好看的苹果、桃子、石榴进行对比，并语重心长地告诫孩子们"要像花生，因为它是有用的，不是伟大、好看的东西"。父亲引导孩子们明白"人要做有用的人，不要做伟大、体面的人"的道理，并明确表达"这是我对于你们的希望"。作者详写父亲的教诲，既有对落花生潜心修炼、不忘初心、不事张扬、有用于人、默默奉献精神的礼赞，又有对父亲价值观的认同感和自豪感，还有对父亲循循善诱的教育技巧、正直睿智的高尚品格的崇敬之情。议花生部分的家庭气氛和谐、民主、快乐，字里行间充满了幸福感和踏实感、归宿感。

二、朴素表达的仿效价值

工具性和人文性的统一，是语文课程的基本特点。将深厚的感情朴素地表达出来，让人理解、同化，需要高超的技巧。作者在《落花生》中抒发了对父亲的缅怀之情，选取的是小时候的事，可见父亲对作者影响深远；讲述的是父亲借"落花生"教育孩子要做"有用"的人这件事，而这件事叩击灵魂，仅仅用文字记录还不够，以至于作者将自己的笔名取为"落华生"，可见作者对父亲的缅怀之情之深、之真、之切；以顺叙的方式即"种花生—尝花生—议花生—忆花生"的次序架构文章，条理清晰，结构简单。正面详写父亲教诲的"议花生"环节，重点突出，便于读者将注意力放到作者所要表达的情感上。这种"以事抒情"的表达技巧儿童容易仿效。《落花生》"托物怀思"，所托之物为普通的落花生，以令人欢喜之物寄托哀伤之情，表达自己对"人要做有用的人，不要做伟大、体面的人"的落花生精神的礼赞之情。作者用朴实而深情的语言，拟人、对比、排比等儿童容易理解掌握的修辞手法，破折号、感叹号、分号等标点符号，表达难于理解和同化的情感。

三、移情同情的训练价值

同情和移情是一种情绪反应，这种情绪反应能把我们与他人联系起来。同情和移情的不同在于：即使仅仅对纯粹的象征性信息起反应，诸如阅读某人悲痛的经历或听说他人不幸的遭遇，也能引发同情；移情是一种更为直接的情绪反应，是由观察者直接目睹别人的情绪状态而引发的。

教师在《落花生》教学中如何实现其情感教育价值呢？第一，引导学生深入解读文本，体会作者的情感及其表达技巧。第二，引导学生观察生活，学会体验人生，使学生感受到有意味、有情趣的人生，培养学生敏锐的感受力。第三，给学生情感表达的时间，让学生在练习中学习。

——节选自梅健：《〈落花生〉儿童情感教育价值探微》，载《语文建设》，2018（36）。

想一想，练一练

1. 如何理解"知人论世"？

2. 如何理解"以意逆志"？

3. 结合"知人论世"与"以意逆志"的思想，思考应如何解读文本，并尝试解读统编版五年级上册《白鹭》一文。

参考文献

[1] 李建中.中国古代文论（第三版）.武汉：华中师范大学出版社，2018.

[2] 朱志荣.中国古代文论名篇讲读.北京：北京大学出版社，2006.

[3] 陈瑜.论"知人论世"在小学古诗教学中的作用.语文建设，2018（9）.

第二节　董仲舒的"诗无达诂"

与西方文论相比，中国古代文论看上去有些零散，但实际上对文学的方方面面都有涉及。"诗无达诂"说认为在文学作品的解读与欣赏过程中，作品语言本身存在着多义性，再加上不同读者在阅读时心理状态不同，于是对同一文本就会产生不同的阐释。

▶ 理论聚焦

"诗无达诂"，出自汉代儒学家董仲舒《春秋繁露》卷三的《精华》篇。《诗》，指的是《诗经》；达，是明白、晓畅的意思；诂，指用当代的语言阐释古代的语言。"诗无达诂"是董仲舒针对春秋时期的"赋《诗》言志"、断章取义的传统而提出的阅读与应用《诗经》的一种方法和原则。他本着实用目的，认为《诗经》的时代已经过去了，事过境迁，对它难以解释，因此，不必忠实于《诗经》的原作，可以根据自己所处的历史语境和诗语诗义的变化对文本进行灵活解释并加以引用。

董仲舒此种解诗的观点特别表现在他对《诗经·魏风·伐檀》的解读上。《诗经·魏风·伐檀》有诗句"坎坎伐檀兮，置之河之干兮，河水清且涟猗。不稼不穑，胡取禾三百廛兮？不狩不猎，胡瞻尔庭有县貆兮？彼君子兮，不素餐兮！"这几句诗明显带有劳动人民对于身居高位者的不满，"彼君子兮，不素餐兮"是对统治者不劳而获的讥刺，董仲舒却认为这首诗是写了"君"的"先其事，后其食"，是不会尸位素餐的，他这样就完全以自己的个人感受来解诗，把一首讽刺诗变为赞美诗。

他的"诗无达诂"理论强调批评者的主体性，他承认文学鉴赏是一种审美性的精神活动，读者的主观心理在鉴赏中起到决定性的作用，读者可以充分地、有意识地从多个角度、多层次地解读文本，运用联想与想象提出自己的独特见解，大胆地说出自己的观点。他的观点客观上承认了诗歌意象的多义性与含蓄性，使诗歌的文体特性凸显出来，符合我国古典诗歌的特点。

他的观点被后世的批评家如汉代的刘向、明代的谢榛、清代的王夫之等人继承，而发展为"诗无达诂"说，成为中国古代非常有影响的文学阐释原则之一。以今天的文学批评理论来看，"诗无达诂"主要是承认诗歌的文本意义具有丰富性和不确定性，客观上允许多种解说并存，如谢榛在《四溟诗话》（卷一）中就说："诗有可解、不可解、不必解，若水月镜花，勿泥其迹可也"；而且接受者对文本意义的阐释有时会超出作者的原意，获得独立的存在价值，如金圣叹不仅看到了接受者对《西厢记》的阐释，"文者见之谓之文，淫者见之谓之淫"；还说："圣叹批《西厢记》是圣叹文字，不是《西厢记》文字。天下万世锦绣才子读圣叹所批《西厢记》，是天下万世才子文字，不是圣叹文字"。[①] 但金圣叹并没有否认接受者对文本的理解，而是强调了各自的不同，认为这是文学欣赏的正常现象。

---

① 周甲辰：《"诗无达诂"论》，载《现代语文》，2006（9）。

　　"诗无达诂"说给了语文教学以极大的启示，那就是在阅读教学中一再强调的"个性化解读"。"个性化解读"不仅是文学批评理论的要求，也是解放学生思维、培养理解能力、发展想象能力的一种有效教学方式。

▶ 解读示例

文本链接 >>>

清平乐·村居

（宋）辛弃疾

茅檐低小，溪上青青草。醉里吴音相媚好，白发谁家翁媪？

大儿锄豆溪东，中儿正织鸡笼。最喜小儿亡赖，溪头卧剥莲蓬。

——统编版四年级下册

　　《清平乐·村居》是辛弃疾创作的一首描写田园生活的词。鉴于南宋偏安于江南的社会现实，贯穿辛弃疾词作的基本思想和主线就是收复中原的信念和强烈的爱国主义精神，如他的《水调歌头·寿赵漕介庵》中"要挽银河仙浪，西北洗胡沙"表现了他的英雄气概，《破阵子·为陈同甫赋壮词以寄之》中"了却君王天下事，赢得生前身后名，可怜白发生"表现了他壮志难酬的痛苦。他也写了许多描写农村生活的作品，《清平乐·村居》是作者晚年因遭受弹劾、排挤而隐居上饶时所写。对于此词究竟表达了作者怎样的思想情感，人们理解不一。

　　邓广铭《稼轩词编年笺注》认为，此词写于辛弃疾居于带湖的最初几年内，历史上正是南宋淳熙九年至十一年（1182—1184）。淳熙九年，江浙两淮地区大旱，蝗灾严重，民不聊生；淳熙十年，好朋友朱熹又被弹劾；淳熙十一年，边境误传军报，朝野一片惊慌。偏安于一隅的南宋既有内忧，又有外困，政坛混乱。词人此时正值壮年，却被免官，只能隐居于乡间。对于一位慷慨激昂，曾经率领义军抗击金兵、力主收复北地的英雄文人来说，这是一个抑郁难平、壮志难酬的时期，他的内心极其痛苦和苦闷。因此结合作者的人生际遇，词作主要是对理想中和谐、宁静、安逸、舒适的田园风光的描写，写的是作者的期望；因为在南宋外有强虏、内有佞臣的社会现实中，这种愿望是难以实现的，所以在表面的和平、安静的生活下是作者暗涌的悲愤。词作的上阕出现了"醉里吴音相媚好"一句，"醉"字是为关键，饮酒是因为高兴，还是借酒浇愁，"酒入愁肠愁更愁"？

　　也有研究者认为作者以朴实的语言，运用白描手法，展现了村居的生活和居住环境，就是江南的一个小山村的真实再现。"醉里吴音""白发翁媪""大儿锄豆""中儿正织鸡笼"以及小儿"卧剥莲蓬"，这些都活脱脱是对江南一带农村生活的描写，这就是作者对平和、宁静的村居生活的客观呈现，作者的情感是平和舒缓的。

上述对辛词的解读都带有读者自己的感悟和体会，我们不能说哪个是对辛弃疾此词的正解，哪个是误解，只要没有对词中意境进行粗暴的解读、无视词作的客观实在，那都是可以的。

▶ 拓展阅读

小学语文课文过度解读的弊端与纠正——以《清平乐　村居》教学为例

《清平乐　村居》是宋代大词人辛弃疾的词作。这是一首描绘农村的平常家庭安宁、静谧、平和生活的词。作者通过对这家老小的不同外貌和情态，以及他们的温馨的农家生活场景的描写，表现出对农村宁静生活的向往与喜爱。但在教学的过程中，我们发现教师对词中的语言或情感，过度地解读，片面地理解，从而失去了词原有的意旨和特定的时代意义。

先来看一段——

师：在辛弃疾的词中景美、人更美。（出示画面）

瞧，低矮的茅屋前，坐着两位老人，他们是什么样的？他们俩紧偎在一起，脸微微发红，为什么会发红呢？你从哪里知道的？

生：两位老人喝了一些酒，有些醉了，连脸都发红了。

出示句子：醉里吴音相媚好，白发谁家翁媪？

师：通过"醉"这个字，你知道了什么？

生：喝了一些酒，老人都有些醉了，就分外亲热。

师：他们那么亲热地靠在一起干什么呢？

生：老人你靠着我，我靠着你，正聊着天！

师：如果你就是这位老人，你会说些什么？请同桌分角色说一说，演一演。（汇报表演）

师：是啊，白发苍苍的老人，亲热地坐在一起拉着家常，一口吴音，是那么动听。他们多么快乐，好似一对神仙眷侣，多么令人羡慕啊！这个"醉"仅仅是因为老人们喝了酒吗？

生：酒不醉人人自醉，老人们也是"醉"在了这一片乡村美景之中。茅檐低小，溪上青青草。

在这堂课上，教师对"醉"的过度解读就是放大，把词原来的意思表达功能进行了泛化。"醉里吴音"就是喝醉的时候说的话，这里指吴地的软绵绵的方言。"相媚好"，媚和好都是形容漂亮，人长得好看；这里是词语的活用，形容词活用为动词，指翁和媪两个特定的人物——一对老夫妻，互相夸对方长得好看，没有其他泛指的意思，比如形容他们说很多内容复杂的有关赞景物、赞儿女的话或是对村居生活的赞美话，等等。

白天里，屋檐下，两个老人"腻歪"地互相夸对方"媚好"的场景，本来不大合常理，甚至显得有些别扭，让人产生一种不赞同、不理解、不舒服的心理。但一个"醉"字，把这种别扭"救"了回来，让这样的场景可以理解，而且觉得特别好，特别恰当。"醉"就是喝得有些微醺，以至于没有了身份的自我拘囿，不妨"放开"了一点。在"醉"中两人仿佛回到了年轻时代，就像初恋的情侣一样，是"醉"让他们穿越了时空，是"醉"让他们回到了过往。这时的"相媚好"不仅十分合理，十分自然，而且是必须的。唯独这时的"相媚好"，才能表达出一对老夫妇对过往的情感的回忆。如果过度解读"醉"是对美景的陶醉，对美好生活的醉心，那这种泛化的、过度的、扩大的解读，表面看似乎是丰满了这个词的意蕴，但恰恰是不合理、不合情、不自然、不恰当的。

辛弃疾写《清平乐 村居》，不是为了极其浓郁地渲染村居生活的无比美好和幸福，而是淡淡地将这种生活以平和的样态表现出来。然而，就是这样淡淡的、平和的村居生活，也成为过去了；这种生活的要求毫不过分，能够这样生活是天经地义的，但金兵南下改变了这一切。这就是《清平乐 村居》的作者意旨和时代价值。文本解读要知人论世，就是联系作者所处的时代以及作者的个性阅历和文学审美追求，把人物和事件放到真实的生活中去考量。而真实的生活就是指典型场景。这一个，特定的，在这时必须是这样，不能是其他的。过度解读甚至曲解的弊端是会失真，失去生活的真实性，也就失去了课文所要表达的主题的本质。

小学语文课文的解读与呈现，最应该恪守的是作者的创作规定性、教者的施教规定性和学生的接受规定性。三个规定性的统一是尊重原意、尊重事实、尊重历史、尊重儿童。不能用刻意拔高或教化先行的成人立场来任意解释文学前辈的心血，来无视儿童的学习特质。面对过度解读的弊端，纠正的策略是：把作品放到真实的、特定的、历史规定的场域里去。

——节选自孙建英：《小学语文课文过度解读的弊端与纠正——以〈清平乐 村居〉教学为例》，载《全国优秀作文选（写作与阅读教学研究）》，2019(5)。

想一想，练一练

1. 什么是"诗无达诂"？

2. 结合具体课文思考：在教学中怎样才能做到"诗无达诂"？

参考文献

[1] 李建中.中国古代文论（第三版）.武汉：华中师范大学出版社，2018.

[2] 朱志荣.中国古代文论名篇讲读.北京：北京大学出版社，2006.

[3] 邵奕楠.浅谈对"诗无达诂"的一些理解.知识文库，2018（10）.

第三节　刘勰的"披文入情"

"披文入情"说认为读者只有具备一定的文学理论知识和素养，才有能力在对作品的言辞、音律、结构、体裁特征、背景等诸方面的全面考察过程中，理解作品所传达的思想内涵和深厚情感。

▶ 理论聚焦

南北朝时期刘勰创作的《文心雕龙》一书，较全面地总结了前代的文学现象，论述了文学中的一些重要问题，改变了以往文学理论只注重细枝末节的状态，把文学理论批评推向新的阶段。

刘勰的《文心雕龙·知音》说："夫缀文者情动而辞发，观文者披文以入情，沿波讨源，虽幽必显。世远莫见其面，觇文辄见其心。"这句话的意思是，文学创作是作者的内心有所触动，需要表达，然后才用作品表现出来。文学批评却是先看作品的文辞，然后再根据对文辞的理解深入作者的内心，体验作者所表达出来的情感。这样从末流追溯到根源，即使隐微的情感细节也可以变得显豁而容易理解。和年代久远的作者，固然不能见面，但读了他的作品，也就可以理解他的心情了。这段话深刻地阐明了在文学批评中读者如何得见作者的创作主旨，这就是对后世文学解读影响极大的"披文入情"说。

如何"披文"呢？刘勰提出了具体的方法——"六观"说，要求鉴赏者一观位体，二观置辞，三观通变，四观奇正，五观事义，六观宫商，即从义理、文辞、继承发展、表现手法、音律等方面入手，全方位地来赏析作品。

"入情"则强调对作者创作心理、情感的追根溯源式的探究，哪怕它再曲折难寻或幽深难解，鉴赏者也要把它找出来，从而达到鉴赏者与创作者情感的交流。也正是因为如此，刘勰才提出了"知音"的观念，要求鉴赏者上天入地、穿越时空，也要把握作者的文心与旨趣。

刘勰也注意到"披文"的辩证色彩，他认为解文不能离开文（言辞），也不能过分拘泥于文，因为"披文"与"入情"是手段与目的的统一。因此，刘勰的鉴赏观强调通过"披文"达到对作者主观情感的关注，认为鉴赏的关键是鉴赏者与作者的情感交流。

▶ 解读示例

文本链接 >>>

麻　雀

我打猎回来，走在林荫路上。猎狗跑在我的前面。

突然，我的猎狗放慢脚步，悄悄地向前走，好像嗅到了前面有什么野物。

风猛烈地摇撼着路旁的白桦树。我顺着林荫路望去，看见一只小麻雀呆呆地站在地上，无可奈何地拍打着小翅膀。它嘴角嫩黄，头上长着绒毛，分明是刚出生不久，从巢里掉下来的。

猎狗慢慢地走近小麻雀，嗅了嗅，张开大嘴，露出锋利的牙齿。突然，一只老麻雀从一棵树上飞下来，像一块石头似的落在猎狗面前。它挓挲起全身的羽毛，绝望地尖叫着。

老麻雀用自己的身躯掩护着小麻雀，想拯救自己的幼儿。可是因为紧张，它浑身发抖，发出嘶哑的声音，准备着一场搏斗。在它看来，猎狗是个多么庞大的怪物啊！可是它不能安然地站在高高的没有危险的树枝上，一种强大的力量使它飞了下来。

猎狗愣住了，它可能没料到老麻雀会有这么大的勇气，慢慢地，慢慢地向后退。

我急忙唤回我的猎狗，带着它走开了。

——统编版四年级上册

《麻雀》节选自 19 世纪俄国现实主义作家屠格涅夫的作品集《散文诗》。屠格涅夫是具有民主主义和人道主义思想的作家，《麻雀》表面上写的是一只麻雀，实际上在表达作者对"爱"的认识，是与他的整个《散文诗》创作主题相关的。

多年来，《麻雀》的思想内涵成为教学的重点和难点。多数老师在课堂上带领学生反复品读，目的是让学生体会到老麻雀的果断与勇敢，体会到母爱力量的伟大。也有老师提出老麻雀不一定是妈妈，也可能是爸爸，所以将其主题定为对亲子之情的赞颂。有的老师则从屠格涅夫《散文诗》的创作背景出发，认为他写下《麻雀》一文的目的是号召当时的农奴起来反抗地主阶级，他想通过这个故事告诉人们，不要畏惧庞然大物，只要敢于斗争，弱小者最终是可以战胜强大者的。[1]也有老师认为文章是在赞颂爱的力量可以战胜恐惧。[2]其实，要想准确把握一篇文章的主题，最根本的还是要从文本出发，通过对语言表达的分析，来挖掘语言背后的思想意蕴，即古人所说的"披文入情"。

本文的情节非常简单：幼小的麻雀经不住狂风的袭击，从树上的巢中跌落到地上，恰恰遇到了身形庞大而且虎视眈眈的猎狗。面对这突如其来的危险，老麻雀的本能当然是要救助自己的孩子，但它面对的将是这样的结果：奋不顾身地救助小麻雀，因为力量太悬殊，结果也只能是它和小麻雀一起成为猎狗的战利品。而老麻雀如果坐视不救，还可以保全自己。但是对孩子的爱让它毅然做出了抉择：从安全的树枝上飞下来。这实质上是飞向了死亡，它不害怕吗？

这里作者细致地描写了老麻雀的表现："像一块石头似的落在猎狗面前"，作者将老麻雀比喻成"一块石头"，描绘了老麻雀因为心情急迫，因为心中恐惧，也因为决心坚定而造成的身体僵硬，它就这样僵硬着身体英勇而有力地"落在猎狗面前"。一个"落"字，似乎能让人听到"啪"的一声，不但写出老麻雀从树上飞下来时的速度之快，而且体现出爱让它在危险和恐惧面前别无选择。这个精彩的比喻，在简洁中传达出丰富的内涵。站在猎狗的大嘴面前，老麻雀"挓挲起全身的羽毛，绝望地尖叫着"，"挓挲"是个口语词，形容全身的毛都有力地夯起来，是小动物

① 张元进：《老师们，请多读点书吧》，载《小学青年教师（语文版）》，2006（3）。
② 苏顺强：《爱，比死亡的恐惧更强大——我读〈麻雀〉》，载《语文教学与研究》，2000（16）。

遇到危险时的本能反应，"绝望"用在这里，表明老麻雀心里明白，这将是一场没有胜利可能的战斗，但它仍然"尖叫着"，表现出自己战斗到底的决心和气势，它唯一能做的只是"用自己的身躯掩护着小麻雀"，因为紧张、绝望和赴死的决心而"浑身发抖""发出嘶哑的声音"，准备殊死搏斗。这一连串的词语，写出的都是老麻雀的恐惧、无助和绝望，但唯独没有退缩。为什么？作者在这里插入了一句议论："一种强大的力量使它飞了下来"。这力量强大到什么程度？情节出现了出人意料的结果：猎狗"愣住了"，"慢慢地，慢慢地向后退"，强大到可以让猎狗改变其本性，老麻雀真的逼退了猎狗！这种"强大的力量"是什么？是爱的力量，这惊天地泣鬼神的爱，给了老麻雀勇气，让它战胜了死的恐惧，让猎狗暂时收敛起本性，让作者"急忙唤回我的猎狗，带着它走开"。

屠格涅夫对这种爱惊叹不已，并由老麻雀这出自本能的爱的力量，联想到永恒的人类之爱："是啊，请不要见笑。对那只小小的、英勇的鸟儿，对它的爱的激情，我是怀着虔敬之情的。我想，爱比死，比死的恐惧更强大。只有依靠它，依靠这种爱，生命才能维持下去，并使它充满活力。"这可以说是本文的点睛之笔，遗憾的是，在收入教材时，这个结尾被删掉了。也许是因为这个，众多教师对本文的主题产生了不同的认识。

从对文本词语的解读和结尾的议论中可以看出，《麻雀》一文所要赞颂的不仅是母爱的伟大，也不仅是以弱胜强的勇敢，更多的是爱的力量。屠格涅夫认为爱的力量是战无不胜的，只有爱，才是延续生命的力量之源，这与屠格涅夫作品中的人道主义主题是一致的。对于本文主题，四年级孩子理解起来可能有些困难，这也成为本文的教学难点。建议教师在教学中要抓住那些描写老麻雀恐惧的词语，帮助学生理解为什么在这么害怕而且没有胜利希望的情况下老麻雀毫不退缩，这才是理解主题的关键所在。

▶ 拓展阅读

文道融合，自然流淌——观何捷老师教学《麻雀》一课有感

《麻雀》是统编教材四（上）第五单元的第一篇课文，本单元为习作单元，语文要素是"了解作者是怎样把事情写清楚的"。《麻雀》是一篇经典课文，篇幅不长，语言高度凝练，用词精确传神，寥寥几笔就将故事中老麻雀与猎狗的形象栩栩如生地刻画了出来。如何用这篇课文指导学生把事情写清楚，何捷老师作了很好的示范。

一、目标明确，任务清晰——让学习终点可见

一上课，何捷老师就抓住单元语文要素"了解作者是怎样把事情写清楚的"，引导学生明确学习目标，并交流："你认为怎样才算写清楚？"学生先了解什么是"清楚"，即清晰、明白、有条理，再结合"交流平台"梳理出"怎样才算写清楚"——起因、经过、结果写清楚，时间、地点、人物写清楚，按一定顺序写清楚，所见、所闻、所想写清楚。最后，何老师和学生一起概括

出写清楚的"秘诀"：经典的六要素、设定好的序列、如实和读者分享。此举让孩子们更好地了解了本单元及本课的学习任务，为学习定好了航标，指明了航向。

二、循序渐进，层次分明——让学习路径可见

1. 厘清"经典的六要素"。

"屠格涅夫是怎样把事情写清楚的呢？"抛出这个问题后，何老师带领学生来厘清故事的六要素。"故事发生在什么时间？""打猎回来。""'打猎回来'是时间吗？""是时间。""到底是不是？"学生被何老师问糊涂了。哈哈，原来何老师要告诉孩子们，可以用事件来写时间，于是学生明白了：散步回来、当雪花飘落的时候……都可以表示时间。"故事的人物是谁？""'我'是人物，老麻雀、猎狗是不是人物？""怎样才算是故事中的人物呢？"对人物的又一番有意思的争论之后，师生达成共识：猎狗、老麻雀、小麻雀也是故事中的人物。在我们看来简单的时间、人物的梳理还可以自然而然地习得知识。

2. 理顺"设定好的序列"。

首先，何老师提出问题："故事的起因是什么？用'猎人、猎狗、小麻雀'三个词说说。"学生很快概括出起因：猎人带猎狗打猎回来时，看到一只从巢里掉下来的小麻雀，猎狗准备攻击小麻雀。然后，何老师出示"经过：猎狗、老麻雀、小麻雀。结果：猎人、猎狗"，引导学生分别说经过和结果。最后，同桌互相连起来说说事情的起因、经过、结果，学生说得轻松、完整，自然理顺了这个故事设定好的序列。

3. 理明"如实和读者分享"。

该如何如实和读者分享所见、所闻、所想呢？怎样把事情过程写清楚？这既是本课教学的重点，也是难点。首先，何老师配乐朗读"风猛烈地摇撼着路旁的白桦树……猎狗慢慢地走近小麻雀，嗅了嗅，张开大嘴，露出锋利的牙齿"，利用音乐和朗读恰到好处地将课文情境呈现在学生眼前。然后，何老师提问："课文是怎样写清楚猎狗的表现的？"何老师让一个学生到讲台上，其他学生读描写猎狗的句子，这个学生做动作。在这个过程中，学生体会到了怎样清楚地描写所见。最后，何老师引导学生比较"猎狗冲小麻雀露出了凶相"和课文句子，使学生进一步明白怎样清楚地描写所见。

指导朗读描写老麻雀的句子"突然，一只老麻雀从一棵树上飞下来，像一块石头似的落在猎狗面前。它挓挲起全身的羽毛，绝望地尖叫着"时，何老师出示"一只老麻雀从一棵树上飞下来"，引导学生与课文进行比较，还让学生用脚踩地，感受"像一块石头似的"，更让学生模拟老麻雀尖叫时说的话。当学生扯着嗓子喊出"不要伤害我的孩子"时，何老师顺势引导：把事情写清楚还要学会"捕捉声响"。朗读、比较、体会、模拟，学习过程清楚可见，学习路径清晰可循。

朗读"老麻雀用自己的身躯掩护着小麻雀……一种强大的力量使它飞了下来"时，何老师用"你是怎么知道老麻雀的想法的"引导学生体会写清楚还可以"追加联想"：可以是自己所想，也可以是他人所想。

在何老师一步步的引导下，学生水到渠成地悟出了怎样把事情写清楚：所见，描写细节；所闻，捕捉声响；所想，追加联想。步步递进，层次分明，循序渐进。

三、读文寻"道"，体会"秘密"——让学习深度可见

何老师以"这篇文章没写完，它还有个抒情的结尾"引出课文没有出现的结尾：

"我怀着极恭敬的心情，走开了。是啊，请不要见笑。我崇敬那只小小的、英勇的鸟儿，我崇敬它那爱的冲动。爱，我想，比死和死的恐惧更加强大。只有依靠这种爱，生命才能维持，发展下去。"

学生伴着舒缓抒情的音乐读完这段结尾后，何老师以"老师有个惊人的发现，写清楚最重要的方法就藏在这段结尾中，这段结尾中到底藏着'写清楚'的什么秘密呢"引发学生进一步思考。随后，何老师以接力解释的方式，引导学生说一说作者写清楚的秘密。当学生说出"爱的力量"时，何老师引出写文章的"道"——自己心里清楚要表达什么。此时一切已无须多言，文与道在此融合、自然流淌，学生自己探寻到了写清楚的秘密。

　　　　　　　　　——柳莉萍：《文道融合，自然流淌——观何捷老师教学〈麻雀〉一课有感》，

载《小学教学（语文版）》，2021（4）。

想一想，练一练

1. 什么是"披文入情"？

2. 结合具体课文，讨论如何辩证地理解"披文入情"。

参考文献

[1] 李建中.中国古代文论（第三版）.武汉：华中师范大学出版社，2018.

[2] 朱志荣.中国古代文论名篇讲读.北京：北京大学出版社，2006.

[3] 童庆炳.《文心雕龙》"披文入情"说.上海师范大学学报（哲学社会科学版）.2009（4）.

第五章

西方文本解读理论探微

———

　　优秀的作品无论你怎样去探测它，都是探不到底的。

——歌德

知识地图

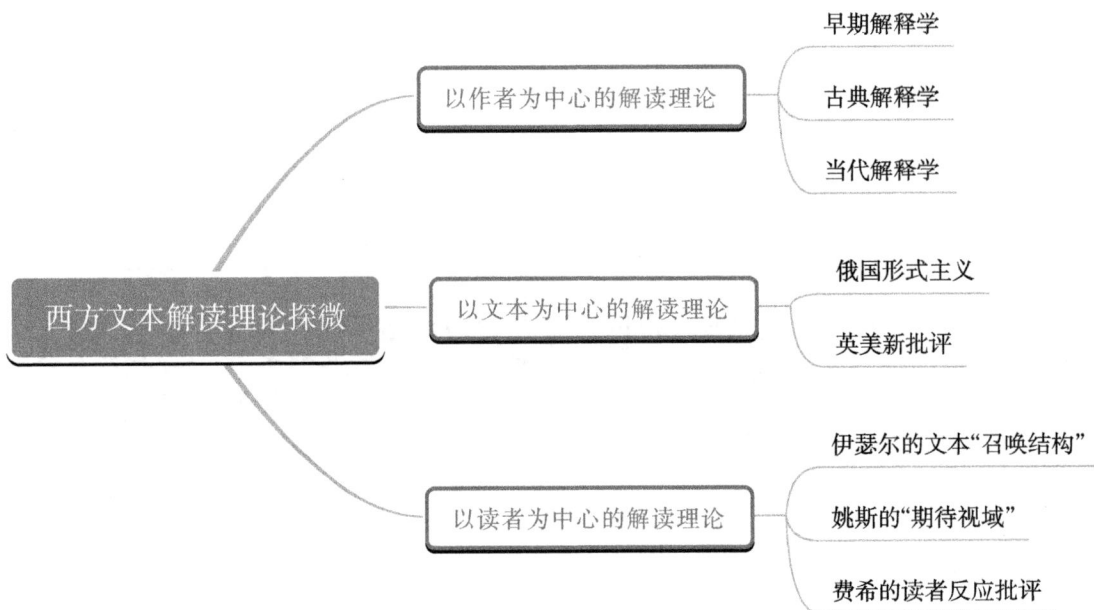

学习目标

1. 了解西方解释理论的发展脉络以及各时期的理论观点。

2. 了解俄国形式主义及英美新批评的理论观点。

3. 了解"召唤结构""期待视域"及读者反应批评的理论观点。

4. 了解以作者为中心、以文本为中心、以读者为中心理论发展的过程。

第一节　以作者为中心的解读理论

西方文本解读理论经历了一个由作者中心到文本中心再到读者中心的发展历程。"作者中心"以解释学为主要理论基础，强调文本解读的根本在于对文本意义的探寻。

▶ 理论聚焦

西方的文本解读理论最早是作为一种阐释《圣经》的技术和规则而产生的，并在此基础上形成了解释学，即一种对"意义"进行探究和解释的理论。

解释学也被译作"释义学"或"诠释学"。它来自希腊文动词 hermeneuein，这个词又是从 Hermēs 而来的，Hermēs 是希腊神话中主神之一，译为"赫尔墨斯"。赫尔墨斯的工作是向人间传达并解释众神的旨意。由于神说着与人不同的语言，所以，他负责向凡人翻译、解释神的语言，让凡人明白神的意思。由此解释学具有两个基本的意思：①使隐藏着的东西显现出来，②使不清楚的东西变得清楚。即追寻作者在文本中所要表达的意义。

解释学的发展脉络为：

①早期解释学：古希腊的修辞学和诗学以及中世纪的神学对《圣经》文本的解释。② 19 世纪以施莱尔马赫为代表的古典解释学：把解释活动总结、归纳上升为一种一般的理论，使解释学转变为一种普遍适用于一切文本解释的普遍方法论。③ 19 世纪作为精神科学方法的解释学：狄尔泰试图把解释学当作使精神科学获得科学地位的一般方法。④ 20 世纪的哲学解释学：伽达默尔在海德格尔的基础上使解释学从一种方法论上升为一种本体论。

一、早期解释学

解释学最早可以上溯至公元前 6 世纪雷吉姆的泰阿根尼（Theagenes of Rhegium）对《荷马史诗》的隐喻性解释。到罗马帝国后期和基督教时期，解释学作为宗教神秘解释学被确立起来，隐喻解经成为理解《圣经》的重要方法。

中世纪，基督教将新柏拉图主义隐喻解经的方法继承下来，神学家出于神学论辩的需要以及其他一些宗教上的需要，对来自古罗马时代的修辞学理论和语言哲学给予足够的重视，把语言自身提到了一个非常的高度。语言被赋予了神学的意义，被看作一个神秘的象征体系，得到了系统的哲学解释。当时隐喻解经理论主要是对《圣经》进行阐释，在基督徒看来，世界是上帝的文本，是等待基督徒去解读的符号体系，在可见的事物中追索它的深层意蕴就成为基督徒的首要任务。所以，他们对《圣经》进行解释，特别是通过解读将犹太人的《旧约》与基督教的《新约》一致起来。最早的解释学理论——隐喻解经主要是作为《圣经》的阐释技术和阐释规则而存在的。

二、古典解释学

古典解释学的创始人是施莱尔马赫，他将解释学发展为解释一切文本的一种方法论，对后世的文本解读产生了很大的影响。他的理论主要有以下几个方面。

（一）解释应遵循历史主义原则

施莱尔马赫认为解释者在面对文本时必须想到，被写的东西常常是在不同于解释者生活的时代里被创作出来的，如果解释者看不到这种时间距离，而偏要按照自己的"理解"去理解，就会产生误解。因此，解释者的首要任务不是要按照现代思想去理解古代文本，而是要认识作者和他的读者之间的原始关系。避免误解的反面就是理解，所谓理解就是再现、重构我们所不熟悉的文本的思想和作者的意图，即把握作者的原意。理解的过程就是重现作者原意的过程。至此，解释学产生了向作者中心的转变。

（二）应从心理层面进行解释

在施莱尔马赫之前，作品被看作一个可以通过语法、语词、语句结构来接近或再现的东西。施莱尔马赫在研究希腊典籍和基督教圣典的过程中，意识到语言方面的解释是一种表层的解释，只能展现作品表层的文字含义，对于作品背后的作者的精神思想状态，运用语言解释与分析的方法则束手无策。精神层面是作品更深邃的部分，必须从心理上来体验和理解。

施莱尔马赫提出，为了把握文本作者的思想，就必须再现作品背后隐藏着的那个主观世界，而为了实现这一目的，解释者必须摆脱、克服和消除自己的先入之见，也就是说为了实现准确的理解，解释者必须抛弃自己的那些妨碍进入作者心境的成见或偏见，使理解成为一种在心理上重现作者心境的艺术。

（三）提出"解释循环"方法

所谓解释循环，是指我们在理解文本的时候，必须先理解文本的每一个句子，但是文本的每一个句子的意思是由文本的整体意思决定的，一个单独的句子只有在文本中才能获得确切的意义，因此为了理解每个句子就必须先理解整个文本。简单地说，要理解一个整体必须先理解部分，而要理解部分又必须先理解整体。这就是解释循环，是解释和理解文本时必然要面对的处境与必然要经历的过程。在这一过程中解释者会产生顿悟，顿悟的发生时刻，是部分与整体都得到理解的时刻，只有这样解释者才能通过文本完全进入作者的主观世界。

（四）认为语言是个人精神生活的载体

语言有两个不同的属性或特征：一是公共性，二是个人性。语言要表达思想，进行交流，就必须有公共的法则和运用形式，语言的这个特性保证了人与人之间思想交流的可能性。语言在被个人使用时，只有带有了个人的思想，才产生实际的意义，也就是说，个人用公共的语言表达的是个人的思想、情绪、意图，这样语言在实际使用时，又具有个人性。因此，如果解释只关注语言的公共性方面，执着于语法的一般规则，以此来确定文本的含义，那么解释者就无法进入作者，即语言的个人使用者的精神世界。

三、当代解释学

当代哲学解释学的开创者海德格尔强调理解的前结构的重要性，认为理解、解释在本质上必须通过"先行具有""先行见到""先行掌握"来实现。[①]也就是说，海德格尔认为文本的意义不仅来自文本自身，还来自解释者在解释之前的先见及预期。伽达默尔在海德格尔理论的基础上创造性地提出了"视域融合"（Fusion of horizons）和"效果历史"（Effective-history）的原则，使得解释学中的历史和主体达到了一个新的统一。

（一）视域融合

伽达默尔认为人的理解带有历史性和局限性，理解的历史性决定了"成见"的存在。所谓成见（prejudice，也可译为"偏见"），也就是海德格尔所说的"理解的前结构"，它是制约人们存在和理解的历史性因素。生活在一定的社会历史环境中的人都有许多自己无法意识到的成见、预想和观念。解释学的任务就是要揭示人的存在中的历史性因素，确定这些因素在理解中所起的作用。而这些历史性因素具体地体现为人由语言、传统等形成的成见。

理解是在历史的制约中进行的，读者存在着一定的"视域"（horizons），文本的作者也有自己的视域。当我们带着自己的成见去理解文本时就一定会出现两个不同的视域。我们无法摆脱由自身的历史存在而产生的前见，这是我们的视域，但我们又不可能以自己的前见，去任意解释文本，因为文本有历史性的特定内容、特定视界，这限制了我们的前见。无论是去解释历史、文学作品，还是他人的言谈，都会卷入这样两个不同的相互限定的视域。只有当这两个由历史造成的视域能够融合在一起时，才会产生理解。伽达默尔称这种过程为"视域融合"。

由视域融合形成的理解，既不再是理解者原有的前见，也不完全是文本的原有内容。人就在这种既在历史中接受，又在历史中更新的理解形式中，开辟新的可能。

（二）效果历史

伽达默尔提出，判断理解是否正确的唯一标准就是"效果历史"。我们都从属于传统，只能在传统中进行理解。传统以其强大的力量影响并塑造我们，传统构成了我们存在的一部分，而历史就是通过传统的效果而发挥作用的。因此，理解必须具有历史的有效性，这就是"效果历史"。

历史通过传统、文化、语言提供并限定理解者的视域，从这一意义上说，历史决定理解；理解者总是从自己的兴趣和历史观的角度来理解历史，从这一意义上说，理解又反过来决定历史。如果一个具有历史性的文本成为理解和解释的对象，那这意味着它对解释者或理解者问了一个问题。理解一个文本意味着理解这个问题。文本就是这个问题的答案，或者说，答案必须到文本中去找。文本提出的问题当然是有其历史视域的，文本作为答案也是有其历史视域的。我们对此问

---

① 董学文：《西方文学理论史》，346~347页，北京，北京大学出版社，2005。

题的理解，也是在我们的视域之内重新提出这个问题，其答案也不可能停留在文本的历史视域之内。问和答的过程实际上就是视域融合的过程。举个简单的例子来说，我们读《红楼梦》，解读它，实际上是为了找到它给我们提出的问题的答案，我们在已有的知识储备的基础上试图找到答案，同时又对《红楼梦》这一文本的阐释提出一个新的问题……当今红学研究的发展历程让我们看到了文学解读的循环发展。

（三）对话

面对文本，解读者要获得真正的理解，需要不断地思索文本试图解决的问题是什么，文本的表现形式是否合乎文本的内容，文本解决了什么问题，这种解决的方式是否合理，其局限性是什么，等等。通过这种积极的介入，文本的意义不断呈现。伽达默尔把这种积极介入、展示问答逻辑的理解过程比喻为文本与理解者的对话过程。

作为方法论的解释学的主要特点是对文本的隐喻意义进行解读，就是阐释作者寄寓于作品之中的原意。作者写出了作品，从而创造了作品的意义，作品中潜藏着的先于理解存在的意义，通过一定的途径发掘便可获得。理解作者和作品，就是靠设身处地地去重新体验而实现，用语法的、心理的等不同方法去还原作者的原意。

▶ 解读示例

文本链接 >>>

夸父追日

很久很久以前，有个名叫夸父的巨人。他看见太阳每天从东方升起，在西方落下，接着就是漫长的黑夜，直到第二天早晨太阳才又从东方升起。夸父心想："每天夜里，太阳躲到哪里去了呢？我不喜欢黑暗，我喜欢光明！我要去追赶太阳，把它抓住，叫它固定在天上，让大地永远充满光明。"

于是夸父拿着手杖，提起长腿，迈开大步，像风似的奔跑，向着西斜的太阳追去，一眨眼就跑了两千里。他一直追到虞渊，也就是太阳落下去的地方。还没等太阳落下去，夸父就追到了。一团又红又亮的火球，照着他的全身，他无比欢喜地举起两条巨大的手臂，想把这团火球抓住。

就在这时候，夸父的喉咙干得直冒烟。他实在是太渴、太累了。夸父伏下身子，去喝黄河、渭河里的水。咕嘟咕嘟，霎时间两条大河都给他喝干了，可是还没止住口渴。

夸父又向北方跑去，想去喝大泽里的水。那大泽，又叫"瀚海"，有上千里宽。他还没到大泽，就像一座大山颓然倒了下来，大地和山河都因为他的倒下而发出巨响。这时，太阳正在虞渊落下去，把最后几缕金色的光辉洒在夸父的脸上。夸父遗憾地看着西沉的太阳，长叹一声，便把手杖奋力向前一抛，闭上眼睛长眠了。

第二天早晨，当太阳从东方升起，金光普照大地的时候，昨天倒在原野的夸父，已经变成了一座大山。山的南边，有一大片枝叶茂密、鲜果累累的桃林，那是夸父的手杖变成的。树上味道鲜美的桃子，给追寻光明的人解渴，使他们精神百倍，奋勇前行。

——人教版三年级下册

夸父追日的故事与"女娲补天""大禹治水""后羿射日"等一样都是我国古代具有英雄传奇色彩的神话传说，在历代文学典籍中多次出现，对它的解释也有很多。

最早记载夸父追日神话的典籍是《山海经》。语文课本中主要选取的是《山海经·海外北经》中的记述：

> 夸父与日逐走，入日；渴，欲得饮，饮于河、渭；河、渭不足，北饮大泽。未至，道渴而死。弃其杖，化为邓林。

对此段话的通常翻译是：夸父追赶太阳，追至太阳身边，因炎热而口渴，喝干了黄河、渭河里的水仍嫌不足，于是，欲饮大泽之水，未等喝到，不幸渴死。手杖弃于路边，竟长成一片桃林。也就是说对原文中的一些字词是这样解释的："逐走"翻译为竞跑、赛跑，"入日"译为太阳落山，"杖"指手杖，"邓林"就是桃林。基于这种解释，故事被解读为一个古代的民族英雄与太阳赛跑的故事。这个观点在古代就存在，晋代陶潜在《读山海经》一诗中称赞说"夸父诞宏志，乃与日竞走"。那么，在《山海经》中，为什么会有一个关于与太阳竞走的人的故事呢？这个故事中的夸父是英雄还是不自量力的人类的刻画呢？这个故事到底想说明什么问题呢？

神话是民族文化最早的表现，它常以叙述故事的形式表达民族文化的基本价值观，因此，"夸父追日"在表层的故事下也有着一个隐喻的世界。对这个故事的解读从它出现就开始了。在《山海经》里关于夸父的篇章中，还认为夸父是后土的后代，也就是说他是部族的首领，那他的"追日"就可以理解为部族英雄与自然的抗争。郭璞的注疏，就是对它的最初解读。现代由于对原文字词的不同理解，对深层意蕴也有着不同的诠释。

比如杨公骥先生认为，夸父追日的故事有其极为深刻的寓意，它说明只有重视时间和太阳竞走的人，才能走得快；越是走得快的人，才越感到腹中空虚，才越需要并接收更多的水（不妨将水当作知识的象征）；也只有获得更多的水，才能和时间竞走，才能不致落后于时间。杨先生这一观点后被编入《中国文学》一书。

文学家萧兵先生在其《盗火英雄：夸父与普罗米修斯》一书中称夸父是"盗火英雄"，是中国的普罗米修斯。著名诗人余光中的《夸父》则用诗的形式表达了相同的看法：

> 为什么要苦苦去挽救黄昏呢？
> 那只是落日的背影。
> 也不必吸尽大泽与长河，

那只是落日的倒影。

与其穷追苍茫的暮景，

埋没在紫霭的冷烬，

——何不回身挥杖，

迎面奔向新绽的旭阳，

去探千瓣之光的蕊心？

壮士的前途不在昨夜，在明晨，

西奔是徒劳，奔回东方吧，

既然是追不上了，就撞上！

　　褚斌杰、谭家健主编的《先秦文学史》认为，夸父逐日的故事"反映了古人探索太阳运行规律的兴趣。夸父追赶太阳，可知也是为了观察、了解并进而控制太阳的目的。夸父以无比的英雄气概去追逐太阳，狂跑飞奔，忍受江河湖泽不足以消解的口渴，终于在一个叫'禺谷'（即虞渊，日落处）的地方赶上了太阳。……夸父的形象体现了原始人了解太阳奥秘的强烈愿望，体现了他们征服自然的宏伟理想，整个神话充满积极乐观的浪漫主义精神"。[1]

　　袁珂先生认为，"夸父逐日，或者不仅是表面上的'与日逐走'而已，的确还应该有着象征的意义存在，它象征的是什么呢？夸父逐日，应当看做是古代劳动人民对光明和真理的寻求，或者说，是与大自然竞胜、征服大自然的那种雄心壮志"。[2]

　　许永生以科学的观点来解读夸父逐日："夸父是神农炎帝的后裔，是以农耕为主要经济生活的一个部落。夸父是部落首领，他需要掌握农事节令，以便指导农业生产。夸父逐日持手杖逐日景（景即影），是'立杆测影'，简而言之，就是逐日观测日影以定时节。"至于"'弃其手杖，化为邓林'则应理解为夸父发动族人，接受经验教训，广植桃树，改善生态环境……夸父族是以桃花作为氏族标志的，桃花可以视为夸父崇拜的'图腾'"。[3]

　　以上是对夸父追日故事的隐喻意义的不同解读，看似简单的神话故事，由于解释者基于不同的理论和视角，在历史的语境中与文本对话，从而使得文本的意义呈现出多元性。

▶ 拓展阅读

作者中心论的检讨

一、作者中心论的局限性

　　作者中心论的局限性在于其用文本的起源代替了对文本的解读。我们可以从四个方面来理

---

① 褚斌杰、谭家健：《先秦文学史》，33 页，北京，人民文学出版社，1998。

② 袁珂：《古神话选释》，148 页，北京，人民文学出版社，1979。

③ 许永生：《黄帝铸鼎原与中华文明起源》，载《三门峡职业技术学院学报》，2003（4）。

解这个问题。

（一）作者原意恢复的程度无法确定

作者原意的存在与对原意的恢复是两回事。作者在写作时，往往并不一定十分清楚自己的创作意图，或者说其创作意图还处于潜意识状态。正如匈牙利学者豪泽尔所说："这种意图不那么容易被找到，有时连作者本人也不知道自己的意图是什么。"文学创作有其自身的独特规律。诗人王家新指出："开始时是你在写诗，但接着就是诗在写它自己——它有时甚至还会回过头来抹去你在开始所表达的。""你只要深入其中就会被诗歌本身的那些东西所支配。"这也就是说，一旦进入文学创作的特定通道，作者常常是身不由己的，极有可能无法完全把握自己的文本意旨。最典型的例子便是曹禺在时隔 20 年后"追认"人们对《雷雨》"揭露封建大家庭罪恶"主题的理解。况且，作者创作文本的意图与文本实际表现出来的意图也并不一定相符，"得乎心"而没能够"应乎手"，往往是想表现的意图没有表现出来，即"言不逮意""词不达意"；不想表现的意图也有可能在作者并不知觉的状态下"泄漏"出来。

（二）写作背景的有效性极为有限

鉴于各种原因，写作背景并不都能考证清楚，所考证的结果也并不能完全说明问题。因为"背景是批评家视野里重构的历史，是按照批评家的理解与分析对一系列事件材料的排列组合与解释，但它并不是真实的历史本身"，把"背景"之因与"意义"之果叠合在一起，难免会犯刻舟求剑的错误。从作者的生活经历、文本产生的社会背景和它的前身去解释文本，被威廉·K. 维姆萨特等人称为"意图谬见"，即把作者主观意图和文本客观意义相混淆而导致的错误，是从文本之外进行的"外部研究"。维姆萨特等人指出："意图谬见在于将诗歌和诗歌的起源和产生过程相混淆，这是哲学家们称为'起源谬见'的一种特例，其始是从写诗的心理原因中推衍批评标准，其终则是传记式批评和相对主义。"此话犀利到位，一语中的。

（三）"文如其人"只是理想状态

作者中心论信奉"文如其人"，认为文本是作者之子，将人格等同于文格，特别是由作者及其人格来推导其文本意义、作品风格——人格高，作品必定清雅；人格卑，作品必定粗俗。其实，简单地将文格与人格画等号是一种粗率的行为，其荒谬性显而易见：它否定了文本独立自足的品格。儿子出生后，其相貌不一定像父亲；即使外貌酷似，性格、志趣、理想等方面也不一定相似。因此，"文如其人"只是一种理想状态，或者说是文人的一种追求。实际上也常常存在人格与文格背反的现象。比如，晋代潘岳在《闲居赋》中把自己描绘成"逍遥于山川"、不慕功名利禄的高洁之士，实际上他却是一个谄媚权贵的人。我们从其作品中看到的作者影像，不是潘岳本人，只是潘岳和读者共同创造的"隐含作者"。"一般说来，隐含作者都比作者高尚，因为隐含作者是受社会道德、习俗、审美价值及文化形态等因素影响的，因此与作者本人相比，隐含作者是倾向于道德的、符合社会价值的人格。"当然，也有些文本所显示的隐含作者并不比真实的作者高尚。

钱钟书先生指出，立意行文与立身行事之间是一种"通而不同，向背倚伏，乍即乍离"的关系。作者行事与行文的矛盾有三个方面的表现。第一，同一作者，由于时间、地点的不同，所写文章并不相同（"随时地而殊"）。第二，同一时间、地点，同一作者写文章，也会因为所取体裁不同而不同（"因体制而殊"）。这恰如孙绍振先生所说，"在诗中的自我往往倾向于形而上的概括，而在散文中的自我则执着于形而下的描述"，如李白在诗歌中极为蔑视权贵（"安能摧眉折腰事权贵"），在散文中又极尽阿谀奉承之能事（"生不用封万户侯，但愿一识韩荆州"）。第三，即使是同一作者写同一体裁的文章，也可能因为命题不同、针对性不同而不同（"以称题当务而殊"）。"慎思明辨"的解读者必须对此保持足够的清醒，不可简单地随声附和。其实，我们从文本中推断出来的是隐含作者的人格特征，或者说是作者人格特征的某一个方面。

对于文学史上任何一个伟大的诗人、作家，我们所看到的都不再是实实在在的他们本人，而是"他的作品的隐含作者人格之集合体"。我们不能简单地用"文如其人"或"人格就是文格"来解读文本。至于现在还活着的诗人、作家，情况则更复杂，特别是对那些喜欢站出来自我解释的作者，我们在足够尊重的同时似乎更当保持一份警惕。

（四）作者并不是文本解读的最终权威

作者中心论否定了读者解读文本的能动性及读者解读文本水平相对于作者的超越性。一些人，特别是比较自负的作家，总认为如果文本不是自己写的，就无法深刻地理解、解释这一文本，并据此批评语文命题人："你们拿我的作品出题，结果出的题连我都做不来。"这类作者和一些跟风者不知道作者并不是文本解读的权威，更不是唯一权威、最后权威。对此类人，钱钟书先生曾经不无幽默地予以批评："此犹言身非马牛犬豕则不能为兽医也。"作家直接站出来谈对自己所写文本的理解，有很微妙的心理。诺贝尔文学奖获得者，美国当代作家格拉斯曾说："我们的回忆、我们的自画像都有可能是骗人的——它们也经常是骗人的，这是一个众所周知的事实。我们美化、戏剧化自己的经历，让它们一桩桩浓缩成轶事。"实际上，"与具体作品的分析有关的，只是作者意识的一小部分，即具体进入作品的那一部分"。"即使我们把作者一生都搞清楚，也无法确定他的意识的哪一部分被写入了哪一部作品，依然得回到出发点：从具体作品中找作者的意识"。而优秀读者常常运用各种手段与方法，"比作者更好地理解文本"。

二、作者中心论对语文教学的不利影响

作者中心论对语文教学的影响深远而严重。不少一线教师已经把恢复作者原意和"知人论世"极端化了，每一课都要介绍作者姓名、字、号、代表作品和逸闻趣事，生怕漏过。现在仍很有市场的"导入新课——作者及背景介绍——学习课文——布置作业"的阅读教学模式，即这种解读观的体现。更有甚者，将这种僵化的教学程序深入骨髓，即使教学说明文也要介绍一下作者，如果教材注释中对作者及背景的介绍很简略甚至不介绍，便辛辛苦苦去查阅资料给学生作补充。不少新教师并不知道这种教学模式的理论依据，只是"别人都这样教，我也就这样教"。

被"背景"剥扯最甚的是杜甫。一些教师上课一遇到杜甫，便不让他有片刻喘息偷懒，时时把他粘贴在"安史之乱"的历史背景下拷掠，于是每一句话都被挤榨出"背景"来。这样一来，"每一个诗人都仿佛只是历史书页上的符号，标示着背景的方向，在这种洞察幽微的透视中，诗歌仿佛只是显微镜透明的镜片，它放大了背景，而自身却在视界中消失"。在被这种观念左右的语文教学中，一首首诗歌、一篇篇美文则只成为验证某个结论的材料而已。

解读文本时适当联系作者及有关背景本身并没有错，问题的关键在于"我们已经习惯于必须从历史的语境出发，而且这种阅读方法传承已久，我们中间有许多人已经把它当成了唯一可行的阅读方法"。我们必须明白，文本特别是文学文本，不仅具有文化人类学的意义，也不仅仅是作为政治、宗教或者道德的工具而存在。从中小学语文教学来看，文本的价值更主要的是作为教学的凭借而存在——教学生"运用语言文字搜集处理信息，认识世界，发展思维，获得审美体验"，而这一切都必须"通过对诗作为诗所传达的信息作出尽可能贴切的考察"——不仅仅是诗，任何文本的解读都是这样。从语文教学的角度来看，我们最要紧的是"教学生学习阅读"，也就是教学生怎样"向内看"——看什么？从哪些地方看？怎样前后联系起来看？怎样抓住主脑来看？如果眼睛盯着文本外，把功夫下在文本外，会养成学生轻浮的阅读态度，无法形成过硬的文本解读能力。学生学习解读文本的主要目的，在于学得文本解读方法，提高文本解读能力，并不需要太执着于某一个文本究竟表现了作者什么样的用意——阅读教学的目的关键在于"教学生学会阅读"（钱梦龙语）。

——节选自李华平：《三大文本解读观的检讨》，载《语文教学通讯》，2020（2）。

想一想，练一练

1. 简要说明古典解释学的理论观点。
2. 简要解释"视域融合"与"效果历史"的含义。
3. 尝试用作者中心理论解读统编版教材六年级上册《丁香结》一文。

参考文献

[1] 董学文. 西方文学理论史. 北京：北京大学出版社，2005.

[2] 朱立元. 当代西方文艺理论（第三版）. 上海：华东师范大学出版社，2014.

[3] 王建峰.1949 年后我国中小学语文课堂文本解读的方法论检讨. 课程·教材·教法,2015（2）.

第二节 以文本为中心的解读理论

西方文本解读理论经历了作者中心—文本中心—读者中心的发展历程。"文本中心"以俄国形式主义文论和英美新批评为代表,注重对文本语言形式的深挖细品。

▶ 理论聚焦

一、俄国形式主义

伊格尔顿在他的《二十世纪西方文学理论·序》中曾说"如果谁想确定本世纪文学理论变化的开端,他大概可以选择 1917 年吧。因为就在这一年,年轻的俄国形式主义者维克多·斯克洛夫斯基那篇开拓性的论文《作为手段的艺术》发表了。"当时在俄国存在两个组织:一是"莫斯科语言小组",由雅各布森(1896—1982)创立于 1914 年,其成员包括维诺库尔、布里克、托马舍夫斯基等人;二是"彼得堡小组",从 1916 年起称为"诗歌语言研究会",以什克洛夫斯基(1893—1984)为首,成员还有埃亨鲍姆、雅库宾斯基、鲍里瓦诺夫、日尔蒙斯基、维诺格拉多夫等人。后人将他们的文学批评理论统称为"俄国形式主义"。俄国形式主义文学批评打破了传统文学批评沉寂的局面,拓展了文学批评的空间,对 20 世纪文学批评流派有着深远影响。但它完全丢弃了文学与社会的联系,也有着绝对化倾向。其理论主张主要有以下两方面。

(一)文学性

文学研究是一门独立的学科,同其他学科一样,有自己独有的体系和内在规律。这是一切文学阐释、评价标准以及价值取向的基础,可以将文学与其他学科区别开来。文学的内在规律存在于作品所表现出的现象之中,而不是外在于作品。形式主义者将文学的内在规律称为"文学性"(Literariness),试图通过对"文学性"的研究来建立文学批评的学科体系。雅各布森认为文学科学的对象不是文学,而是"文学性",也就是使一部作品成为文学作品的东西。

那么什么是文学性呢?雅各布森认为文学性就是"诗性",他还举了一个例子:有个女孩儿总是说"可怕的哈里",人们问她为什么用"可怕的"这个词,她回答说是因为她恨哈里,人们问她为什么不用坏透了、可恨的、讨厌的这些词呢?女孩儿说不知道。雅各布森认为女孩儿没有意识到,她坚持的其实正是文学中的诗性,"可怕的"这个词读音中有着某种品质,是其他的词代替不了的,这个女孩儿喜欢的是这个词本身,而不是它的含义。因此雅各布森认为文学性代表文学语言与现实中它所代表的意义之间关系的割裂,"诗性"与"认知性"是相反的。

(二)陌生化

"陌生化"是俄国形式主义文论的核心概念之一,是什克洛夫斯基针对模仿论和形象论而提出的，他将"陌生化"作为艺术本身的内在规律，陌生化的过程以艺术自身为目的，因而将模仿者和被模仿者排除在外，强调的是艺术的自主性。诗歌的"陌生化"就是对常规语言的有组织的破坏，如倒序，把宾语或状语放在第一诗行，而主语则放在下一诗行，以及反衬、反复等；小说的"陌生化"则指叙事比生活更曲折、更有趣，人物比生活中更特异、更生动。

什克洛夫斯基认为文艺的美感特征首先是惊奇的、陌生的新鲜感，与内容无关。艺术的技巧就是使对象陌生，使形式变得困难，延长人们审美感知的过程。所有的艺术品都是作为一个现有模式的比较物和对照物而被创造出来的，一个新的形式不是为了表达一个新内容，而是为了取代已经丧失艺术性的旧形式，这样，形式完全是文学作品独立的存在物，与内容、材料无关。他还以托尔斯泰的一些小说片段为例来说明"陌生化"的一些基本方法。一种是不说出事物名称，把它当作第一次见到的东西来描写。如在《可耻》中托尔斯泰写鞭笞时就使用了陌生化的手法，"把那些犯了法的人脱光衣服，推倒在地，并用树条打他们的屁股"。托尔斯泰没说出刑罚的名称，他的描写使司空见惯的鞭刑"陌生化"了。另一种是叙事者的"陌生化"，如在小说《霍尔斯托密尔》中托尔斯泰用一匹马来做叙事者，以马的视角来叙述故事。

日尔蒙斯基运用形式主义方法对普希金的诗《为回到遥远祖国的岸》进行了细致批评。他先对诗歌的整体结构进行分析，指出诗歌的分行分节方式和押韵方式。然后，他立足于诗歌语言与实用语言的差异，具体细微地分析了诗歌语言是如何偏离日常语言即通过"陌生化"的方式达到审美效果。这些方式包括诗歌所使用的种种修饰的语言、修辞技巧和语词组合技巧。他指出，这些独特的语言表达方式不仅提供了生动的场景和细腻的情感体验，也使读者的注意力转移到视觉形象上，延长了读者对于事物的感受过程，更新了读者的陈旧经验。最后，在对诗歌的语词技巧进行了局部的细节分析后，日尔蒙斯基转到对诗歌的整体风格进行剖析，并表明了自己的批评观念。日尔蒙斯基指出，普希金的细腻、含蓄而朴素的诗歌风格来源于他独特的语词处理技巧所构筑的审美效果。

二、英美新批评

（一）新批评的理论内涵

新批评派（The New Criticism）是 20 世纪西方文学理论的一个重要流派，20 年代开始于英国，30 年代在美国形成，40 年代到 50 年代在美国的文学批评领域占据统治地位，60 年代以后逐渐衰落。它强调文学作品的独立性，主张以文本为中心，是现代西方文学史上影响最大、持续时间最长的一个批评派别。"新批评"的名字来源于新批评派的重要理论家兰塞姆写作的《新批评》一书。"新批评"理论大体上可以归纳为以下两点。

第一，在文学的本质问题上，坚持文本中心论的观点。从初期的代表人物艾略特到后来的兰塞姆、韦勒克等人都强调这一点。他们认为文学是一个独立的世界，是一个完整的、自给自足而又有机的客观存在物，文学的实践应遵循这个自足的世界的内部规律。

第二，在文学的功能问题上，强调文学的认知功能。但文学的认知功能不是指对客观世界的认知。因为新批评派强调文学的自足性，而这个自足的世界是由语言来造就的，也就是说，是由语言的反讽、悖论、象征等构成的张力结构，因此文学的认知功能强调的是通过语言的丰富性和结构的复杂性达到一种对世界的理论上的合理认识。

因为强调文本中心和语言的反讽、悖论、象征等功能以及由这些功能所构成的文本张力结构，所以新批评派在批评实践的方法上推崇的是"细读法"。即对具体文本进行细致的语义分析，在这方面，新批评派主要是对以诗为代表的文学作品给予特殊的关注，从结构上来阅读和理解诗歌语言，进而找出由悖论、隐喻、反讽、象征等形成的诗歌语言的张力结构。

（二）新批评的解读方法——细读法

理查兹为新批评派提供了具体的方法论。理查兹在剑桥任教的时候曾经让学生对一些隐去名字的诗篇进行分析，结果让人十分意外，许多没有名气的作者写作的诗歌获得了学生的高度评价；相反，许多名家的作品却受到了学生的痛批。这次学生批评实践的结果引发了理查兹的思考：怎样才能做到对诗歌的正确把握而不引起各种误读？于是他针对误读，提出了语境理论。理查兹对语境的理解是："最一般地说，语境是用来表示一组同时再现的事件的名称，这组事件包括我们可以选择作为原因和结果的任何事件以及那些所需要的条件。"[①] 既然这些事件构成了一个语境，那如何具体去理解语境的含义呢？理查兹进一步解释说："在这些语境中，一个项目——典型情况是一个词——承担了几个角色的职责，因此，这些角色就可以不必再现。于是，就有了一种语境的节略形式……当发生节略时，这个符号或者这个词——具有表示特性功能的项目——就表示了语境中没有出现的那些部分。"[②] 他还将诗歌的意义分为四个层次或者说是四个方面，即意义、情感、语调和意图。语境理论应用到文学批评实践中，就是要通过"细读法"（close reading）来完成对文学作品的分析。

兰塞姆是新批评派理论承上启下的关键人物，他认为，诗歌的构成分为"肌质"与"构架"两个部分，"肌质"是指诗歌的各个细节部分，是诗歌之所以为诗歌的因素；"构架"则是诗歌的逻辑部分，是一首诗表面的逻辑陈述。批评家在批评实践中如果忽略了诗歌的"肌质"，则是把诗歌与散文同质化了。此外，韦勒克从三个层面来研究文学作品的存在方式，它们分别是：第一，声音层面，包括谐音、节奏和格律；第二，语义单元层，它决定文学作品形式上的语言结构、风格与文体的规则；第三，意象和隐喻、象征和神话。[③]

20世纪40年代，维姆萨特、韦勒克和沃伦形成了新批评派的后期理论思想，将新批评中所提出的文本中心理论绝对化。在他们看来，文学理论只要研究文学文本本身就可以了，至于读者和作者根本就不必考虑，因为作者的意图根本就不可能成为衡量一部作品成功与否的标准，而像理查兹那样，将研究重点放在读者的接受心理上，也不是正确的方法，因为作品的意义是不以读者的感受为转移的。

新批评"细读法"在实践中的批评术语主要有：含混、反讽、悖论、隐喻、张力。

---

①　转引自董学文：《西方文学理论史》，296 页，北京，北京大学出版社，2005。
②　转引自董学文：《西方文学理论史》，296 页，北京，北京大学出版社，2005。
③　陈太胜：《西方文论研究专题》，211 页，北京，北京大学出版社，2008。

1. 含混（朦胧，ambiguity）

理查兹和燕卜荪认为含混是由于文学语言的多义性而形成的文学语言的复合意义。文学语言不同于科学语言追求准确明晰，而是追求多义性表达。燕卜荪将文学语言的复义分为七种，虽然他的划分有些勉强，但对文学批评有一定的启迪。如孟郊《登科后》"昔日龌龊不足夸，今朝放荡思无涯。春风得意马蹄疾，一日看尽长安花"中的"花"字，就具有意义的含混性特点。"花"与"春风"相对，可以理解成是诗人高兴之余浏览春天美景。同时作为具有多义的语词，"花"又暗指女人，古诗以花喻美女的例子有很多，如"云想衣裳花想容"（李白《清平调》）、"照花前后镜，花面交相映"（温庭筠《菩萨蛮》）等。而孟郊诗中，"花"所指模糊含混，留有朦胧而丰富的空白，任凭读者想象填充。

2. 反讽（irony）

布鲁克斯认为"语境对于一个陈述语的明显的歪曲"就是反讽。[①] 在诗歌语言中，反讽是指与日常生活的语言相比，诗歌语言会因为整体语境的影响而发生变形，产生与日常语言的疏离，即诗句的实际意义与字面意义相对立。反讽在诗歌语言中十分常见，使得诗歌语言新颖而富于表现力。如《囚歌》：

> 为人进出的门紧锁着，
> 为狗爬出的洞敞开着，
> 一个声音高叫着：
> ——爬出来吧，给你自由！

诗句中"自由"的意义就产生了一种反讽，一种是革命者的自由，真正的人格自由；而另一种则是强权者所谓自由，他们以暴力掠夺着他人的自由，肆意地践踏着革命者和人民的尊严，用紧锁的门和敞开的狗洞来施舍他们所谓自由。因此，"自由"意义的丰富性所造成的张力使得诗歌形象跃然纸上：烈士勇于牺牲，渴望真理与自由；反动派卑鄙无耻，泯灭人性。

3. 悖论（paradox）

布鲁克斯说："为保持术语概念的稳定性，科学的倾向是必需的，这可以使它有明显的外延；诗性语言则恰恰相反，它具有破坏性。这些语词之间互相不断地修饰，进而违背了它们在字典中的意义。"[②] 这里，"违背了它们在字典中的意义"就是悖论。也就是说，悖论是指表面上荒谬而实际上真实的陈述。悖论在诗歌语言中往往表现为互相矛盾的意义同时出现。

布鲁克斯在《悖论语言》一文中认为华兹华斯的《西敏寺桥上作》中的几个悖论例子是：

> ①人造的伦敦，竟然也是自然的一部分，也被大自然的太阳照亮。

---

① ［美］布鲁克斯：《反讽——一种结构原则（1949）》，袁可嘉译，见《"新批评"文集》，379页，天津，百花文艺出版社，2001。

② 转引自董学文：《西方文学理论史》，304页，北京，北京大学出版社，2005。

②楼宇在沉睡，就是说它们是活生生的。

③安静的夜晚像一个激动的女尼。

这些诗句基本上都包含两种意思，"人造的"与"自然"同时被用来描述伦敦；"沉睡"与"活生生"都是楼宇的特点；"安静"与"激动"是夜晚给作者的感受。这些在意义上相反的词同时并存，让我们看到了描写对象的复杂本质；而且，前者是在日常生活范围内诗歌所表现的对象具有的平凡的特性，后者却是作者所发现的与之悖反的不平凡性质，它们之间形成了一种特殊的组合关系；它们对其描述对象都具有描述效力，但同时又在意思上互相否定。正是这种既对立又同一的悖论关系形成了诗歌语言的无限意蕴。再比如顾城《一代人》中的诗句"黑夜给了我黑色的眼睛，我却用它寻找光明"，"黑夜"象征了广阔而无定指的时空，代表一种不正常、不人道的年月与环境；而"黑色的眼睛"是这一悲剧的衍生物。更深一层的意思是"用它寻找光明"，诞生于黑暗的事物，却成为黑暗的对立面，这本身形成了一种悖论，即黑色的眼睛因寻找光明而与黑暗对立，即与自身的生命之源对立，表面上看起来是积极向上的，实际将"我"置于永恒悲剧的循环中。李商隐《安定城楼》"永忆江湖归白发，欲回天地入扁舟"中，"江湖"所隐喻的雄心勃勃（理想）与"白发"所隐喻的无可奈何（现实），天地的风云激荡（理想）与扁舟的闲适（现实），以及复杂矛盾的心情借用悖论得到了丰富性表现。

因为反讽与悖论没有本质上的区别，所以在批评实践中常常混用。

4. 隐喻（metaphor）

隐喻一般指在事物的暗示下感受、体验、想象、理解此类事物的心理行为、语言行为和文化行为。比如，我们经常用"笼子""城堡""围城""战争"甚至是"坟墓"来比喻婚姻，通过这些喻词，婚姻所包含的负面意义就不断地被创造出来和被完善了。新批评派认为，隐喻包括"喻体"和"喻旨"，"喻体"就是我们说的彼物，一般表现为具体的事物；"喻旨"就是此物，一般表现为抽象的意义。新批评的隐喻要求喻体和喻旨的关系为"远距离""异质"，也就是说，理解隐喻时强调的不是喻体是如何说明喻旨的，即它们之间的相似性，而是强调喻体与喻旨之间存在某种对比或矛盾。

5. 张力（tension）

这个概念是由艾伦·泰特创造的，是从内涵（intension）和外延（extension）引发而来的。他认为人们都清楚内涵与外延所表示的意义，但作为文学用语，它们发生了变化，不再显示为作为科学概念时所具有的清晰明确的特点。作为文学用语，内涵与外延之间常常是不协调的，充满了对立与矛盾，而它们之间的对立与矛盾和相互作用，就形成了张力，使读者获得了多于作品文字本身所表达的意义。如诗人余光中的《乡愁》：

小时候

乡愁是一枚小小的邮票

我在这头

母亲在那头

长大后

乡愁是一张窄窄的船票

我在这头

新娘在那头

后来啊

乡愁是一方矮矮的坟墓

我在外头

母亲在里头

而现在

乡愁是一湾浅浅的海峡

我在这头

大陆在那头

作者把乡愁这样一种无形的对故乡的愁思，用具体可感的意象——邮票、船票、坟墓、海峡来表示，它们都突破了词典意义，广泛联系到不同的时空、情境和心理。

在具体的批评实践中，新批评派在进行细读时会对诗歌的几个层面进行分析，他们的注意力主要集中在形式和结构方面。首先，从叙事的角度，批评家关注的是诗中的叙述者是谁。在很多情况下，叙述者并非作者本人。诗的叙述视角是怎样的？语气如何？是讽刺、鞭挞还是同情？是感伤的、严肃的，还是幽默的？这语气里包含什么样的情感？当叙述者被确定之后，要关注的问题就是听者是谁。虽然叙事双方的存在是潜在的，但其身份和关系的确定能够帮助批评者确定场景。其次，在修辞方面，批评家关心的是：诗中用了哪些隐喻和意象？这些隐喻和意象单独存在时作用是什么，放在一起时又能产生什么样的效果？它们是在什么层面上同读者交流的？新批评派还关注诗的结构、思想和情感的形式、脉络等。此外，还有韵律和节奏的问题，如诗行采用什么格律、什么韵脚，是抑扬音调还是扬抑音调等。最后，从整体上把握作品，发现作品是否存在着可以统领全局的、将作品连接在一起的整体意象。

新批评派给文学评论提供了一套术语和批评模式，使得文学批评有了依托，对当时和后来的文学批评产生了深远的影响。从新批评派的细读实践来看，"细读法"更适合对短小诗歌的分析，不适合对长篇叙事类作品的解读。

▶ 解读示例

文本链接 >>>

送元二使安西

（唐）王维

渭城朝雨浥轻尘，客舍青青柳色新。

劝君更尽一杯酒，西出阳关无故人。

——统编版六年级下册

尝试使用细读法赏析王维的《送元二使安西》。

一、诗中叙述了什么

此诗以"渭城曲"为题载于《全唐诗》卷一百二十八，大约创作于安史之乱前。诗题中，元二是作者的友人，可能在兄弟中排行老二。使，出使。渭城，在长安西北；安西，指唐代安西都护府。

这是一首七言绝句，所以在篇幅上会有一定的限制，诗中没有描写离别宴席上的觥筹交错，对彼此的殷殷话别也并不多说，只截取了饯行宴席即将结束时主人的劝酒辞："劝君更尽一杯酒，西出阳关无故人"——再干了这一杯吧，出了阳关，可就再也见不到老朋友了。这一时刻为离别的高潮：宴席已经进行了很长一段时间，殷殷告别的话已经重复过多次，送君千里终须一别，主客双方的惜别之情在这一瞬间到达了顶点。

王维从 15 岁起游学长安，追求功名，希求实现宏大理想。但随后人生的几次逆转，使他产生了归隐的念头。《送元二使安西》大约作于安史之乱前，此时王维在人生态度上处于矛盾状态。而这种状态也表现在这首诗中。诗歌既表达了对友人即将远行的不舍与担心，也有着对自己为官之路的隐隐不安。友人远行无故人的阳关外，那在宦海中沉浮的自己呢？此诗在某种程度上也寄寓了作者对自己及与他相似际遇的文人生存状态的思考。

二、诗中的意象隐喻了什么

此诗前两句写送别的时间、地点、环境气氛：清晨，渭城客舍，自东向西一直延伸、不见尽头的驿道，客舍周围、驿道两旁的柳树。"朝雨"，早晨的雨下的时间不长，刚刚润湿尘土就停了。从长安西去的驿道上，平日车马交驰，尘土飞扬，一场细雨过后，道路洁净，空气清爽。"浥轻尘"的"浥"字是湿润的意思，在这里恰如其分地写出小雨只是洗去了路上的尘土，而并未使道路泥泞起来，特意为远行的人安排了一条洁净的道路。客舍，必定与旅人联系在一起。烟柳在古人的诗歌中则象征着离别，《诗经·采薇》中有"夕我往矣，杨柳依依；今我来思，雨雪霏霏"；柳永《雨霖铃》中有"今宵酒醒何处，杨柳岸、晓风残月"。与其他送别诗所写的羁愁别恨、黯然销魂之情不同，此诗写出了一种明朗清新的风貌——客舍青青柳色新。平日路旁的柳叶被飞扬的尘土所蔽，一场朝雨，重新洗出它那青翠的本色，又因为柳色的新，映照出客舍的青青来。所以"朝雨""浥轻尘""客舍青青""柳色新"这一切都透露出一种明朗而轻快的情调，为自己与友人的分别设置了一种与众不同的典型环境。

阳关处于河西走廊尽西头，和北面的玉门关相对，从汉代以来，一直是中原通向西域的要道。唐代国势强盛，中原与西域往来频繁，从军或出使阳关之外，在盛唐人心目中是令人向往的壮举，从唐人的诗歌中也不难看到对西域奇特风光的描写及慷慨戍边的豪情。例如，岑参的边塞诗《走马川行奉送封大夫出师西征》中的"君不见走马川行雪海边，平沙莽莽黄入天。轮台九月风夜吼，一川碎石大如斗，随风满地石乱走"；《轮台歌奉送封大夫出师西征》中的"上将拥旄西出征，平明吹笛大军行。四边伐鼓雪海涌，三军大呼阴山动"。但事实上当时阳关以西还是穷荒绝域，王之涣感叹"春风不度玉门关"，而安西更在玉门关外，其荒凉遥远可想而知。朋友"西出阳关"，虽是为了公务，但路途遥远，独自前往荒凉偏远之地，必定充满艰辛寂寞，因此，这临行之际的"劝君更尽一杯酒"，不仅有依依惜别的情谊，而且包含着对远行者处境、心情的体贴，包含着前路珍重的殷勤祝愿。

三、诗中的韵律和节奏如何

本诗通过韵辙的选择和平仄的调配，婉转而浓烈地表现了诗人与友人离别时的复杂情感。在韵辙的选用上，本诗采用"人辰辙"，即韵脚为"en"。与"中东辙""江洋辙"等宽辙相比，虽没有那种高亢的韵脚，但可以抒发起伏跌宕的情感；与"姑苏辙""灰堆辙"等窄辙的低沉压抑相比，又能较好地表达悲愤、感伤、郁闷的情怀，充分表达了诗人为朋友送别的真情实感。可以说，韵辙的选择与诗人送别友人的时间、地点、情感、周围景物融为一体，恰如其分。据史料载，诗人与友人的分别只是暂时的，元二既不是投身沙场，又非散发扁舟，浪迹天涯。元二出使安西，是为了公务，很快就会回来，所以，诗人在送别友人时的情感既非慷慨悲歌，又非肝肠寸断。诗人之所以把酒送别、吟诗抒怀，只是因为彼此间情深义重，不忍分别。这种淡淡的哀愁自应采用轻灵自然的韵辙加以表达。

在平仄格式的选用上，本诗采用仄起平落式，即首句第一音节为仄声，结句最后一个音节为平声。前二句皆为仄起平落，第三句为仄起仄落，结句为平起平落。其基本格式为：

> 渭城朝雨浥轻尘，　仄平平仄仄平平
> 客舍青青柳色新。　仄仄平平仄仄平
> 劝君更尽一杯酒，　仄平仄仄仄平仄
> 西出阳关无故人。　平仄平平平仄平

本诗首句仄起，仄起式抒情诗，一般来讲抒发的是一种沉稳平缓、自然真挚的情感，在感情的处理上不会有大的起伏。按常规仄起后应二连仄或三连仄，但本诗仄起后却音调一致，一仄一平，接着又一平一仄，一仄一平，最后平声作结，这样"渭城"和"朝雨"这两个词组分别为一仄一平和一平一仄，最后一个词组"轻尘"为双平，音节落错，使得这句诗虽没有大的波澜起伏，却抑扬有致，朗朗上口，易于吟诵。第二句亦为仄起，三个词组分别为双仄双平，最后一个词为平声，前三个词组正好与首句前三个词组平仄相反，并用"青青"叠词来增强语势。一、二两句的平仄相交形成反差，呈现出诗的美妙韵律。第三句与第四句平仄相对，表达了诗人在送别友人时情感的变化。在不尽的嘱托与叮咛后终于要分别了，别情一起思绪难平。第三句描写诗人激动的心情，但他很快又控制住自己的情感，第四句表现出诗人此时浓烈但又绵长的情感，三个平声之后用一仄声"故"，则又发悲声，把诗人那满腔的离情别绪淋漓尽致地表达出来。最后用一平声"人"字作结，则又转为对离情的压抑，以免自己的悲情让友人因离别而踯躅。

也正因为作者将百转的惆怅化作一唱三叹，此诗在唐代就以歌曲的形式广为流传。后来被谱成琴曲，以琴歌的形式流传至今。也就是我们今天所说的琴曲《阳关三叠》。

▶ 拓展阅读

文本中心论的检讨

一、文本中心论的局限性

文本中心论在产生之初，在反对庸俗社会学对文本意义的解释方面具有积极的进步意义。但后来则完全割断了文本与社会生活、作者、读者等诸种因素的有机联系，滑入了纯形式的泥淖。文本中心论仅仅注意琐碎的技巧和语言本身，没有高屋建瓴的宏大气势，却有只见树木不见森林之嫌，或者是只见死结构不见活人生。最要命的是，文本中心论切断了文本与"外部"（作者、时代背景、社会生活、读者）的所有联系，在对不少文本（特别是古典文本）的解读中往往谬以千里。文本中心论者没有把文本背后的作者视为生命个体，放弃了成为作者"知音"的努力，只是就文本论文本；文本中心论也没有足够关注读者在阅读过程中的主观能动作用，尤其是对文本"召唤结构"的回应与填补。

二、文本中心论对语文教学的不利影响

不分文体、不讲场合地过分拘执于文本本身，也不利于语文教学。只是，在世纪之交的新课程实验之前，影响语文教学的文本解读观一直是作者中心论。新课程实验开始后，由于强调学生的主体地位，读者中心论才开始挤到语文教学的前台。我国语文教学一直没有受到严格意义上的文本中心论的影响，对文本本身进行解读以及对解读行为本身的研究始终欠缺，甚至可以说还有大片"空白"。因此，从现实来看，语文教学对文本中心论的研究、运用极为不够，而其不利影响从大面积上也还没有凸显出来。

三大文本解读观都不同程度地存在一定局限性，对语文教学造成了一定程度的不利影响。需要指出的是，作者中心论的"挖祖坟"式解读、读者中心论的"砍脑袋"式解读，虽然表现形式不同，但都是置文本于不顾，"拿着结论读文本"——结论或来自作者身世、文本产生的背景，或来自读者自己——有了结论，再到文本中去寻找证据，一旦找到一些证据，就"越看越像"，全然不顾这些所谓证据是否形成链条，是不是孤证，是否有反证。这两种解读方式都是对文本的侵略——作者中心论是读者通过"挖祖坟"得来的客观意图对文本的侵略，读者中心论是读者自以为是的偏执的主观感受对文本的侵略。

——节选自李华平：《三大文本解读观的检讨》，载《语文教学通讯》，2020（2）。

想一想，练一练

1. 简要说明俄国形式主义的观点。

2. 新批评派有哪些理论观点？

3. 新批评派在"细读法"实践中的批评术语是什么？尝试用细读法分析统编版教材六年级上册《花之歌》。

参考文献

[1] 王一川. 西方文论史教程. 北京：北京大学出版社，2014.

[2] 陈思和. 中国现当代文学名篇十五讲（第二版）. 北京：北京大学出版社，2013.

[3] 陈太胜. 西方文论研究专题. 北京：北京大学出版社，2008.

第三节　以读者为中心的解读理论

　　"读者中心"理论借鉴了德国的接受美学理论。"读者中心"理论中的"对话"理论被越来越多地运用到中小学语文课堂教学实践中。

▶ 理论聚焦

　　18、19世纪的浪漫主义文学思潮认为，作品的意义是由作者赋予的，因此产生了"作者中心说"；20世纪英美新批评推翻了"作者中心说"，认为文学主角应该是文本，提出了"文本中心说"。而诞生于20世纪60年代末70年代初的接受美学，在文艺理论方面提出了一系列全新的看法，确立了以读者为中心的新的美学思想，对作者中心论、文本中心论进行了批判，从而实现了文艺研究方向的一次根本性改变。

　　接受美学理论确立了以读者为中心地位的美学思想，认为文学作品创作出来以后，它的唯一对象只能是读者，只有读者实质性地参与到作品之中，作品才能显现出自己的意义。作品的成功与否，作者的劳动是否被认可，完全取决于读者。接受美学理论还注重人与文本之间的交流活动，认为人与文本之间的关系是一种心灵对话。读者理解文本的过程实际上是与文本中那个潜藏着的作者进行交流、对话的过程。作品的意义分为两部分，一部分是作者赋予文本的意义；另一部分则是读者通过能动的填充活动赋予文本的意义，只有读者才能将文本"可能的存在"变为"现实的存在"，因此在文本解读中读者的理解是决定性的。

　　接受主义美学以姚斯、伊瑟尔、费希为突出代表。

一、伊瑟尔的文本"召唤结构"

　　伊瑟尔的理论先后受到英美新批评派和叙事理论以及现象学的影响。他认为文学研究应该充分重视文本、读者以及二者之间的互动关系。在批判当时的形式主义文本中心论的时候，他对"文本中心论"所提出的"文本"概念进行改造，提出了"文学作品"的概念，在以下对接受主义理论的探讨中，我们将会使用这一概念。

　　伊瑟尔对文学作品与文本之间的关系做出了清晰的界定，他说："文学作品有两极，我们不妨称作艺术极和审美极：艺术极指的是作家创作的文本，审美极指的是读者对前者的实现。"所以依据这种两极观，"文学作品本身既不可等同于文本，也不可等同于它的实现，而是居于两者之间。"[①] 也就是说文本与读者结合才产生文学作品。文本是在读者的阅读过程中才现实地转化为文学作品的，文本潜在的意义通过读者的参与才能实现。按照他的观点，任何一种文本无论它以何种形式存在，都不能称为文学作品，它只是一个作者建立的审美语言系统，如《红楼梦》无论

---

　　① 转引自董学文：《西方文学理论史》，342页，北京，北京大学出版社，2005。

是曹雪芹原作还是高鹗续作，无论是手抄本还是印刷本，都只是文本，只有在历代读者的阅读过程中，通过读者的激活，才能称为文学作品。他将文学作品的这种特性称为虚在性，并且认为正是这种虚在性使得文本具有了能动性。同时，他又认为面对具有如此特性的文学作品，批评就不能只集中于艺术极或审美极。

对于文本与读者之间如何产生互动关系，伊瑟尔提出了文学文本的"召唤结构"（appeal structure）概念。在伊瑟尔看来，由于文学作品中存在着意义空白和不确定性，各语义单位之间存在着连接的空缺以及对读者习惯视野的否定，因此会引起心理上的空白，所有这些组成文学作品的否定性结构，成为激发、诱导读者进行创造性填充和想象性连接的基本驱动力，这就是文学作品的召唤性含义。伊瑟尔以文本的"召唤结构"来突出读者的自由与创造。

"空白"类似于"未定点"（现象学的观点），[①] 它指文本中需要读者根据自己的想象加以填充而作者没有明确说出来的内容，或是在文本结构中，文本没有显示、读者也看不到的连接点。比如，我们在读叙事性作品时，它的基本内容是通过情节来展现的，但在叙事过程中，情节却突然断开了，或者向读者没有想到的方向发展了；或者叙事部分围绕着一个主人公，后来又转向了新出现的人物，在逻辑上是有着联系的，但在文本中没有明确说明，这些缺少的环节就形成了一种"空白"。

这种空白和空缺如同一种无言的邀请，要求读者自己把空白添上、空缺连接上，这样以吸引与激发读者的想象来完成文本，从而产生其审美对象。但同时，伊瑟尔又强调，读者对文本的理解虽然是自由的，但又是有原则的，而非随心所欲。也就是说，在文本中空缺和空白是实际存在的，是文本的内在结构所规定了的，在哪里存在空白，在哪里又有连接上的空缺，都是作者有意为之的结果，虽然必须要读者用经验和想象去填充，但不是读者想怎样填充就怎样填充的，填充不能违背作者的原意，而是一种以文本自身为基础的填充。

阅读活动对文本和读者都提出了要求，即文本的召唤结构应该考虑到读者自身的条件，但又要超越读者的审美经验，才会引起读者的阅读兴趣，挑战读者的想象空间；同时，文本又制约着读者的阅读活动，但这种制约是对读者的引导，而不是对读者阅读创造性的打压。同时伊瑟尔还强调在阅读时主体的解放意义，即看重文本对读者既定阅读观念的颠覆。他借用了"陌生化"的理论来说明，阅读活动的参与过程是读者自身对既定观念的修正和新观念的形成过程，即读者的阅读实现了文本，文本又唤起了读者内在的东西，二者的互动形成了作品的意味。

举个例子来说，读莎士比亚的《哈姆莱特》，我们的阅读不是从零开始的，在阅读之前，我们已经通过其他方式对它有所了解，电影、录音剪辑、绘本、爸爸妈妈的讲述等，这些都已经成为我们的阅读经验，我们以此为基础开始对文本的理解。文本自身的召唤结构也制约着我们的阅读活动，虽然我们常常说这样一句话："一千个读者就有一千个哈姆莱特"，强调读者阅读的能动性，但莎士比亚在文本中安排的意义空缺又使得我们在作者有意设定的意义空间中对其进行理解。虽然现在对哈姆莱特的解读五花八门，但都紧密地围绕着最基本的意义设定，我们可以用弗洛伊德的眼光分析他的恋母情结，也可以用当代电影人的目光去解读王子的同性恋情结（很令人

---

① 马新国：《西方文论史》（修订版），583页，北京，高等教育出版社，2002。

咂舌，但的确有），但没有任何一种理论强迫我们承认王子真的是个疯子或他就是个女人。这是因为前者的理论代表着当代心理学发展的一种可能，它们是对哈姆莱特精神的现代解读，是有着理论依据的，而后者则是歪读，是对文本的任意妄为。

二、姚斯的"期待视域"

姚斯认为文本的意义是不确定的，文本的意义在于读者的阅读，读者在对文本的阐释中起主体作用。"在这个作者、作品和大众的三角形之中，大众并不是被动的部分，并不仅仅作为一种反应，相反，它自身就是历史的一个能动的构成。"[①]一部文学作品的历史生命如果没有接受者的积极参与，必将走向死亡。因为只有通过读者的传递，作品才进入一种连续性变化的经验视野之中。

"期待视域"主要指读者在阅读理解之前对作品显现方式的定向性期待，这种期待有一个相对固定的界域，这个界域圈定了理解之可能的限度。[②]期待视域由两种成分构成：文学期待视域和生活期待视域。姚斯还区分了个人期待视域和公共期待视域。公共期待视域是他所着重研究的，是指在一定的历史时期占统治地位的共同期待视域，它以隐蔽的方式影响着个人期待视域的构成并决定着文学接受在一定历史时期的深度与广度。[③]

"期待视域"在某种程度上为文学的审美或批评活动提供了一种衡量标尺，一部作品如果不能引起读者阅读期待的变化，只是适应或复制了已成为普遍欣赏趣味的期待的作品，艺术价值就比较低；相反，如果一部作品突破或挑战了人们的期待视野，提供了一种新的审美经验方式，即使它在一段时期内不被多数人认可，但随着时间的流逝，当人们的普遍阅读期待提高到一定的水平时，它的价值就显现出来了。

如法国现实主义作家司汤达于1830年发表的长篇小说《红与黑》。小说中有大量的心理世界刻画与意识流的描写，与当时人们的欣赏习惯大相径庭（当时流行的是抒情的、故事性强的、远离现实的、充满浪漫情节的小说），于是不被大多数的读者所接受，在当时并没有引起反响，但与司汤达同时代的一些伟大作家则预见到了这部作品的未来，司汤达本人也认为自己的作品虽然现在不被接受，但未来它一定会是一部伟大的作品。就像他自己的预见一样，随着历史的发展，后世的小说家竞相模仿他的艺术风格，而《红与黑》则成为一部经典作品，被认为是欧洲文学皇冠上的瑰宝，100多年来被译成多种文字广为流传。以上例证在某种程度上印证了姚斯对阅读期待视域与文本关系的探讨。

期待视域具有历史性和开放性。即期待视域不是固定不变的，而是随着时代的发展而变化的。期待视域不是纯粹个体和主观的反应，它表现的是各个时代各种读者期待视域的相互关联。一个时代的期待视域与它之前和它之后都有关联。个体的期待视域与时代的期待视域也相关联。随着时代的更迭和历史的发展，它将会不断地变化、更新，并在阅读活动中不断被调整和修正。

---

① ［德］H. R. 姚斯：《接受美学与接受理论》，周宁、金元浦译，24页，沈阳，辽宁人民出版社，1987。
② 朱立元：《当代西方文艺理论》（第三版），216页，上海，华东师范大学出版社，2014。
③ 朱立元：《当代西方文艺理论》（第三版），217页，上海，华东师范大学出版社，2014。

新的批评理论和方法也在不断地训练着读者的感觉和思维，更新着人们的文学观念。

姚斯对什么是经典给出了对我们有着深刻启示的理解。他认为，经典是在过去与现在、文本与读者之间的对话关系中动态存在的，它需要重新被提出问题并从中寻找答案，无论是过去还是现在，它的经典性都不是永恒的，它需要在与新时代的审美期待的迎合与拒斥过程中重新获得经典性。

他的这种对经典的认知对现代人如何理解经典作品有重要的启示。以《红楼梦》为例，它的经典性不是因为它获得了创作时期人们的认同，而是因为每个时代的人都能从自己的时代出发，对它提出问题并从它那里寻找到自己的答案，所以，在清末民初的人看来，《红楼梦》以一种隐晦的方法表达了对清王朝的批判，五四时期的人们又从它那里找到了个性解放的萌芽，和平年代的人们则从中又看到了对纯粹爱情的歌颂。所以，一部《红楼梦》在每个时代的经典地位就是在它与每个时代的期待视野的合流与抗拒中得到体现的。

三、费希的读者反应批评

读者反应批评理论在 20 世纪 60 年代末 70 年代初出现在美国，与以伊瑟尔和姚斯为代表的德国接受理论相比，它更强调读者的作用，注重对读者阅读活动的考察，在批评方法上以分析读者阅读感受和反应为主。代表人物是当代美国批评家斯坦利·费希。

费希从 20 世纪 60 年代起开始倡导读者反应批评，1970 年，他在自己的论文《文学在读者中：感受文体学》中，阐发了读者反应论的基本观念——意义即事件。其中事件指"一个读者参与、发生在读者身上的事情"[1]，"一种发生在词与词之间、发生在读者头脑中的事件"[2]。即读者在文本阅读过程中的感受和反应本身。读者对一句话的全部经验而不是关于它的任何评论，才是一句话的意义所在。[3] 也就是说当读者看到一句话时，如"天边的晚霞绽放出瑰丽的色彩"，这句话在读者的心里引发出一系列心理反应，"天边""晚霞""绽放""瑰丽"等引发了有关读者自身的经验。这种经验才是这句话的意义所在，而不是去寻找这句话所谓客观意义。在这一点上，费希批评了伊瑟尔的观点，认为伊瑟尔还是以一个具有客观性的文本为前提的，太保守，在费希看来，根本就不存在所谓文本的确定性或不确定性，文学只存在于读者心中。以此为基础，费希提出了自己的批评主张。

第一，批评的目的不在于探寻文本的意义，而是尽可能准确地描述、分析读者在阅读过程中按时间顺序不断做出的对文本的反应，记录下读者的阅读经验。他认为所谓进入作品，就是一种完全错误的客观，只有从读者的角度去分析读者的感受才是真正客观的。

第二，在批评的实际操作上，主要是描述和分析，也就是"分析读者在阅读按时间顺序逐一出现的词时不断变化发展着的反应"[4]，他强调，这种分析针对的是读者的反应，而不是文本本

①　转引自马新国：《西方文论史》（修订版），588 页，北京，高等教育出版社，2002。
②　转引自马新国：《西方文论史》（修订版），588 页，北京，高等教育出版社，2002。
③　转引自马新国：《西方文论史》（修订版），588 页，北京，高等教育出版社，2002。
④　转引自马新国：《西方文论史》（修订版），589 页，北京，高等教育出版社，2002。

身的分析，这种分析包括：读者由一连串的词所引发的所有反应活动，对句法或词汇可能出现的情况的预测，这些预测会不会发生，对文本有关的人、物、观念等的态度，以及这些态度的转变或对态度的疑问等。

在费希的理论中，他先设定了一个前提，即一个大家共有的语言规则系统和"有知识的读者"[1]，在费希看来，如果大家都处于一种语言的规则系统中，那么理解在某种程度上就是一致的，然后依靠有知识的读者来控制反应的发展方向，这样就不会引起对文本的蓄意歪曲。与伊瑟尔和姚斯相比，费希的读者反应批评理论容易陷入理想主义的窠臼，因为"有知识的读者"只是一种理想化的读者。

总体上看，文学接受理论的发展，完成了文学研究中心的转移，在批评实践中强调读者的能动性，即承认文本的多元性解读，同时又强调对文本本身的客观规定性的尊重；强调文本与读者的期待视域的关系，强调文本、读者、历史之间的对话，确定了读者在阅读活动中的主导地位。当然，对读者的过分强调和依赖则使他们走向了偏颇，忽视了作品本身的审美价值，正如费希自己意识到的，"很难根据这种方法的分析结果来确定一部作品比另一部作品好，甚至也很难确定一部作品本身的好坏"。[2]

▶ 解读示例

文本链接 >>>

赋得古原草送别（节选）

［唐］白居易

离离原上草，一岁一枯荣。

野火烧不尽，春风吹又生。

——统编版二年级下册

试以接受主义文本解读理论对《赋得古原草送别》进行阐释。

自白居易时代到现在，历代批评家对此诗、对白诗的评价有很大不同，可以说每个时代的读者都会将自己的阅读经验能动地作用于白居易的创作文本。

此诗作于唐贞元三年（787 年），当时白居易 16 岁。题目上有"赋得"二字，说明诗是应考的习作，按照科举考试的规矩，凡指定限定的诗题前都会加上"赋得"二字，而且创作上还有规定：作法与咏物诗相似，须结清题意，起承转合要分明，对仗要精工，全篇要空灵浑成，方称

---

① 转引自马新国：《西方文论史》（修订版），590 页，北京，高等教育出版社，2002。
② 转引自马新国：《西方文论史》（修订版），591 页，北京，高等教育出版社，2002。

得体。可以说应考之作是十分限制诗人的创作的，因此应试之作是少有精品的。据唐代张固《幽闲鼓吹》记载，当时白居易初到京城，把自己的诗作投献给京城名士顾况，得到他的赏识。虽说这只是一个传说，但白居易的这首诗在当时的确为人所称道。

中国自楚辞以来就有咏草惜别的诗歌传统，如《楚辞·招隐士》"王孙游兮不归，春草生兮萋萋"。白居易脱化古人，但又别有新意，以简洁白描的手法，抓住春草生命力旺盛的特征，开篇即有昂扬的气息。这首诗得到时人的赞誉，是与唐代古诗文运动分不开的。唐初，陈子昂在他的诗论中就开始提倡复古革新的创作主张，倡导"风雅""兴寄"，学习《诗经》的传统，提倡有感而作、有所寄托，他的这种理论影响了唐诗的发展。而白居易自己也倡导诗歌的情感表达和语言的质朴、直白与音乐性。

而到了宋代，诗风发生了变化。宋诗注重诗歌的散文化，以文字为诗，以才学为诗，以议论为诗。以文字为诗指诗歌语言注重炼词琢句，出新、出奇，拗律、拗句；以才学为诗则指喜欢在诗句中运用成语典故；以议论为诗指喜欢用诗歌来议论说理。宋诗的这种特点使得宋代的人对白居易诗作的评价发生了变化，特别是对他的《赋得古原草送别》一诗，比如吴曾在他的《能改斋漫录》中说："白乐天以诗谒顾况，况喜其咸阳原上草诗云'野火烧不尽，春风吹又生'，余以为不若刘长卿'春入烧痕青'语简而意尽。"[1] 宋人关于唐诗的选本中，要么不选白居易，要么只选他晚期的作品，认为他的诗"局于浅切"（苏东坡评价）。

到了明清时期，对白居易诗的评价又有所变化，清代主张"性灵说"的袁枚就对白居易的诗作给予了很高的评价。同为性灵派诗人的赵翼在《瓯北诗话》第四卷里评白居易早期古风诗时曾说："惟香山诗……古体则令人心赏意惬，得一篇辄爱一篇，几于不忍释手。"

到了现当代，白居易的此诗，虽节选或改题，但一直是小学语文教材中的经典名篇。特别是他在诗中对春草强韧与生生不息的描写，一直以来在咏草送别的诗作中是最明白晓畅而又独具新意的。

通过此诗在不同时期人们对它的评价，我们可以看到各时代的文化视野形成了对同一作品的不同接受历史。

▶ 拓展阅读

读者中心论的检讨

一、读者中心论的局限性

读者中心论过度夸大读者的作用，甚至无视文本的质的规定性，使文本往往成为一个引发读者感想的"由头"，读者由此出发，率性而为，任意发挥，"他们从文本中看到的，并不是文

---

① 转引自高云鹏:《浅论苏轼的白居易批评》，见《中国苏轼研究》(第九辑)，144 页，北京，学苑出版社，2018。

本内在的、深邃的奥秘，而是他们自己的价值观念的投射"。对于此种谬误，维姆萨特等人称之为"感受谬见"。

（一）将文本和由此引发的想象、感受相混淆

"感受谬见"的最突出表现是想象式感受——它感兴趣的是文本在读者的想象、意识、思维等方面引起的反应，如读者从文本中获得的思想的启迪、灵魂的震动、自由的想象、生动的形象，等等。当读者讲述一首诗或一个故事在他心中激起的生动形象、浓厚情感和高度觉悟时，这仅仅是读者个人对文本的一些印象和感受，但这些带有主观意义和生理体验的情绪感受不能作为客观的批评家进行文学解读与批评的依据。

维姆萨特等人认为，诗是有其自身特点的独立客体，诗的意义是相对稳定的，读者的情绪感受是不断变化的，不要让情绪感受干扰了诗的客观意义的阐释。"感受谬见则在于将诗和诗的结果相混淆，也就是诗是什么和它所产生的效果。这是认识论上怀疑主义的一种特例，虽然在提法上仿佛比各种形式的全面怀疑论有更充分的论据。其始是从诗的心理效果推衍出批评标准，其终则是印象主义和相对主义。"

（二）将文本断章取义"为我所用"

感受谬见的极端是"断章取义"，盛行于春秋时期。那时人与人之间交往，国家与国家之间交往，必引诗言志，即各按自己所需，引用诗句，而并不顾及诗歌原意，正所谓"赋诗言志"或"赋诗断章"。正如禅师用诗句参禅是借诗句来讲佛教的道理，也不顾及诗的原意。因此，钱钟书先生指出："盖'断章'乃古人惯为之事，经籍中习见。皆假借古之'章句'以道今之'情物'，同作者之运化。"实际上是借他人手中酒杯浇自己心中块垒，是把诗句放到自己的语言环境中的随意运用。因此，这不能算是解读，或者说是把"解读"混同于"运用"。

不少读者中心论者解读文本并不立足于弄清文本原意，往往是"借古人之歌哭笑骂以陶写我之抑郁牢骚"。甚至像一些书评家那样，"无须看得几页书，议论早已发了一大堆，书评一篇写完缴卷"。所以，文学批评史家罗根泽先生指出："中国的批评，大都是作家的反串，并没有多少批评专家。"以读者为中心，随意夸大读者的阐释作用，是对文本和作者地位的不尊重。从解读的角度来说，是缺乏专业性的体现。

（三）先自立意强制阐释穿凿附会

朱熹对此看得非常透彻："今人观书，先自立了意后方观，尽率古人语言入做自家意见中来，如此，只是推广得自家意见，如何见得古人意思。"这样发展的结果则可能是强制诠释，甚至穿凿附会，不着边际。"先自立了意"，是读者作用的恶性膨胀。抱着一个"成见"（早就有的观点）去读文本，用这个"成见"去解释文本，并用文本中的话来证实自己的"成见"。这样一来，解读文本前已有这个"成见"，读过文本以后，还是这个"成见"，这个文本就失去了其独特的价值，唯一可用的价值就是作为引出解读者"成见"的"引子"。其实，解读者对于某个生活问题的个人感受太丰富，会淹没文本，阻碍对文本的解读——解读者会不自觉地用自己的感受代替对文本本身的解读。恰如一个离婚的女人给别人讲一个关于婚姻的电影，结果讲的不是那部电影故事，

而是自己的故事。

　　读者水平参差不齐，目的各种各样，往往"各执一隅之解，欲拟万端之变"，犹如瞎子摸象，无论摸到腿的、鼻子的、尾巴的，都说大象就是自己所摸到的样子；"会己则嗟讽，异我则沮弃"，合于自己爱好的就称叹、诵读，不合自己兴趣的就弃之不读，久而久之就会得"偏食症"，无法真正提高自己的解读水平，开阔自己的视野。特别是有"文人相轻"毛病的人，就更会发出荒谬之见。如果心怀叵测，则会害人害己。苏轼就曾经被别有用心的读者（政客）摘取诗句妄加解释，扣上反对新政、辱骂皇上的罪名，从而被捕入狱。可以说，读者中心论是"文字狱"的理论推手。因此，对读者的作用必须要有比较客观、公正的认识，对读者意图要适当加以限制。刘勰认为，一个合格的读者必须"无私于轻重，不偏于憎爱"，要通过"博观"不断提高自己的解读水平，掌握"圆照之象"（全面观察的方法），即"操千曲而后晓声，观千剑而后识器"。

　　二、读者中心论对语文教学的不利影响

　　语文新课程实验推行后，强调尊重学生的主体地位，因此不少教师在课堂上只会叫"好"，不敢加以引导。更有教师在自己也无法基本正确理解文本的情况下，就说"一切解读都是误读""我这是多元解读"等，将"一千个读者就有一千个哈姆雷特"作为自己缺乏文本解读真功夫的遁词。其实，这都不是正确的做法，对学生阅读能力的发展、良好心态的养成，也是一种极大的伤害。然而，这种情形在语文教学中颇有一定市场。执教者怀揣某个自认为颇高明的能够启蒙学生的观点，从文本中摘出一句话甚至一个词，无限放大，作为自己观点的佐证；然后由此生发开去，展示丰富的材料，把自己的观点"精彩"地"演绎"一番，于是认为：窦娥是一个因为个人冤屈而危害社会的危险分子；愚公是一个狡猾、阴险、毒辣的阴谋家……这种为我所用的"砍脑袋"式解读方式，不顾文本整体与主旨，不顾文本客观制约性，不顾文本所处单元的教学价值，是十分错误的。语文教师要戒骄戒躁，在文本面前沉下心来，"须得退步者，不要自作意思，只虚此心将古人语言放前面，看他意思倒杀向何处去。如此玩心，方可得古人意，有长进处"。

　　当然，我们在注意消除、防止读者因素"过度膨胀"的同时，也要注意吸收读者中心论中的合理内核，如重视解读者的"先在理解"（"前理解""前见"）与"期待视野"，重视文学文本的"召唤结构"，从不同角度解读文本，培养学生的求异思维和想象能力。

　　——节选自李华平：《三大文本解读观的检讨》，载《语文教学通讯》，2020（2）。

想一想，练一练

　　1."召唤结构"的含义是什么？

　　2.如何理解"期待视域"？请结合具体课文的解读谈谈你的理解。

参考文献

[1] 马新国.西方文论史（修订版）.北京：高等教育出版社，2002.

[2] 曹明海.语文教学中文本解读的接受心理过程.小学语文，2019（4）.

[3] 黄伟，梅培军.阅读教学中的文本解读.南宁：广西教育出版社，2019.

第六章

小学语文散文文本的解读

文章本天成，妙手偶得之。——陆游

知识地图

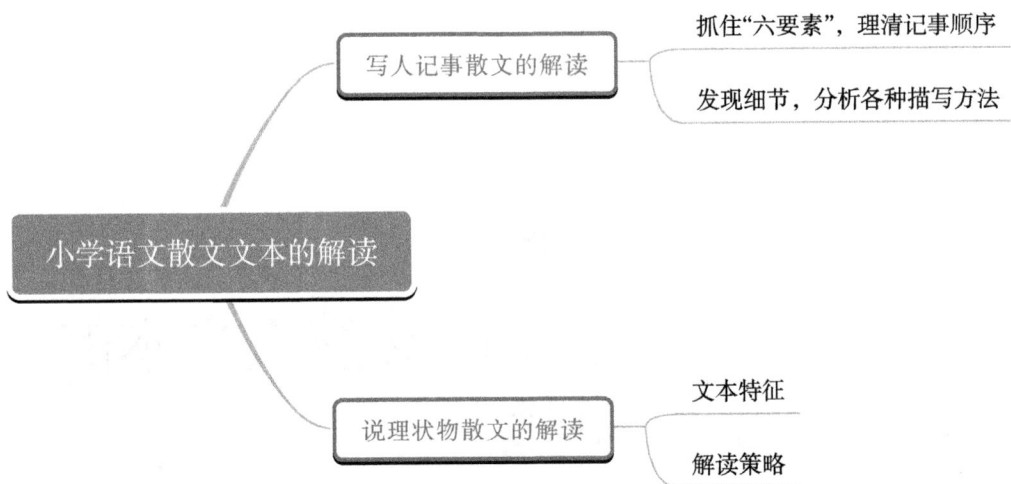

学习目标

1. 了解散文的定义及内容。

2. 理解写人散文与记事散文的定义及文本特征，明晰两者之间的异同。

3. 掌握写人记事散文的解读策略。

4. 理解状物散文与说理散文的定义及特点。

5. 掌握状物散文的解读策略，理解说理散文的解读要点。

第一节　写人记事散文的解读

散文分为广义的散文和狭义的散文两种。广义的散文，是指诗歌以外的一切写作文体，包括文学作品和应用文等；狭义的散文，是文学体裁的一种，或称艺术散文，注重记事、议论和抒情，题材广泛，形式灵活，篇幅短小。本章主要讨论狭义范畴的散文，根据散文的主题、内容以及所选用的主要表达方式等因素，将小学语文教材中的散文分为记叙性散文和说理性散文两类。

《新课标》在课程内容的"实用性阅读与交流"任务群中指出，学生要阅读"叙事性"文本，并具体说明这类文本主要是"叙写大自然的短文"和与"家庭生活、学校生活、社会生活"有关的"记人叙事的优秀文本"。[①]这些记叙性文本以叙述、描写为主要表达方式，以物件的外形、地方的风景、个人的状貌与性情、事件的原委与因果等为叙写对象。按照记叙对象的不同，本章将记叙性散文又分为写人散文、记事散文、状物散文。

▶ 理论聚焦

写人散文以人物为描写的中心，来勾勒人物形象。人物总离不开一定的事件，人因事显，人物的内在性格和思想品质往往要依赖事件来外现，并在事件发生发展的过程中逐步得以丰富和清晰。从这个意义上来说，记人散文可以通过一件事、几件事或几个片段、场面来写人，还可以写两个或两个以上的人物，即群像。为使人物形象丰满、事件精彩，写人散文在表达方式上尤其注重描写，有选择地对人物的外貌、行动、语言、心理以及人物活动的环境展开细致的描写，表现手法上多用对照、铺垫、伏笔、照应、衬托、渲染等。

记事散文通常是记叙人物的一段经历或一段见闻，表达出作者的某种感受、认识与情怀。记事散文中最主要的表达方式是叙述，通过叙述将人物的经历和事物的发展变化过程表现出来。记事散文一般有六个要素——人物、时间、地点、事件的起因、经过和结果，主要采用顺叙、倒叙、插叙、补叙等顺序来叙述事件的发展，有的还会采用转换叙述角度、衬托渲染、伏笔铺垫、象征比喻等写作手法，使文章结构转折灵活、段落过渡巧妙，产生打动人心的力量。在记事散文中，事和人往往是分不开的，所以在叙述中不免用对景物、人物的细致描写来再现事情发生发展的情形，给读者以身临其境之感。

这样说来，写人散文和记事散文在内容、结构及表达方式上有许多共同之处，只是写作目的和内容侧重有所不同而已，因而也有共同的解读策略。

---

① 中华人民共和国教育部：《义务教育语文课程标准（2022年版）》，24~25页，北京，北京师范大学出版社，2022。

一、抓住"六要素"，理清记事顺序

叙述性文本的层次结构是作者思路的表现形式。对于小学生而言，读懂写人记事散文，就应先读懂记事性结构中的情节。通过对事件的起因、经过、结果等记事要素的了解和把握，知道把一件事情讲清楚必须要交代的要素，学会清晰地表达事件。

写人记事散文往往用一条贯穿全文始终的线索，来提示情节之间的内在联系。线索把所有事件联结成一个有机体，所以说线索是文章的纲，在教学中抓住了这个纲，就能很快理顺文章内容、掌握文章结构、理解文章中心思想。只有那些能够体现情节之间的内在联系和文章主题思想的具体事物，才能作为贯穿全篇的线索。线索类型大致有：物线、事线、人线、感情线、时间线、地点线、见闻线等。例如，《变色龙》以中心事件为线索，即以警官奥楚蔑洛夫处理狗咬人事件为线索展开情节，《珍珠鸟》以思想感情的发展变化为线索，《草帽计》以草帽这一物件为线索等。

二、发现细节，分析各种描写方法

细节描写是写人记事散文常见的表达手法。细节描写能栩栩如生地再现人物、事件和景物。不同的人说话的风格是不一样的，或高雅或低俗，或直白或含蓄。动作、神态描写，可以暗示人物心理，展现人物品格，进而使人物有血有肉。在写人散文中，人物性格在其行为变化中表现出来，着力刻画人的动作，可以增强人物的立体感。分析人物的外貌、心理、动作、神态、语言描写以及环境描写的过程，也就是教师引导学生发现词语、理解词语的过程。例如，《草地夜行》中有这样一段细节描写："突然，他的身子猛地往下一沉。'小鬼，快离开我！'他急忙说，'我掉进泥潭里了。'我心里一惊，不知怎么办好，只觉得自己也随着他往下陷。这时候，他用力把我往上一顶，一下子把我甩在一边，大声说：'快离开我，咱们两个人不能都牺牲！……要……要记住革命！……'"这段描写生动感人，"一沉""一惊""一顶""甩"这些看似普通的字眼儿，却非常准确地再现了在生死关头，两位红军战士的心理活动和行为表现，凸显了老红军战士舍己为人、无所畏惧、勇往直前的崇高形象。可以说，缺少这些细节描写，老红军战士的形象也就难以鲜活起来。

另外，还有侧面描写、补笔描写等。通常情况下，文学作品人物形象的刻画多采用正面描写的手法，即通过对人物的外貌、语言、动作、神态、心理等方面的描写，表现人物的性格、品行和技能。有时恰当地借助一些侧面描写，常常可以起到正面描写无法或者很难达到的艺术效果。

▶ 解读示例

文本链接 >>>

一件好事

一天，我的姐姐克拉拉对我说："我们已经长大了，我们今天应该做一件好事。"

我问："做什么好事呢？"

"我们送些衣服给穷人，你拿出一条裤子，我拿出一件上衣，这就是做好事。"姐姐说。

"可我连一个穷人都不认识，你认识吗？"我说。

"这很简单，"克拉拉说，"我们只要把你的裤子和我的上衣装进塑料袋，放在房子门前，就会有红十字会的人员来取的。"

我们立即找来一个塑料袋，把我的裤子和克拉拉的上衣放了进去。然后我们想，得到我们衣服的孩子一定很快乐，可是，他们还有贫穷的父母呢。于是我们又去找来爸爸的一件毛衣和妈妈的一件绿外套。克拉拉还说，得到衣服的穷人一定还需要鞋子，于是塑料袋里又多了四双鞋子。

我们很费力地把口袋拎到楼下。大门前已经有许多袋子了，不过我们的口袋最满。

"这些口袋里也一定有好东西。"克拉拉说。

"这真是一件好事吗？"我问。

"当然，一件非常好的好事。别人快乐，我们也快乐。"克拉拉说。

可是，我们的爸爸在找他的鞋子时却不这样认为。

"我的黑鞋子在哪里？"当我们气喘吁吁地回到屋子时，爸爸问，"你们怎么会想到把我的新鞋子送掉的？"

"为什么穷人就该老是穿旧的东西呢？"克拉拉问。

"对呀，"我说，"那样，他们看上去就更穷了。"

爸爸深深地叹了口气，说："我真想哭，也真想笑。"他摇了摇头，看着妈妈笑了起来。

——北师大版二年级下册

《一件好事》是一篇典型的记事散文，出现在二年级的课本中，为刚开始学习记叙文的学生提供了很好的范例。它完整地体现出了事情的发展过程，交代清楚了事件的起因、经过和结果，展现了记叙文的六要素（时间、地点、人物、起因、经过、结果）。

一、课文的结构脉络

在一篇散文中，我们可以通过题目、文中反复出现的句子、课文末尾的升华句等来把握文章的主线，体会作者所要表达的情感。

《一件好事》这篇课文采用了平铺直叙式的结构，它是记事散文常见的一种结构，通过讲述一个主题事件，从头到尾有理有据、合情合理地缓缓而叙，使人轻松愉悦地欣赏与接受。这样的一种叙述结构，让读者很容易发现课文是围绕着"一件好事"这个主题展开的。

作者从儿童的视角出发，开始记叙"一件好事"。首先是为什么要做一件好事？交代了事情的起因——"我们已经长大了"。紧接着是事情的发展："我"和姐姐送衣服给穷人。姐弟俩的对话交代清楚了这件事情的要素：什么是好事？——帮助别人。怎样做好事？——送些衣服给穷人。这件事好在哪里？——别人快乐，我们也快乐。最后写了事情的结果：爸爸既想哭又想笑。这样的记叙结构体现了事情一环套一环的发展顺序，同时也是事情的自然发展顺序。这样层次清晰地记叙，使读者在阅读的时候对事情的发展一目了然。

与一般的记叙不一样的是，这篇短文是通过人物的对话来展开情节的，比一般的第一人称的直接描述更加富有趣味性，更贴近孩子的心理。

二、平铺直叙中体现出作品的主题

如果把记事散文比作潺潺流动着的情愫河流，那么结构、材料、语言则是情愫的河床，它们是艺术情愫的必然载体。记事散文在叙述中必然会体现出作者的思想情感。

《一件好事》是西方儿童文学作家的作品，体现的教育理念是：儿童要适应社会，与社会相联系，不能只活在自己的世界里。课文是围绕着"一件好事"展开的。作者在一开头就提出"我们已经长大了，我们今天应该做一件好事。"这体现了作者的想法，孩子是处在社会中的，当他们长大时，就应该懂得一些事情，需要与同伴、成人、社区建立各种各样的联系。那做什么好事呢？课文中说"我们送些衣服给穷人"。这反映了作者认为帮助别人就是一件好事，并且在课文中，作者详细说明了姐弟俩是如何做好事的，这是帮助别人的一个例子，也为读课文的孩子们提供了一个范例。又借姐姐的口说出了"别人快乐，我们也快乐"，指出了一件好事的真谛——别人快乐，我们自己也会因为帮到别人而获得快乐。在课文结尾，爸爸说："我真想哭，也真想笑。"很明显，爸爸想笑是因为姐弟俩帮助别人的善良行为，想哭是因为他的新鞋子被送出去了。在这里写爸爸"想哭"，是在告诉小读者，帮助别人要量力而行。

三、取材、语言上体现出儿童情感

记事散文的素材来源于现实生活。生活里的许多容易被人忽略的小事情，常常承载了最本质、最美丽的东西。在这篇课文里，作为写作主体的"我"企图再现"我"的童年、少年生活中真实的人、事、物、景，因而具有儿童文学的趣味性、真实性。课文的第12~14自然段尤其体现了儿童文学的特点。"为什么穷人就该老是穿旧的东西呢？""对呀，那样，他们看上去就更穷了。"姐弟俩的对话，让人发笑，同时让人觉得又确实是这样的，不禁为孩子们那颗善良、真诚的心叫好。孩子的心中没有物质的、阶级的概念，孩子的语言展现出了孩子的性格。情感表现得如此率真坦荡，形象地体现出了儿童文学的趣味性。这篇散文的语言平实明确，没有高大上的豪言壮语，只是由姐弟间的对话组成，贴近孩子的日常生活，具有真实性。

四、教学内容的选择

　　《一件好事》是北师大版二年级下册"快乐的生活"主题单元中的一篇课文，从单元主题看，编者是要让孩子体会生活中的快乐，不仅仅限于好吃的、好玩的，还可以通过帮助别人获得快乐。从《新课标》中的阅读教学要求来看，这一学段的要求是"阅读浅近的故事，向往美好的情境，关心自然和生命，对感兴趣的人物和事件有自己的感受和想法，并乐于与人交流，获得初步的情感体验"。这篇儿童散文紧扣一件好事，以对话的形式展开叙述，内容富有趣味性，适合孩子阅读。对课文结构的把握和对儿童情感的体验应该成为这篇课文的教学重点。

文本链接 >>>

我的伯父鲁迅先生

　　伯父鲁迅先生在世的时候，我年纪还小，根本不知道鲁迅是谁，以为伯父就是伯父，跟任何人的伯父一样。伯父去世了，他的遗体躺在万国殡仪馆的礼堂里，许多人都来追悼他，向他致敬，有的甚至失声痛哭。数不清的挽联挂满了墙壁，大大小小的花圈堆满了整间屋子。送挽联送花圈的有工人，有学生，各色各样的人都有。那时候我有点儿惊异了，为什么伯父得到这么多人的爱戴？我呆呆地望着来来往往吊唁的人，想到我永远见不到伯父的面了，听不到他的声音了，也得不到他的爱抚了，泪珠就一滴一滴地掉下来。

　　就在伯父去世那一年的正月里，一个星期六的下午，爸爸妈妈带我到伯父家里去。那时候每到周末，我们姐妹三个轮流跟随着爸爸妈妈到伯父家去团聚。这一天在晚餐桌上，伯父跟我谈起《水浒传》里的故事和人物。不知道伯父怎么会知道我读了《水浒传》，大概是爸爸告诉他的吧。老实说，我读《水浒传》不过囫囵吞枣地看一遍，只注意紧张动人的情节；那些好汉的个性，那些复杂的内容，全搞不清楚，有时候还把这个人做的事情安在那个人身上。伯父问我的时候，我就张冠李戴地乱说一气。伯父摸着胡子，笑了笑，说："哈哈！还是我的记性好。"听了伯父这句话，我又羞愧，又悔恨，比挨打挨骂还难受。从此，我读什么书都不再马马虎虎了。

　　那天临走的时候，伯父送我两本书，一本是《表》，一本是《小约翰》。伯父已经去世多年了，这两本书我还保存着。

　　有一次，在伯父家里，大伙儿围着一张桌子吃晚饭。我望望爸爸的鼻子，又望望伯父的鼻子，对他说："大伯，您跟爸爸哪儿都像，就是有一点不像"。

　　"哪一点不像呢？"伯父转过头来，微笑着问我。他嚼着东西，嘴唇上的胡子跟着一动一动的。

　　"爸爸的鼻子又高又直，您的呢，又扁又平。"我望了他们半天才说。

　　"你不知道，"伯父摸了摸自己的鼻子，笑着说，"我小的时候，鼻子跟你爸爸的一样，也是又高又直的。"

　　"那怎么——"

"可是到了后来，碰了几次壁，把鼻子碰扁了。"

"碰壁？"我说，"您怎么会碰壁呢？是不是您走路不小心？"

"你想，四周黑洞洞的，还不容易碰壁吗？"

"哦！"我恍然大悟，"墙壁当然比鼻子硬得多了，怪不得您把鼻子碰扁了。"

在座的人都哈哈大笑起来。

有一年的除夕，我们全家都到伯父家里去了。伯父买了许多爆竹和花筒给我们。我们都胆小得很，没有一个人敢放，伯父和爸爸就替我们放。他们每人捧了一大堆，走到天井里去。我们掩着耳朵，躲在玻璃门后面，睁大了眼睛望着他们。四扇玻璃门，我们三个和海婴一人占一扇。伯母和妈妈站在我们旁边。

爸爸放的是爆竹，声音真大，可怕极了，虽然关紧了门，掩住了耳朵，也照样听得见。我们紧张极了，气都不敢透一口。

爸爸放完爆竹，轮到伯父放花筒了。火花在我们眼前飞舞，艳丽的色彩映照在伯父的脸上。我突然注意到他脸上的表情，那么慈祥，那么愉快，眉毛，眼睛，还有额上一条条的皱纹，都现出他心底的欢笑来。那时候，他的脸上充满了自然而和谐的美，是我从来没看见过的。

有一天黄昏，呼呼的北风怒号着，天色十分阴暗。街上的人都匆匆忙忙赶着回家。爸爸妈妈拉着我的手，到伯父家去。走到离伯父家门口不远的地方，看见一个拉黄包车的坐在地上呻吟，车子扔在一边。

我们走过去，看见他两只手捧着脚，脚上没穿鞋，地上淌了一摊血。他听见脚步声，抬起头来，饱经风霜的脸上现出难以忍受的痛苦。

"怎么了？"爸爸问他。

"先生，"他那灰白的抽动着的嘴唇里发出低微的声音，"没留心，踩在碎玻璃上，玻璃片插进脚底了。疼得厉害，回不了家啦！"

爸爸跑到伯父家里，不一会儿，就跟伯父拿了药和纱布出来。他们把那个拉车的扶上车子，一个蹲着，一个半跪着，爸爸拿镊子夹出碎玻璃片，伯父拿硼酸水给他洗干净。他们又给他敷上药，扎好绷带。

拉车的感激地说："我家离这儿不远，这就可以支持着回去了。两位好心的先生，我真不知道怎么谢你们！"

伯父又掏出一些钱来给他，叫他在家里休养几天，把剩下的药和绷带也给了他。

天黑了，路灯发出微弱的光。我站在伯父家门口看着他们，突然感到深深的寒意，摸摸自己的鼻尖，冷得像冰，脚和手也有些麻木了。我想，这么冷的天，那个拉车的怎么能光着脚拉着车在路上跑呢？

伯父和爸爸回来的时候，我就问他们。伯父的回答我现在记不清了，只记得他的话很深奥，不容易懂。我抬起头来，要求他给我详细地解说。这时候，我清清楚楚地看见，而且现在也清清楚楚地记得，他的脸上不再有那种慈祥的愉快的表情了，他变得那么严肃。他没有回答我，只把枯瘦的手按在我的头上，半天没动，最后深深地叹了一口气。

伯父逝世以后，我见到他家的女佣阿三。阿三是个工人的妻子，她丈夫失了业，她愁得两只眼睛起了蒙，看东西不清楚，模模糊糊的像隔着雾。她跟我谈起伯父生前的事情。她说："周先生自己病得那么厉害，还三更半夜地写文章。有时候我听着他一阵阵接连不断地咳嗽，真替他难受。他对自己的病一点儿也不在乎，倒常常劝我多休息，不叫我干重活儿。"

　　的确，伯父就是这样的一个人，他为自己想得少，为别人想得多。

——统编版六年级上册

　　《我的伯父鲁迅先生》是一篇典型的写人散文，作者周晔是鲁迅胞弟周建人之女。作者回忆了童年时代自己印象深刻的、关于伯父鲁迅的五个生活片段，为我们呈现出一个丰满的鲁迅形象。

一、"断片"式的叙述结构

　　《我的伯父鲁迅先生》回忆了与伯父有关的五个生活片段：

　　第一个片段是"笑谈水浒与赠书"，作者特意提到了当年伯父赠给她的两本书——《表》和《小约翰》，这两本书她一直留存着。这两本书是鲁迅先生自己翻译、介绍给中国读者的外国儿童文学作品。伯父与侄女之间的对话轻松愉悦，一个幽默、慈爱的长辈形象跃然纸上。

　　第二个片段是"趣谈碰壁"，记录了饭桌上鲁迅先生面对孩子的发问，以开玩笑的口吻说出自己在黑暗中"碰壁"的经典片段。鲁迅的作品中常常会出现类似于"黑暗"的意象，这是他对于当时社会现状的直观感受，这种形容不仅是对社会现实的揭露，更是对封建思想文化压抑人性的抨击。他对中国社会的认识清醒而深刻，他愿意成为"黑暗的铁屋子"中撼动门窗的先驱者，愿意肩扛黑暗的闸门，不怕做一个"碰壁"者。

　　第三个片段是"除夕放花筒"，这一片段的描绘整体基调是柔和的、温馨的，展现了一家人其乐融融的画面。这时的鲁迅全然没有了冷峻与严苛，他只是一个家庭中的丈夫、父亲、伯父的角色，普通且平凡，但是分外真实，是一个热爱生活的、活生生的"人"，展现的是"大先生""好玩"的一面。

　　第四个片段是"救助车夫"，"我"回忆了伯父与父亲救治车夫的具体场景。在鲁迅邻居俞芳的回忆以及鲁迅自己的日记中，车夫这个人物也常常出现，显然，鲁迅把同情与关心倾注在社会底层劳苦大众身上，记挂着被侮辱与被损害的社会弱者。对这些底层民众，鲁迅希望能以自己的力量给予他们更多的关怀。

　　第五个片段是女佣的回忆，借一位受到鲁迅帮助的普通女性之口，展现了鲁迅为自己想得少，为别人想得多而忘我工作的情景画面。

　　这些事件之间没有明显的因果或时间顺序，作者对每个事件的叙述也不完整。文章的叙述方式是片段式的，五个独立的片段之间没有承上启下的过渡句作为衔接，而是以空行的形式加以分隔。"断片"式的叙事结构不以叙述完整事件为目的，而是以一条线索或一个主题连缀成篇，能够串联多个事件，展现人物的不同侧面，或强调人物某一方面的品质。

二、儿童与成人的双重叙事视角

这一连串的"断片"是由伯父葬礼上的画面引出的。鲁迅先生去世时"我"还是个十岁的孩子，面对葬礼上所见到的情景——各色各样的人前来吊唁伯父，很自然地生发出"为什么伯父得到这么多人的爱戴"这样的疑问。这个问题到作者成年时才有了答案，因此在鲁迅先生逝世9周年之时，已经成年的周晔写下了这篇回忆性散文。她有意选择了几个看上去表面缺少联系却极具有代表性的生活片段，从不同侧面为读者描绘了一个高大丰满的"先生"形象：关心儿童成长的鲁迅、幽默风趣的长辈鲁迅、勤奋工作的鲁迅、关爱底层人民的鲁迅……回答了文章开头"伯父为什么如此受人爱戴"这个问题。

在对这些"断片"的具体叙述中，成年周晔是隐身的，她作为自己回忆的旁观者，从儿童周晔的视角为读者呈现着当时的画面以及自己当时的心境，因此才会出现"笑读《水浒传》"中的"比挨打挨骂还难受"，"趣谈碰壁"中"墙壁当然比鼻子硬得多了，怪不得您把鼻子碰扁了"的"恍然大悟"，"放花筒"中的"现出他心底的欢笑"，"救助车夫"中的"只记得他的话很深奥，不容易懂"……这些带有特定儿童心理的典型画面，加上语言表述的平实自然，让读者跟随作者回到童年，见到一个平凡可亲的"伯父"形象。这篇文章是小学生"走近鲁迅"的经典文本。

三、教学内容的选择

《我的伯父鲁迅先生》在教材设定上虽然是一篇略读课文，语言表达通俗易懂，场景描写也不复杂，但内含的信息是极为丰富的，只有站在鲁迅专题单元整体的角度，并且借助相关材料，才能解读出作者的创作意图，找准本课在本单元的功能定位和教学价值：让学生认识鲁迅的伟大与平凡，走进鲁迅丰富的精神世界和生活世界。

▶ 拓展阅读

《我的伯父鲁迅先生》课例赏析

从某种意义上说，一篇课文教什么，怎么教，是否教到点子上，能否让学生真正受益，在很大程度上取决于教师解读文本的功力。闫老师紧扣本单元语文要素，将本课的解读定位于"在鲁迅文化的语境中教鲁迅"，通过设计"不能不说鲁迅""周晔眼中的鲁迅""别人眼中的鲁迅""鲁迅留下的"等教学板块，深入研读文本，借助相关资料的链接，把学生带到鲁迅文化的语境中去，在学生面前打开了一扇认识鲁迅的窗口。

一、丰富多元的资料，引用恰到好处

鲁迅所生活的时代与现在学生相隔久远，在教学时可以借助哪些相关资料？有了相关资料，该如何设计教学活动来帮助学生理解课文内容？怎样在教学中恰到好处地使用资料？在教学本单元时，很多教师都会产生诸如此类的问题。综观闫老师的课堂，不仅适时引入多种资料，帮助学生理解，还借助资料为学生的精神生命抹上一笔温暖的色彩。

在第一板块"不能不说鲁迅"教学中，闫老师通过与学生对话，交流课前对鲁迅的了解，相机出示"鲁迅是我国伟大的文学家、思想家、革命家"等资料，引导学生对鲁迅有初步的感知。在第二板块"周晔眼中的鲁迅"教学时，闫老师提出："跟随周晔的记忆走进与伯父在一起的日子，看看周晔眼中的鲁迅是个怎样的人。你最想谈哪件事？"第一位学生交流的是第二件事，谈"碰壁"。在师生互动过程中，闫老师相机出示鲁迅写的《"碰壁"之后》《"碰壁"之余》等文章片段，帮助学生理解这里的"碰壁"原来是指在旧社会鲁迅受到封建势力的束缚，他撰写的文章被禁止发表，多次面临被暗杀的危险，在生活中可谓处处"碰壁"。在交流"别人眼中的鲁迅"又是怎样的时，闫老师引入萧红撰写的《回忆鲁迅先生》片段，通过种种生活细节的描写，帮助学生了解更多鲁迅先生不为人知的故事。在教学第 1 自然段回忆鲁迅去世场景时，闫老师引入巴金《永远不能忘记的事情》片段，真实地还原当时鲁迅先生去世时万人悲痛的场面。在第四板块"鲁迅留下的"教学时，闫老师同样引入了大量资料，有臧克家写的《有的人》、《亚洲周刊》评选材料、《影响中国历史的 100 人》《欣慰的纪念》《人间鲁迅》《鲁迅的最后十年》等。

"借助资料"是路径，"理解内容"是目的。在教学中，闫老师主要借助"生平史料""回忆鲁迅作品""作家文本解读"等不同类别的资料来拓展学习的深度和广度，使学生对鲁迅形象的把握既有理性思考，又有感性认识。与此同时，闫老师引入的资料和教材文本的学习相得益彰，整堂课厚重、大气，令人回味无穷。

二、取舍有度的设计，分析鞭辟入里

作为一篇略读课文，学习提示明确了本课教学的重点：用较快的速度默读课文，想想课文写了关于鲁迅的哪几件事，给每件事加个小标题。再结合资料和同学交流：课文中的鲁迅给你留下了怎样的印象？在和学生交流、解读"谈读书""谈碰壁""救助车夫""关心女佣"等事情中，闫老师恰到好处地截取了每件事的一个"横截面"，通过一个个"横截面"建构起鲁迅形象的多面。例如，在教学"谈读书"事件时，面对"我"读书时的囫囵吞枣和张冠李戴，鲁迅笑着说，"哈哈！还是我的记性好"，闫老师引导学生讨论这是怎样的批评。有学生说是委婉的批评，有学生说这是伯父用风趣的语言教育"我"读书不能马马虎虎。闫老师提的这个问题撬动了学生对鲁迅形象的把握，在相互探讨中，一个风趣幽默、教育有方的鲁迅形象在学生脑海中逐渐清晰明朗。接着，闫老师继续引导学生去关注文本，寻找文中打动人心的细节。"那时候拉黄包车是受人鄙视的，是迫不得已，情况肯定十分迫切。鲁迅先生认为他们也是人，所以他非常关心这些穷人。""鲁迅眼中的黄包车车夫和他在人格上是平等的。无论干什么职业，人与人之间在人格上是平等的。"这些都是学生在自主品读"救助车夫"故事之后所交流的阅读体会，又凸显出了鲁迅形象的另一面。

鲁迅先生的儿子周海婴曾写道："我们的目的就是希望鲁迅能够真实地活在 21 世纪青年人的心中，让他活得更好，活得更有意义，更能促进中国社会朝向健康文明的方向发展。假如鲁迅作为一个时代的符号有理由、有必要走下去的话，则必须给青年一个有血有肉的鲁迅。生活中的鲁迅其实是个爱开玩笑、非常幽默和蔼的人。"的确，闫老师整堂课取舍有度，在一件件事情中截取一个个"横截面"，基于"鲁迅文化"的语境，真真切切地向学生还原出一位本真的鲁迅。

三、高阶思维的碰撞，唤醒逐步推进

在这堂课教学中，闫老师抓住文本核心要素展开教学，以高质量的问题驱动学习，不断激活学生思维，在多重对话中提升学生的阅读品位。

1936年10月19日，鲁迅病逝于上海，一颗伟大的心脏停止了跳动。巴金用《永远不能忘记的事情》一文真实地记录了当时人们前来吊唁和送行的场景。闫老师将这段材料引入课堂，并向学生提问："在前来参加追悼会的人群中，你最关注谁？"有学生提到一群小学生，有学生提到杂志社的工友，还有的学生提到两个穿和服的太太。就在这时，闫老师继续追问："同学们，前来送葬的人群之中也许就有阿三。面对先生的遗像，她情不自禁地想起了什么？也许前来吊唁的人当中还有那位被伯父救过的车夫，面对先生的遗像，他也情不自禁地想起了什么？当幼小的周晔呆呆地望着来来往往吊唁的人，她也不由得想到了什么？"学生的情感再一次迸发，纷纷提笔写下一段段动人的文字。学生思维力的提升，需要在真问题中调动文本与认知的碰撞，才能使学习真正发生。

经典文本的阅读和鉴赏往往不拘于一个维度。在课堂的最后，闫老师提出："鲁迅先生离开我们已经八十四年了，一个伟大的身影离我们越去越远，但留给我们的却又太多太多，鲁迅先生留给我们什么呢？"有学生讲道："他给我们留下了宝贵的精神财富！"还有学生讲道："鲁迅先生给我们留下了作品，留下了他的心灵，还有未完的心愿。"显然，学生对鲁迅的认识不止于认识层面，而是上升到鲁迅精神的境界。从课堂的开始到落幕，闫老师不断带领学生多维度地发掘、理解、鉴赏、生发，高阶思维俨然成为课堂上的一道道风景。

——节选自陆智强：《资料建构语境，还原鲁迅本真——特级教师闫学执教〈我的伯父鲁迅先生〉课例赏析》，载《小学语文教师》，2020（11）。

想一想，练一练

1. 什么是记事散文？它的主要表达方式是什么？
2. 什么是写人散文？它与记事散文有什么区别？
3. 解读写人记事散文的策略有什么？
4. 自选一篇统编版教材中的写人或记事散文，结合相关理论知识，分析其细节描写的作用。

参考文献

[1] 王荣生. 中小学散文教学的问题及对策. 课程·教材·教法，2011（9）.

[2] 颜水生. 中国散文理论的现代转型. 北京：中国社会科学出版社，2014.

[3] 郑明娳. 现代散文理论垫脚石. 广州：广东人民出版社，2016.

第二节　说理状物散文的解读

文学性散文都有着不同程度的抒情性质，不仅记叙性散文字里行间渗透着作者的情感，就连说理性散文也带有作者的思想情感倾向，因此文学性散文的解读必须特别关注文中的情感和意蕴的表达方式。

▶ 理论聚焦

一、文本特征

（一）状物散文的特点

"状物"就是要用语言文字把自己对于"物"的认识如实表达出来，表达得是否正确、明晰，决定于认识是否全面、深刻。所以表达之前一定要认真观察，仔细分析，善于捕捉和发现它们的本质特征，只有认识深刻了，并且引发浓郁的情意，才有可能把物象真实地、自然地、生动地勾画出来。

状物散文以真实具体的景或物作为描述对象，以描摹景物、事物的特征为主要内容。

状物散文以描写为主要表达方式，对景物或事物进行深入细致的描绘。作者往往借助自己的感官，采用一定的修辞手法，或比喻，或拟人，将难以描绘的景物特征描写出来。

状物散文的描写顺序与描写角度直接或间接地反映了作者从不同角度、不同层次观察事物的方法。当描写景物时，只有描写顺序符合景物的自然规律，写出的景物才能真实。因此，状物散文必有一种合理的描写顺序，或逻辑，或空间，或时间。另外，在描写时，状物散文很少会平铺直叙地进行，作者往往会不断地变化描写的角度，使描写更加具体，使景物给读者以主体化之感。例如，把动态描写和静态描写相结合，使动中有静，静中有动，动静结合；把近景描写和远景描写相结合，使景物描写更有深度；把景物描写和人物描写相结合，做到景中有人，人在美景中，使景物更有活力和生活气息等。

（二）说理散文的特点

说理散文旨在说理。说理散文虽然也是或记事，或写人，却以阐明事理、解释意义为主要目的。从选材方面看，说理散文透视人生社会，寄寓人情百态；从表现手法上说，说理散文以形象来揭示生命的真理、生活的哲理，给人们一种透过现象看本质、通过小事观大象、经过小节明大理的审美效果；从结构上看，说理散文通常脉络清晰，条理清楚，这也是说理散文能够说清楚"理"的必备条件。

《新课标》在课程内容"思辨性阅读与表达"任务群中，要求学生"阅读关于生活感悟、生活哲理方面的优秀作品，学习思考与表达的方法，结合生活经验和阅读材料，阐述自己的感悟和观点"[①]，明确指出了说理散文的内容特点和阅读目的。这类散文在小学语文教材中占有一定的数量，如《"精彩极了"和"糟糕透了"》。

说理散文与议论文最大的不同在于，说理散文是有"触发源头"的。事件触发谓之"因事"，言语触发谓之"因言"，人物触发谓之"因人"，场景触发谓之"因景"，物件触发谓之"因物"。例如统编版五年级上册《"精彩极了"和"糟糕透了"》，父母对"我"八九岁时写的一首诗的评价分别是"糟糕透了"和"精彩极了"，这触发了说理："这两个极端的断言有一个共同的出发点——那就是爱"。

记叙是为了说理，说理不是为了证明观点，而是在深刻体验和生动记叙现实生活的基础上，发掘现实生活中深远的意义，抒发由现实生活引发的情感幽思。这是说理散文的共性。

二、解读策略

（一）状物散文的解读策略

1. 找准景物特征

写景状物散文，每一个"这一篇"都描绘了特定的对象，对象独特的风采必然是描绘的核心。阅读此类文章，首先就是要捕捉景物特点，凭借对课文中具体语言文字的精准解读，发现"这一篇"的独特之处。有些课文一开头就直接点明了景物的特点。如《黄果树瀑布》开头第一句话是"黄果树瀑布，真是一部大自然的杰作"，这"杰作"二字便是对黄果树瀑布特点最好的总结。又如《黄山奇松》课题中的"奇"字已概括出了黄山松的特点。这个"奇"字是课文的文眼，学生先找准课文的文眼，然后再去探究黄山松究竟"奇"在哪儿。当然，并不是所有的课文都有"文眼"，有时需要教师带领学生自己去概括。如《三月桃花水》中的两个比喻，就概括出了河流温柔、平静的特点，区别于夏天的河流，这就凸显了桃花水的特征。

2. 品词析句，掌握描写技巧

教材中所选的写景状物文章，主要靠遣词造句来生动再现景物或者事物，如《趵突泉》一课，作家老舍用词朴素，句子平实，却精准而生动。如第一句中"现在单讲趵突泉"，一个常挂在人们嘴边的"单"字，突出了描述的重点景物，简洁明快；"看那三个大泉，一年四季，昼夜不停……冒，冒，冒，好像永远不感到疲乏"，"冒"字的重叠使用，不仅生动贴切地刻画了泉水涌出的动态，表现了涌出的力量，还写出了不分昼夜的永恒；"有的半天才上来一个水泡……有姿态地摇动上来，碎了"，司空见惯的事物被作者写得如此生动、具体、传神。像这样的动词、形容词的选择和使用，不仅表现出作家的功力，而且应当成为赏析解读的重点。

3. 分析文本结构，学习观察方法

文章是作者对客观事物观察、分析、思维加工的结晶，不同的文章结构层次直接或间接地

[①]　中华人民共和国教育部：《义务教育语文课程标准（2022 年版）》，30 页，北京，北京师范大学出版社，2022。

反映了作者从不同角度、不同层次观察事物的方法，这些方法对于学生思维认知能力的培养，乃至世界观的形成都具有积极的作用。如《桂林山水》一课，从写景的角度来说，文本呈现出"总—分—总"的结构，第1自然段用"桂林山水甲天下"概括出文本的主要内容，第2、3自然段分别描述桂林水的"清、静、绿"、桂林山的"奇、秀、险"，第4自然段用"人在画中游"一句点出桂林山水景如画的特点。按照思想感情的推进，文本结构又可分为铺垫、推进、高潮三个层次：第1自然段以"人们都说"拨动游览者的兴致，第2、3自然段分为两层推进，第4自然段将山水连为一体，"人在画中游"一句将作者对自然景物的喜爱推向了高潮。这需要教师对文本有较强的观察、分析能力。

（二）说理散文的解读策略

以小见大、以事实寓哲理是说理散文常用的表达手法，读者在阅读时要联想自己的人生经历或生活经验，投入深厚的情感，体味文章的审美情趣，才能参悟文章丰富的内涵。

对于说理散文的解读，通常要把握住四点：①把握文章的主要观点，包括筛选中心句、留意议论的语句、梳理各观点之间的关系；②把握情感，包括筛选表达情感的词语、结合文章的观点来分析情感；③分析材料，包括弄清材料证明了什么观点、分析同一观点下多则材料之间的关系；④理解含义深刻的句子，联系语境，理解文章的主旨。

▶ 解读示例

文本链接 >>>

三月桃花水

是什么声音，像一串小铃铛，轻轻地走过村边？是什么光芒，像一匹明洁的丝绸，映照着蓝天？

啊，河流醒来了！三月的桃花水，舞动着绮丽的朝霞，向前流啊。有一千朵桃花，点点洒在河面，有一万个小酒窝，在水中回旋。

三月的桃花水，是春天的竖琴。

那忽大忽小的水声，应和着拖拉机的鸣响；那纤细的低语，是在和刚刚从雪被里伸出头来的麦苗谈心；那碰着岸边石块的叮当声，像是大路上车轮滚过的铃声……

三月的桃花水，是春天的明镜。

它看见燕子飞过天空，翅膀上裹着白云；它看见垂柳披上了长发，如雾如烟；它看见一群姑娘来到河边，水底立刻浮起一朵朵红莲，她们捧起了水，像抖落一片片花瓣……

啊，地上草如茵，两岸柳如眉。三月桃花水，叫人多沉醉。

——统编版四年级下册

《三月桃花水》描写的对象是"三月桃花水"——春天的河流，即早春时节，桃花绽放、冰消河开的场景。"是什么声音，像一串小铃铛，轻轻地走过村边？是什么光芒，像一匹明洁的丝绸，映照着蓝天"，设问式的开头领起并暗示全文主要写的是三月桃花水声音和光影的两个特点，并用三月桃花水是"春天的竖琴"和"春天的明镜"两个比喻再现这两个特点。

一、水之声——春天的竖琴

"春天的竖琴"比喻了春水之声。作者在这里运用的是博喻的手法，即同一本体用不同的喻体来比喻，如小的水声像是纤细的低语，大的水声像是大路上车轮滚过的铃声等，数个喻体，使景物特征得到强化和突出，因为各喻又有差别，故能写出一个事物的不同方面，即水声有大有小，博喻的好处便在于此，几个喻体之间相互照应，彼此补充，把作者对自然景观和社会生活的独特感受充分地表达出来。

同时，在这几个比喻之中还穿插拟人的用法，使文章的表现手段丰富而富于变化。"应和""低语"，都是用描写人的词语描写水浪的声音，拟人与比喻套在一起使用，不仅表现了动听的春之声，而且描绘了动人的春之景：春水流过，绿草萌出，禾苗返青，农人开犁，大地在春水声中又迎来了一个播种的季节。

二、水之影——春天的明镜

"春天的明镜"比喻了春水之光影。作者下文的描写都是建立在这个比喻的基础上的。作者用三个"它看见"的排比句具体地描绘了春天的景象：天空，燕子北来；地面，垂柳青青；河边，姑娘戏水。这幅立体的春景图是多么生机盎然，又衬托出水面的平滑如镜。作者巧妙地运用水中的倒影写景，显然是建立在"春天的明镜"这个比喻的基础之上的。在描写之中，还用"如雾如烟"比喻青青岸柳的嫩绿和轻柔，用水底浮起的"片片花瓣"比喻姑娘们在河边清洗的花衣，烘托出如诗如画的梦幻般的意境。

三、直抒胸臆的收束

在状物散文中，描写是主要表达方式，但不排除议论和抒情。恰如其分的议论或抒情，会凸显文章主题，将读者带入情感的高潮。如果说，在前文的描写中，作者还不动声色地写景绘形，而到了课文的结尾，作者便再也按捺不住自己的感情，"啊，地上草如茵，两岸柳如眉，三月桃花水，叫人多沉醉。"作者在结尾直抒胸臆，将景物的描绘和情感的表达推向了高潮，充分展示了对眼前美景的喜爱。"柳如眉""多沉醉"，是韵脚相同的句子，在文章的末尾使用韵文，利用字音的跌宕回环，使文章在和谐悦耳的节奏中结束，造成了既铿锵有力又余音绕梁的艺术效果。

四、教学内容的选择

《新课标》对四年级学生的阅读要求有："初步感受作品中生动的形象和优美的语言""积累课文中的优美词语、精彩句段"。对于四年级学生来说，比喻、拟人等修辞手法是他们接触过的，但仅仅停留在对这些修辞手法的辨认上，还不能深入理解它们在写景状物中独特的表达作用，这篇课文正好为四年级学生掌握这些内容提供了典型的范例，理解修辞手法在写景抒情方面的作用，应该成为本文教学的主要内容。

文本链接 >>>

走遍天下书为侣

如果你独自驾舟绕世界旅行，如果你只能带一样东西供自己娱乐，你选择哪一样？一块大蛋糕，一幅美丽的图画，一本书，一盒扑克牌，一只画箱，织毛衣的扦子和毛线，一个八音盒或一只口琴……

很难做出选择。至于我个人，我不要蛋糕，那东西一吃就没了。我也不要扑克牌，风一吹那些牌就全飞了。毛线弄不好会湿了。口琴比八音盒好些，因为你可以用它吹自己的曲子，而八音盒只演奏固定的几个曲子。我不带图画，因为我可以看大海上的景色。也不带画箱，因为里面的纸总会用光的。看来，最后我要在口琴和书之间做一选择。我相信我会选择书。

一本书！我会听到有人感叹了：如果你坐船周游世界，这一趟下来，你可以把它读上一百遍了，最终你能背诵下来。

对此，我的回答是：是的，我愿意读上一百遍，我愿意读到能背诵的程度。那没什么关系。你不会因为以前见过你的朋友和父母兄妹就不愿再见到他们吧？你不会因为熟悉家中的一切就弃家而去吧？你喜爱的书就像一个朋友，就像你的家。你早已见过朋友一百次了，可第一百零一次再见时你还会说："真想不到你懂这个！"你每天都回家，可不管过了多少年，你还会说："我怎么没注意过，那灯光照着那个角落，光线怎么那么美。"

你总可以从一本书中发现新东西，不管你看过多少遍。

你会读书，而任何动物都不会，不管多么训练有素的动物也不会读书。只有人会读书。每逢读书时，你就走出自己的心灵，进入另外一个人的心灵中，倾听另一个人的心声。在这个时候，你就开动了自己的脑筋，这是世界上顶有趣的事。

所以，我愿意坐在自己的船里，一遍又一遍地读那本书。首先我会思考，想想故事中的人为何如此作为。然后我可能会想，作家为什么要写那个故事。以后，我会在脑子里继续这个故事，回过头来回味我最欣赏的一些片段，并问问自己为什么喜欢它们。我还会再读另一部分，试图从中找到我以前忽视了的东西。做完这些，我会把从书中学到的东西列个单子。最后，我会想象那个作者是什么样的，全凭他写书的方式去判断他……这真像与另一个人同船而行。

一本你喜爱的书就是一位朋友，是一处你随时乐意去就去的熟地方。从某种意义上说，它是你自己的东西，因为世上没有两个人用同一种方式读同一本书。

　　如果世上每个人都有一本书，即使一本书（当然他们要能读懂），我相信，世界上就会少点麻烦。

　　只要人手一本书。还不难做到吧？

　　我们怎么开始做起？

——北师大版五年级下册

　　《走遍天下书为侣》围绕"读一本书"展开说理。这篇散文脉络清晰，说理明确，且富有趣味性。与议论文的不同之处在于，它虽然采用了议论的表达方式，但是有触发源头——这篇说理散文是英国儿童文学作家尤安·艾肯为1974年的国际儿童读书日而写的一篇献词。尤安·艾肯面对全世界的孩子，面对读书的问题，有感而发，从而阐明她对读书的见解——一本好书，是可以常读常新的，在这个背景下她对自己的观点进行了说理论证。

一、文章说理观点明确，脉络清晰，层次分明

　　本文先提出观点，然后围绕观点进行不同方面的说理，使得课文层次分明，脉络清晰，易于小读者们理解把握。通读全文，我们可以看出文章清晰的框架：①提出要说明的道理：选择一本书；②展开说理：为什么选择一本书；③补充说理：怎样读一本书；④结尾点题："只要人手一本书。还不难做到吧？"体现出这篇散文的写作目的——号召孩子们去读书。

二、说理语言的生动与通俗

　　从说理过程来看，课文很像一篇议论文，但由于它语言表达生动形象，列举例证通俗易懂，因此还不能算是严格意义上的议论文，姑且仍可看作说理散文。第一，课文在提出要说明的道理时，没有开门见山，而是列举了一系列的事物，通过对比来提出自己的观点。"我不要蛋糕，那东西一吃就没了。我也不要扑克牌，风一吹那些牌就全飞了。……最后我要在口琴和书之间做一选择。我相信我会选择书。"通常对比既能给读者留下深刻印象，又能明确作者观点，发人深思。这里不仅让小读者们对书有了深刻印象，初步感知了书的特点；而且所列举的事物都是孩子们所能想到的东西，如蛋糕、口琴、八音盒、扑克牌等，使课文贴近孩子们的世界，符合孩子们的思维特点，易于孩子们接受。

　　第二，我们看作者对于"为什么我要选择一本书"的说理。很明显，作者运用了比喻论证的方法。通常运用比喻论证，可避免板起面孔说教，使说理生动形象更易让人接受。"你喜爱的书就像一个朋友，就像你的家"，作者通过这个比喻来说明书"常读常新"的特点。"你不会因为以前见过你的朋友和父母兄妹就不愿再见到他们吧？你不会因为熟悉家中的一切就弃家而去吧？"作者通过比喻论证，用小读者们生活中所熟悉的感觉来体会读书的特点。说理生动形象，使文章浅显易懂，易于理解和接受。课文没有生硬地说理，从而让读者很快接受了作者的观点。

三、教学内容的选择

《走遍天下书为侣》这篇课文分别被选入人教版五年级上册第一单元和北师大版五年级下册第二单元，这两个版本的单元主题都是"书"。从单元主题来看，编者的意图是让学生通过学习这一组课文，激发热爱读书的思想感情，培养读书的能力和兴趣。从课程目标来看，这一学段的要求是在阅读中了解文章的表达顺序，体会作者的思想情感，初步领悟文章的基本表达方法。因此，在教学这篇课文时，应在把握文章内容与结构的基础上，体会说理散文的特点，领会课文的主题，培养读书的兴趣。

▶ 拓展阅读

《三月桃花水》教学设计

一、目标确定

教学本课时，要将学习的重难点放在怎样发现关键语句并由此体会作者的思想感情上。通过朗读分析不难发现，文中的过渡句和文章最后的总结句提示了文章的主要内容和中心思想，表明了作者的情感态度，是本课的关键语句。教师要给予学生充分的自主学习空间，鼓励他们迁移运用学过的方法，在交流中达到教学目标。

文章语言优美，描写生动，充满想象，课前提示语还特别指出，要"有感情地朗读课文，体会优美的语言，读出作者对桃花水的喜爱和赞美之情"。教学时应特别注意以读促悟，请学生根据自己的理解选择合适的音调和语速朗读文本，通过朗读想象画面，进一步体会作者表达的情感，同时感受作者这样比喻的巧妙之处，积累优美的词句。对于有能力的同学，还可以请他们学着作者的写法，对三月桃花水进行仿写。基于以上文本解读，本课的"基础性目标"和"发展性目标"确定如下：

1. 基础性目标

（1）通过借助形声字构字规律、联系字义和上下文的方法，认识"绮、和"两个生字，理解"桃花水、应和"等词语的意思，自主识记生字"谈"。

（2）有感情地朗读课文，积累文中描写优美的语句。

2. 发展性目标

（1）了解本文的主要内容，能运用已学的方法，根据位置或特点找出课文的关键语句。

（2）能抓住关键语句，自主选择合适的方法感受桃花水的动听和清澈，初步体会作者对桃花水的喜爱与赞美之情。

（3）联系课内外阅读和生活经验，补充文章中的关键语句，说一说作者的思想感情。

二、教学设计及思考

本课教学可以分成以下四大板块。

第一板块，回顾前课，提炼学习方法。

教师可采用复习导入的方式，让学生回顾本单元《乡下人家》和《天窗》两课中的关键语句。通过提问和引导等方式，学生能够回顾出以下两句：

（1）乡下人家，不论什么时候，不论什么季节，都有一道独特、迷人的风景。

（2）这时候，小小的天窗是你唯一的慰藉。这时候，小小的天窗又是你唯一的慰藉！

在齐读中学生逐渐进入状态。教师引导学生结合课文的阅读提示，分析这些句子在文中的位置和特点，可以发现关键语句有一些共同特征。请学生先自己分析填表，再以四人小组为单位讨论，修改内容。

可以发现，文章题目与内容直接相关，作者的思想感情是作者对文章内容的评价和感受，要通过一个或多个关键语句表达出来。这些关键语句位置不同，有的在文章中反复出现，不断强化读者的印象；有的在文章过渡时出现，起到了承上启下的作用；有的在文章结尾处出现，起到了总结中心内容的作用。在梳理表格的基础上，学生能够提炼出相应的学习方法。

第二板块，自主学习，确定关键语句。

教学时，可借助"三月桃花水，究竟有多美"这一问题，请学生再次朗读课文，找找这一课的关键语句。首先，自主阅读，了解文章的主要内容。让学生借助拼音，读准字音，读通课文。参考填好的表格，用横线画出作者对桃花水印象的关键语句并且多读几遍。在此间隙，让学生完成"绮丽、应和、谈心"等加点字的注音练习，识记生字词。接着鼓励同桌相互交流画出的关键语句及理由。在小范围达成共识的基础上引导集体交流，帮助学生快速准确地确定本课的关键语句。第一句是"啊，地上草如茵，两岸柳如眉，三月桃花水，叫人多沉醉"，这是文章最后一句话，也是文章的总结句，就像《乡下人家》的最后一句话一样，是表明作者思想感情的关键语句。"沉醉"的意思是深深地迷恋或沉浸在某种事物当中，"叫人多沉醉"表明作者已沉浸在美丽的三月桃花水中，直接抒发了对桃花水的喜爱和赞美之情。最后，教师引导总结：关键语句是直接表达作者思想感情的句子，从"沉醉"这个富有感情色彩的词语入手，结合整句话的位置和作用特点来确定关键语句，是个好方法。第二、三句是"三月的桃花水，是春天的竖琴。""三月的桃花水，是春天的明镜。"这两句话句式相同，在文章中先后出现，承上启下，就像《天窗》中句式相同的两句话一样。作者运用了比喻的修辞手法，从听到的声音和看到的画面两方面对桃花水进行了描写，突出了桃花水声音动听、河水清澈的特点，也表达了作者对桃花水的喜爱和赞美之情。教师再次引导总结：关键语句是围绕课文的主要内容来表达作者的情感的，从课文的主要内容入手，通过理解、分析、比较每句话的地位和作用，读懂作者修辞背后的情感含义确定关键语句，值得我们学习。通过自主学习和交流讨论，以及教师引导的辅助，学生能够很快确定关键语句并展开分析。

第三板块，把握关键，交流反馈情感。

再次以问题过渡。首先，抛出"这春天的竖琴、春天的明镜，给我们带来了哪些画面，让人沉醉其中"这一问题，引导学生自由朗读课文，边读边想象画面，选择自己喜欢的段落多读几遍。在此基础上，采用同桌交流互读、朗读展示、师生交流评价和全班齐读等多种方式，在合适的音调和语速环境下，伴着轻重音和节奏感，学生能够通过朗读联想到画面，从而逐渐读出桃花水令人沉醉的美。其次，紧扣课文，抓住关键语句，体会作者的思想感情。让学生找出"喜爱、难过、激动、生气、自豪、厌恶、陶醉"等与人的思想感情有关的词语，再读关键语句，体会作者描写时的情感态度。最后，提示学生用上与思想感情有关的词语，填一填课文中蕴含的思想感情，再次深化对作者思想感情的理解。

第四板块，迁移方法，拓展课外阅读。

经过前面三个板块的实践，学生已基本掌握了学习方法。此时趁热打铁，鼓励学生进行方法迁移，举一反三，拓展课外阅读，从而强化认识，巩固理解。教师挑选《七月的天山》文章片段作为课外延伸内容。

首先，教师出示三个问题：

（1）片段中的哪句话是能表达作者思想感情的关键语句？请用横线画出来。

（2）如果用一个词语来描述文中的天山，我会说"（　　）的天山"。

（3）文章表达了作者怎样的思想感情？

其次，引导学生先带着问题进行自主练习，再同桌互相交流，最后全班交流来解决问题。通读课文可以发现，最后一句话用反问增强语气，且将七月的天山与别处春天的花园对比，突出表现了七月天山的美，是能表达作者思想感情的关键语句。第一问解决后，后面两问自然迎刃而解。

接着引导学生回顾课文，提示从修辞手法等角度，探寻课文写作特色。学生能够发现，课文运用了大量比喻和拟人的修辞手法，生动形象地写出了桃花水动听、清澈的特点，也写出了春天的美丽。

最后鼓励学生联系生活，发挥想象，进行写话训练。桃花水还会演奏出什么声音、映照出怎样的美景？课后请用上比喻、拟人等修辞手法写一段话，也可以用上其他合适的关键语句，表达自己的思想感情。

　　——节选自陈翊：《〈三月桃花水〉语文要素解读及教学设计》，载《语文建设》2020（2）。

想一想，练一练

1.什么是状物散文？它的主要表达方式是什么？

2.什么是说理散文？它与议论文的不同点是什么？

3.状物散文的解读策略有哪些？

4.结合理论知识与解读示例，思考在解读说理散文时要关注哪些方面。

参考文献

[1] 钱理群.说什么"理",如何"说理"？——读《走向虫子》.语文建设,2009（4）.

[2] 詹丹.统编语文教材与文本解读（初中卷）.上海：上海教育出版社,2021.

第七章

小学语文说明文文本的
解读

人的知识愈广，人的本身也愈臻完善。

——高尔基

知识地图

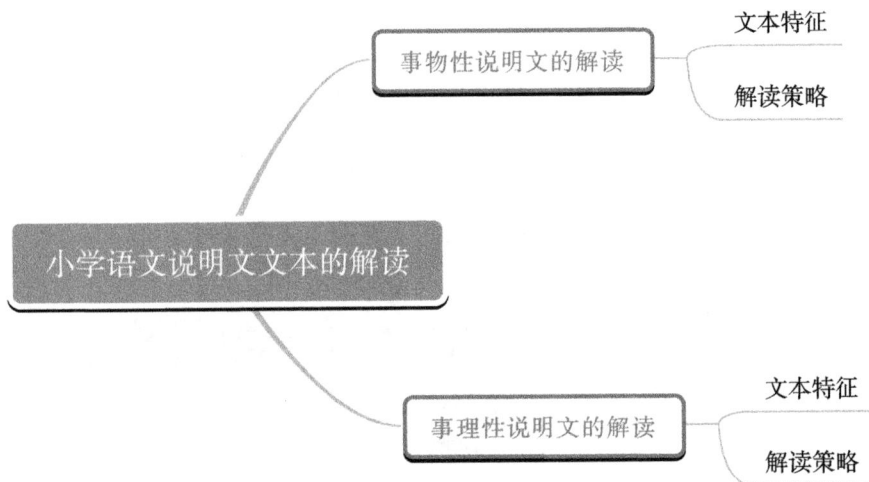

学习目标

1. 了解说明文的含义和特点。

2. 理解说明文的分类，明晰事物性说明文和事理性说明文各自的含义和特点。

3. 掌握事物性说明文和事理性说明文的解读方法。

4. 总结事物性说明文和事理性说明文在教学上的关键点，尝试进行教学设计。

第一节 事物性说明文的解读

说明文以说明为主要表达方式，通过对客观事物做出说明或对抽象事理进行阐释，使人们对事物的形态、构造、性质、种类、成因、功能、关系或对事理的概念、特点、来源、演变、异同等有科学的认知，从而获得有关的知识。因此小学语文教材中的说明文分为事物性说明文和事理性说明文两大类。

说明文为了把事物或事例说明白，往往采用或平实或生动的语言风格。语言平实的说明文常常直截了当地进行说明，简洁准确地解释科学原理、说明制作过程、介绍建筑物等，更多地展现了知识的理性之光。语言生动形象的说明文，又叫文艺性说明文，常常运用叙述和描写的表达方式，使用比喻和拟人等修辞手段，生动形象地来说明事物，使被说明事物栩栩如生，易于引起读者的兴趣。以儿童为主要阅读对象的说明文，更是如此，因而小学语文教材中的说明文，以文艺性说明文为主。

▶ 理论聚焦

一、文本特征

事物性说明文的说明对象是具体的事物，对具体的、特定的事物的形状、构造、性质、特点、用途等做客观而准确的说明是其主要内容；突出事物的特征，使读者了解、认识这个或这类事物，是其写作目的。

事物性说明文在说明事物时，给事物下科学的定义，是为了使事物有自己的概念范畴；描摹事物的结构特点，是为了区分与之相近的事物；介绍事物的属性，是为了给事物归类；划分事物种类，是为了将事物包含的内容说得充实具体；选用恰当的实例来说明事物，是为了让读者更加明了事物的特征；与对称和相似的事物进行比较，是为了将事物的特征表现得更为突出，便于读者分辨。因此，下定义、摹状貌、作诠释、分类别、举例子、作比较等，都是事物性说明文常用的说明方法。

事物性说明文常常采用时间顺序或空间顺序，来说明事物的发展变化。时间顺序容易表达清楚；写建筑物的结构，离开空间顺序则难以说明。说明顺序的选择，是由被说明事物本身的特性决定的。

事物性说明文和状物类记叙文有所不同。事物性说明文以说明为主要表达方式，将事物作为说明的主体，对事物本身以及事物背后的客观性质和意义进行客观说明，语言准确、平实，虽然也会使用记叙或描写的表达方式，但是是用来辅助说明事物的，不是说明文的主要表达方式。例如，《奇妙的国际互联网》一文，为了说明互联网中的信息传递速度高这一特征带给人类生活的便利，举了一个例子，就是"我们从北京的一台电脑上发一封信到悉尼，只要几秒钟，对方就能收到，这比普通的邮递不知快了多少倍"，进而再说明互联网在人类生活中的作用。若是状物的记叙文，写互联网与人类生活中发生的事情就不能这么简单地描述事情的经过，而要在运用修辞手法的同时抒发作者对某一事物的情感态度。

事物性说明文的语言要求简洁准确，但为了吸引读者，也会使用一些艺术性的表达手法来增加文章的趣味性。尤其是入选小学语文教材的说明文，多采用生动的语言和多种表达手段，用故事、童话、对话、诗歌等形式来介绍知识，语言生动活泼有趣，情感质朴自然，如《松鼠》《琥珀》《假如你在野外迷了路》等。

二、解读策略

说明文的本质特征决定了说明类课文在语文教学中的作用，即培养学生严谨的逻辑思维和严密的语言表达习惯，其教学目标和教学方法不同于叙事类文本，因而也应当寻找与叙事类文本不同的解读策略。

叙事类文本的解读以"意义"构建为主，主要借助自己对外部世界和全部生活的感受、体验、理解积淀而成的"前理解"，将文学作品世界转换为对世界生活的再认识、再体验、再感受，即通过品味语言去体会其中蕴含的深刻思想内涵。而说明文则应以追索"原意"为主，即弄明白作者凭借科学语言所要陈述、阐明的事实，接受作者通过文本传递的信息，即通过阅读语言文字去获取知识信息。[①]因此事物性说明文的解读应遵循这样的思路：说明什么（对象）——说明了对象的什么（内容）——怎么说明（顺序）——用什么说明（方法），文艺性说明文则需要进一步透过艺术化的表达方式和生动形象的语言去追索这些要素。

▶ 解读示例

文本链接 >>>

我是什么

我会变。太阳一晒，我就变成汽。升到天空，我又变成无数极小极小的点儿，连成一片，在空中飘浮。有时候我穿着白衣服，有时候我穿着黑衣服，早晨和傍晚我又把红袍披在身上。人们叫我"云"。

我在空中越升越高，体温越来越低，变成了无数小水滴。小水滴聚在一起落下来，人们叫我"雨"。有时候我变成小硬球打下来，人们就叫我"冰雹"。到了冬天，我变成小花朵飘下来，人们又叫我"雪"。

平常我在池子里睡觉，在小溪里散步，在江河里奔跑，在海洋里跳舞、唱歌、开大会。

---

① 邓娓娓:《浅谈说明文课程内容的构建》，载《读与写（教育教学刊）》，2007（5）。

有时候我很温和，有时候我却很暴躁。我做过许多好事，灌溉田地，发动机器，帮助人们工作。我也做过许多坏事，淹没庄稼，冲毁房屋，给人们带来灾害。人们想出种种办法管住我，让我光做好事，不做坏事。

小朋友，你们猜猜，我是什么？

——统编版二年级上册

一、清晰易懂的说明对象

孩子们虽然对水的三种状态都不陌生，却不一定理解它们是水在自然界中的三种存在状态，《我是什么》运用生动、形象、确切的语言，说明了水的各种变化以及云、雨、雹、雪等的成因，而且说明了水在地面上不同地方的不同状态，以及水和人类生活的密切关系。

全文采用了类似猜谜的表现形式。全文第一句话是中心句，说明水的形态是多变的。最后一句是设问句，点明了水是说明的对象，答案就是文章的内容，读完全文，答案就出来了。第1~4自然段都是并列关系，分别描写了水在不同条件下、不同地点的状态、形状、动作、名称等，分别是气体状态：小水滴—云等；固体状态：雹、雪等；液体状态：雨、江、河、湖、海等。这些形态的具体样子是怎样的？这就是每个自然段所写的内容。

二、生动形象的语言表达

因为是二年级课文，不可能用科学的语言去说明，必须用孩子们能明白的语言描述一种物质，所以就采用了全文拟人的方式，用生动活泼的语言描写水的各种状态，却不失精准。如"雨"的形状是"小水滴"，因而用"落下来"描述它的动态；"冰雹"的形状是"小硬球"，因而用"打下来"描述它的动态；"雪"的形状是"小花朵"，因而用"飘下来"描述它的动态。这些词语的选择，不仅准确地说明了水的不同状态，而且生动形象，通俗易懂，充分考虑到了儿童的接受能力。甚至可以将课文内容归纳成《水的三态变化》一表（见表7-1）：

表7-1 水的三态变化

条件	状态	地点	形状	动态	名称
太阳一晒	气态	在空中	极小的点儿	升	云
			白衣服	飘浮	白云
			黑衣服		乌云
			红袍		（朝霞、晚霞）
遇到冷空气 （凉爽的早晨） （寒冷的早晨）	液态	从空中到地上	小水滴	落下来	雨
	固态	从空中到地上	小硬球	打下来	雹
			小花朵	飘下来	雪

续表

条件	状态	地点	形状	动态	名称
在大地上	液态	在池子里	—	睡觉	池
		在小溪里		散步	溪
		在江河里	—	奔跑	江、河
		在海洋里		跳舞、唱歌	海洋

带领学生体会这些词语的生动与精准的过程，就是引导学生理解课文内容的过程。

三、教学内容的选择

《我是什么》在统编版二年级上册。学生初次接触说明文，对于说明文的语言会感到陌生，却能够被这篇文章语言的亲切活泼所吸引，因此学生学习这篇文章，需要借助本文生动精准的语言。《新课标》对低年级阅读的要求是"结合上下文和生活实际了解课文中词句的意思，在阅读中积累词语。"因此本文的教学内容应定位于词语教学。老师带领学生品味文章词语使用的精准与生动，学习表示水的三种状态的词语，知道云、雨、雹子、雪等都是水的不同形态，了解水三态变化的知识。

文本链接 >>>

远行靠什么

最初，人们要外出只能步行、骑马，或乘独木舟。

后来，人们发明了马车和帆船，就可以驾着车和船，到比较远的地方去了。

二百多年前，瓦特发明了蒸汽机，从此有了火车和轮船。火车满载着乘客在大地上奔驰，轮船把人们送到天涯海角。

不久，人们又发明了内燃机。火车跑得更快了，汽车在公路上川流不息，军舰在大海上巡逻，快艇疾驶而过。

千百年来，人们幻想着像鸟儿一样飞上天空。飞机使人好梦成真，人们可以不受高山大海的阻隔，自由地飞到世界各地。

现在，人们又发明了电力机车、核潜艇、磁悬浮列车、太阳能汽车……还有了可以遨游太空的宇宙飞船和航天飞机。

随着科学的进步，人类将"走"得更快更远。

——北师大版二年级下册

《远行靠什么》介绍了交通工具的发展历史，文中所有的说明都围绕交通工具的变革展开，重点突出了人类交通工具改进的原因是科技的进步。

一、纵横交错的文章结构

一般来说，运动、变化、发展的事物的条理性表现在时序上，不同时间有不同的形态，说明时可按时间顺序安排结构。从古至今，交通工具的动力、速度和适用范围都经历了一次又一次的变化。于是本文首先采用时间顺序，勾画出一条交通工具变革线索——动力变化：人力动力（骑马和独木舟）、机械动力（马车和帆船）、蒸汽机动力（火车和轮船）、内燃机动力（火车、汽车、军舰、快艇等）、多种动力（电力机车、磁悬浮列车、核潜艇、太阳能汽车、宇宙飞船、航天飞机等）。显然，作者在这里要说明的是交通工具的动力变化而不是交通工具的产生，因此在使用时间词语时，就没有用精准的时间，而是用"最初""后来""二百多年前""不久""现在"这样表示时间段的词语来说明交通工具不同的发展阶段。人类交通工具的发展反映的是科学技术的变革，因此文章的结尾指出，"随着科学的进步，人类将'走'得更快更远"。

在交通工具发展的每个阶段，本文又是按照空间顺序来介绍的，分别按照陆地（马车、火车、汽车等）、海上（独木舟、帆船、轮船、军舰、快艇、核潜艇等）、空中（飞机、宇宙飞船、航天飞机等）三个方位介绍了交通工具的种类、适用范围、行程距离等。这种纵横交错的说明结构，体现了说明文的科学性与条理性，展开了一幅交通工具变迁图，让读者一目了然。

二、分类别的说明方法

本文主要采用了分类别的说明方法。根据一定的标准把事物划分成若干类，这样可以显示出事物与事物之间的相同点与不同点，有助于突出事物的特征。文章对于众多的交通工具，是按照两种分类标准来分类说明的，一是动力系统的不同，二是行驶的空间位置不同。结合课后习题和"语文天地"里的内容，文中说明的交通工具可做出如下分类总结（见表7-2）：

表7-2 《远行靠什么》中交通工具分类总结

时间	动力	陆地	海上	空中	适用范围
最初	人力	步行／骑马	独木舟		外出
后来	机械	马车	帆船		比较远的地方
二百多年前	蒸汽机	火车	轮船		大地／天涯海角
不久／千百年来	内燃机	火车／汽车	军舰／快艇	飞机	公路上／大海上／天空上
现在	电力	电力机车			更快更远
	核动力		核潜艇		
	磁悬浮	磁悬浮列车			
	热动力	太阳能汽车			
	液体火箭		宇宙飞船／航天飞机		

三、教学内容的选择

《远行靠什么》是北师大版二年级下册"远行"主题单元的课文，是一篇条理性极强的事物说明文，有许多交通工具的名称。《新课标》要求二年级学生能够"结合上下文和生活实际了解课文中词句的意思，在阅读中积累词语"。学生已经能够找到表示时间顺序的标志词语了，对交通工具的名称也并不陌生，但是贯穿文章始终的交通工具分类线索，却是需要教师带领学生通过阅读才能找到的。因此，抓住分类别的说明方法，将简单的给事物分类的方法渗透给学生，可以成为本课的主要教学内容，有助于学生逻辑思维的形成。

▶ 拓展阅读

《我是什么》第一课时教学要点

本课教学我安排了两个课时，第一课时学习一到三自然段，采用多种形式认识"雪、升、雹"等生字，继续学习借助部首理解字的含义，学习雨字头，书写"雪"字；借助朗读、图片、动作表演等方式理解水存在的多种形式，体会语言的生动、准确，积累文中优美的语言，继续学习默读。第二课时重点学习四到五自然段，了解水的活动及其与人类的关系，随文学习新部首两点水，拓展水的相关知识。为了达成第一课时的教学目标，我将有趣有理有得的设计理念贯穿始终。

一、左手科普，右手童话

在本文中，学生最感兴趣的是水的变化，如何富有童趣地、形象生动地讲解，如何让孩子自主去探究水的变化是本节课的难点。一开始，我设置生字趣味闯关游戏，引发孩子对水娃娃形象的期待，再引入学生熟悉的孙悟空，一下子激发起学习的热情，同时在孩子心中树立神奇的水娃娃形象，并将这一形象贯穿始终。接着，我把水的变化分成清晰的两点，即变成什么、为什么会变。通过读文、图片、精美的板书、学生扮演水娃娃介绍等直观形象、趣味盎然的方式呈现在学生面前。

二、多元巧识字

识字学词，始终要作为低段教学重点。有的老师在科学常识的讲解上花费很多精力，忽视最基础的字词训练，这是一种本末倒置的做法。常用的方法有以下几种：

1. 检测预习，读准读通。 在学生预习的基础上，我用有趣的闯关形式检测其预习效果。先将生字词分成 3 类，再用学生喜欢的开火车的形式拼读，现场纠音。针对另外一些难读词，如"灌溉、暴躁、冲毁"，将其放在句子情境中读，做到字不离词，词不离句。

2. 巧抓形声字特点进行字串学习。"雹、袍"是形声字，我调动学生已有的经验来区分两字，并带着他们编儿歌来帮忙记住，扎实又富有童趣。

3. 随文识字。雨字头是本课重点学习的部首之一，我将"雹、霜、露"等带有雨字头的字设计在同一时间出现，让学生观察其共同点，引导其结合文本理解意思，再引入雨字头的书写，环环相扣，犹如层层剥笋。

4.自主认字。在讲解课文时，谈到气体"升"到天空，我就顺势播放动态图，让学生形象感知"升"的含义，再调动学生已有的识字经验自主识字。

三、入情入境，品味文字

这一点也正是语文课和科学课的区别所在。

1.读中感悟。比如《我是什么》一文中，"我会变"，是全文的中心句，将这句话的朗读贯穿始终。刚开始我引导学生体会水娃娃的心情，个性化朗读这句话，学生也由此进入角色；每个段落学习后，都以小结的形式再次激趣朗读。再如在教学"极小极小"一词时，通过语速的减慢、语音的减弱，全场读出了理解，深深感染在场师生。

2.图片感知。在教学云的多种变化时，可借助多媒体播放相应的图片，再来配乐美美地朗读。

3.演示助力。在教学"打、飘、落"三个动词时，通过这三个动作的演示，帮助学生理解文章用词的准确；再引导孩子通过语速、轻重的变化来读出理解，潜移默化地植入生动、准确用词的意识。

总之，解读科普选文要超越文本，仔细咀嚼所蕴含的语言因素。因为，我们要让学生在情趣盎然中了解科学知识，关注知识背后的特殊表达，实现"鱼"和"熊掌"兼得的理想境界，提高学生的语文素养。这是正确定位科普选文的教学目标必须把握的主线。

——节选自李奕嫔：《有趣有理有得——以〈我是什么〉为例浅谈小学低段科普小品文教学要点》，载《课程教育研究》，2019（5）。

想一想，练一练

1.事物性说明文的含义是什么？

2.事物性说明文和状物类记叙文有什么不同？

3.根据理论知识与实例，思考可以从哪些方面解读事物性说明文。

参考文献

[1] 夏丏尊，叶圣陶.文话七十二讲.北京：中华书局，2007.

[2] 周一贯.小学语文文体教学大观.上海：上海教育出版社，2017.

[3] 孙志满.说明文阅读教学问题的文体观照.语文建设，2019（1）.

第二节　事理性说明文的解读

说明文的内容或来自科学研究资料，或是实践、调查所得，不仅要说明"是什么"，还要说明"为什么"，常常采用举例子、分类别、作比较、列数字、下定义、作诠释、打比方、摹状貌、引资料、画图表等说明方法把事物的空间、数量、范围、程度、特征等说得准确无误，或者把事理性质、程序等阐述得简明严密。

▶ 理论聚焦

一、文本特征

事理，即事物之道理，和事物之特征是两个不同的概念。事物特征，涉及事物状态、性质、功能；事理，往往涉及事物原因和原理、发展和变化、方法和步骤以及与其他事物之间的相互关系等；因此，事理性说明文的说明对象是较为抽象的事理或道理，主要说明事物所蕴含的联系乃至规律等，将抽象事理的成因、关系、原理等说清楚，也就是诠释事理的"到底是怎么样"和"为什么是这样"，使读者知其然并知其所以然，从表面到内部地了解事物的原理。

事理性说明文揭示的是问题的本源和实质，其说明的过程往往是由逻辑性的连续的事理进行推理或经过自己理解得到事理的过程，因而说明的顺序一般采用能体现出事理内在联系的逻辑顺序，常常是从原因到结果、从主要到次要、从整体到部分、从概括到具体、从现象到本质、从具体到一般、从结果到原因、从次要到主要、从部分到整体、从具体到概括、从本质到现象、从一般到具体等一层一层地剖析事理，明确局部事理之间的逻辑联系，并逐步推导出最终结论，这其中包含着因果、转折、顺承、并列、因果等逻辑关系。

事理性说明文与议论文有所不同。首先，事理性说明文介绍的道理是客观明确的，不是为了读者的认同，而是介绍一个事理，达到使读者明白通晓的目的。而议论文有很大的说服性，是在论证作者的观点。其次，事理性说明文表示作者对事理的理解，议论文表示作者的主观主张；事理性说明文对理解的表达，态度常常是客观的，议论文对主张的传达，态度往往是主观的。最后，议论文的作者在阐释自己的主张时，虽然会用到说明的表达方式，但是支持文章论点的是论据，依靠的是可证明论点的外部材料；而事理性说明文不会依靠外界材料来说明自己的事理，虽然事理性说明文也会举例子，但这些例子一定都是和事理直接相关的。

二、解读策略

小学语文教材里的事理性说明文篇目不多，在解读策略上与事物性说明文有所不同，其独有的文体特点体现在其辐射出的巨大逻辑力量上。思辨其中的理性之光，是理解事理性说明文内容的重点；寻找阐明客观事理的依据，弄清作者说理的过程，是理解事理性说明文的关键点。要弄清这些问题，只有从文章结构入手，因此，分析说明的结构层次及层次之间的逻辑关系，应当成为解读事理性说明文的关键和教学重点。

具体的解读步骤应当从分析自然段段意开始，通过句与句的内在联系去归纳每一个自然段的中心；然后再分析段与段之间的内在联系，从而发现它们之间及它们与说明对象之间的内在关联，从而确定文章的事理及阐释依据。

具体的解读方法除了根据内容归纳概括之外，还要注意文中的中心句、过渡句、总起句等标志性的句子，还要抓住表示次序、时间、地点等的提示性词语，尤其要找到文中表明逻辑关系的关联词语，那就容易理清文章的逻辑顺序了，从而就能理解文章的事理内容了。

▶ 解读示例

文本链接 >>>

夜间飞行的秘密

清朗的夜空出现两个亮点，越来越近，才看清楚是一红一绿的两盏灯。接着传来了隆隆声，这是一架飞机在夜航。

在漆黑的夜里，飞机是怎么做到安全飞行的呢？要想了解其中的秘密，我们可以从蝙蝠说起。

蝙蝠能在夜里飞行，还能捕捉飞蛾和蚊子；而且无论怎么飞，从来没见过它跟什么东西相撞，即使一根极细的电线，它也能灵巧地避开。难道它的眼睛特别敏锐，能在漆黑的夜里看清楚所有的东西吗？

为了弄清楚这个问题，两百多年前，科学家做了一次实验。在一间屋子里横七竖八地拉了许多绳子，绳子上系着许多铃铛。他们把蝙蝠的眼睛蒙上，让它在屋子里飞。蝙蝠飞了几个钟头，铃铛一个也没响，那么多的绳子，它一根也没碰着。

科学家又做了两次实验：一次把蝙蝠的耳朵塞上，一次把蝙蝠的嘴封住，让它在屋子里飞。蝙蝠就像没头苍蝇似的到处乱撞，挂在绳子上的铃铛响个不停。

三次实验的结果证明，蝙蝠夜里飞行，靠的不是眼睛，而是靠嘴和耳朵配合起来探路的。

后来，科学家经过反复研究，终于揭开了蝙蝠能在夜里飞行的秘密。它一边飞，一边从嘴里发出超声波。而这种声音，人的耳朵是听不见的，蝙蝠的耳朵却能听见。超声波向前传播时，遇到障碍物就反射回来，传到蝙蝠的耳朵里，蝙蝠就立刻改变飞行的方向。

知道蝙蝠在夜里如何飞行，你猜到飞机夜间飞行的秘密了吗？现代飞机上安装了雷达，雷达的工作原理与蝙蝠探路类似。雷达通过天线发出无线电波，无线电波遇到障碍物就反射回来，被雷达接收到，显示在荧光屏上。从雷达的荧光屏上，驾驶员能够清楚地看到前方有没有障碍物，所以飞机飞行就更安全了。

——统编版四年级上册

《夜间飞行的秘密》介绍了仿生学的一个典型例子：人类依照蝙蝠的飞行发明了雷达，揭示了仿生学原理。文章说明的重点在于受到蝙蝠夜间飞行的启发而发明了雷达的工作原理。

一、首尾呼应的文章结构

本文采用首尾呼应的结构。课文第 2 自然段用设问的方式提出问题：飞机是怎么做到安全飞行的呢？然后用回答这个问题的方式引出了文章的主要内容：是人们从蝙蝠身上得到启示的结果。这就激发了读者的阅读兴趣：人们是怎么从蝙蝠身上得到启示的？得到了什么启示呢？这个自然产生在读者脑海中的疑问，为下文埋下伏笔，引出了文章的第 3~7 自然段。第 3~7 自然段是文章的主要部分，科学家通过实验揭开了蝙蝠能够在夜间安全飞行的秘密：蝙蝠是用耳朵接收自己嘴巴发出的超声波来导航的。第 8 自然段回应了文章开头的问题：飞机是怎么做到安全飞行的呢？因为科学家模仿蝙蝠探路的方法，给飞机装上了雷达。最初的疑问得到了圆满的回答："从雷达的荧光屏上，驾驶员能够清楚地看到前方有没有障碍物，所以飞机飞行就更安全了"，与文章开头相呼应，课文的结构到此也完整了。这正是精巧的首尾呼应的章法结构。

本文主旨不在说明雷达的工作原理，而在于说明飞机夜间飞行的秘密是从蝙蝠飞行中得到了发明雷达的启示。因此，文章首尾两部分只是为布局谋篇、激起阅读兴趣的写作技巧服务的，真正说明的部分是第 3~7 自然段，也是课文教学的重点。

二、体现思维过程的逻辑顺序

第 1~2 自然段就飞机能在夜里安全飞行提出问题，引起下文。

第 3~7 自然段是课文的重点部分，说明是如何揭示蝙蝠夜行的秘密的。在这个过程中，作者通过自然段的排列顺序说明了科学研究的一般过程。

第 3 自然段，科学家通过观察发现蝙蝠可以安全夜行，不由提出了问题："难道它的眼睛特别敏锐，能在漆黑的夜里看清楚所有的东西吗？"第 4 自然段，第一次实验探究：蒙上蝙蝠的眼睛，发现它仍然可以精准地避开空中的障碍物——横七竖八的绳子。第 5 自然段，第二次、第三次实验探究：分别蒙上蝙蝠的耳朵和嘴，它"就像没头苍蝇似的到处乱撞"，根本无法避让横在空中的绳子。第 6 自然段，三次实验的结果：发现"蝙蝠夜里飞行，靠的不是眼睛，而是靠嘴和耳朵配合起来探路的"。第 7 自然段，科学家对这个发现进行分析研究，终于得出结论：蝙蝠在夜间飞行时用耳朵接收自己嘴巴发出的超声波来导航，使飞行方向准确无误。

第 8 自然段，科学家根据这个原理发明了雷达，应用于飞机夜行。

这个"观察现象——发现问题——反复实验探究——得出结论——分析原因——科学应用"

的逻辑顺序，反映出科学研究"从实践中来，到实践中去"的思维过程。可见，这篇文章在揭示飞机夜间飞行的秘密的同时，还利用文章的逻辑顺序昭示了科学研究的一般过程。

三、标志逻辑关系的关联词语

本文还有一个特点，那就是关联词的运用恰到好处，运用中突显语言的简洁有力，使文章显得明白流畅，语意表达清楚。

比如，在课文的第3自然段中，"蝙蝠能在夜里飞行，还能捕捉飞蛾和蚊子"，"……还能……"本身就体现了递进关系；"而且无论怎么飞，从来没见过它跟什么东西相撞"，"而且"则进一步说明蝙蝠夜行的准确性，"无论……从来……"用一个无条件句展现了蝙蝠在黑暗中的畅行无阻；接着作者又写道"即使一根极细的电线，它也能灵巧地避开"，"即使……也……"用让步假设，再加上句中的修饰语"极细""灵巧"，更是强调了蝙蝠夜行的无障碍特征；最后用反问句"难道它的眼睛特别敏锐，能在漆黑的夜里看清楚所有的东西吗"提出本段的核心问题，开启下文。

"……还能……而且无论……从来……即使……也……"一连串关联词的使用，使作者的写作意图更明了，文章语言更精准，表达更具层次感。

四、教学内容的选择

事理性说明文的学习本身就蕴含着逻辑思维的锻炼，这篇课文便是个极好的范例，因而这篇文章的难点就在于对结构顺序的把握。而如果不弄清楚这一点，就无法理解"蝙蝠与雷达"的仿生关系是揭开"夜间飞行的秘密"的关键，进而对文章内容的理解就容易发生偏差。所以，这篇课文的主要教学内容最好定位于段意的归纳和段与段之间关系的分析。

文本链接 >>>

只有一个地球

据有幸飞上太空的宇航员介绍，他们在天际遨游时遥望地球，映入眼帘的是一个晶莹的球体，上面蓝色和白色的纹痕相互交错，周围裹着一层薄薄的水蓝色"纱衣"。地球，这位人类的母亲，这个生命的摇篮，是那样美丽壮观，和蔼可亲。

但是，在群星璀璨的宇宙中，地球是一个半径约为6400千米的星球。同茫茫宇宙相比，地球是渺小的。它只有这么大，不会再长大。

地球所拥有的自然资源也是有限的。拿矿物资源来说，它不是谁的恩赐，而是经过几百万年，甚至几亿年的地质变化才形成的。地球是无私的，它向人类慷慨地提供矿产资源。但是，如果不加节制地开采，必将加速地球上矿产资源的枯竭。

人类生活所需要的水资源、土地资源、生物资源等，本来是可以不断再生，长期给人类作贡献的。但是，因为人们随意毁坏自然资源，不顾后果地滥用化学品，不但使它们不能再生，还造成了一系列生态灾难，给人类生存带来了严重的威胁。

有人会说，宇宙空间不是大得很吗，那里有数不清的星球，在地球资源枯竭的时候，我们不能移居到别的星球上去吗？

科学家已经证明，至少在以地球为中心的40万亿千米的范围内，没有适合人类居住的第二个星球。人类不能指望地球被破坏以后再移居到别的星球上去。

不错，科学家们提出了许多设想，例如，在火星或者月球上建造移民基地。但是，即使这些设想能实现，也是遥远的事情。再说，又有多少人能够去居住呢？

"我们这个地球太可爱了，同时又太容易破碎了！"这是宇航员遨游太空目睹地球时发出的感叹。

只有一个地球，如果它被破坏了，我们别无去处。如果地球上的各种资源都枯竭了，我们很难从别的地方得到补充。我们要精心地保护地球，保护地球的生态环境。让地球更好地造福于我们的子孙后代吧！

——统编版六年级上册

《只有一个地球》从人类生存的角度介绍了地球的美丽而渺小，资源有限，却不可移居的事实。因此地球是人类唯一的生存空间，我们要好好地保护它。"只有"二字警醒着人们，地球与我们同呼吸共命运。对于这样一个道理，作者以说明文的形式，用严谨的逻辑将它推理出来，清晰而明确。

一、严谨的逻辑结构

课文第1、2自然段写地球美丽而渺小，第3、4自然段写地球上的不可再生和可以再生的自然资源都是有限的，然后第5自然段笔锋一转，用第6、7自然段告诉我们，人类目前还无法移居到别的星球上去，最后在第8、9两个自然段中呼吁：正因为我们只有一个地球，所以一定要精心保护它。上述分析仅仅是从层次划分的角度理清了文本的内容，并不能回答"为什么只有一个地球"的问题。事理性说明文，主要是要使读者知其所以然，明白这个事理"为什么是这样"，因此，对《只有一个地球》的解读要找到为什么说"只有一个地球"，只有讲清楚了这个事理，才能对"我们一定要保护地球"有深刻的认识。事理说明文所要说明的事理，往往是通过说明的逻辑顺序表达出来的，因此要在理清文章内容的基础上，进一步理清说明的顺序，即全文9个自然段之间的逻辑关系，这种逻辑关系隐含在文本当中，需要读者细心思考才能发现。如果我们将9个自然段的段意归纳出来，加上适当的关联词语，就形成这样一个多重复句：（因为）①地球（是）美丽的，②地球（也是）渺小的，（所以）③地球上的不可再生资源（是）有限的，④地球上的可再生资源（也是）有限的，（但是）⑥人类无处移居，（退一步说），⑦即使可以移居，也移居不了多少人，（因此），⑨人类只有一个地球，我们要精心保护它。这样就可以清楚地看到文章的逻辑层次，如下所示：

①||||　②|||　③||||　④||　⑤⑥|||　⑦|⑧⑨
（并列）（因果）（并列）（转折）（递进）（因果）

其中，第 5 自然段是文章的结构段，用设问句的形式进行意义上的转折，不在逻辑表达的范畴内，在意义段的划分上，只起到承上启下的作用。

二、严谨的语言表达

事理说明文侧重对事理的成因、关系、原理等的阐释，这些抽象的事理不仅体现在文本的逻辑结构当中，还要用严谨的语言清晰地表达出来，因而《只有一个地球》一文多用复句，句与句之间也有清晰的逻辑关系，将文章所要表达的抽象事理阐释得科学而严谨。比如，第 6 自然段说明人类无法移居到别的星球上去，这样的说法过于绝对，所以在第 7 自然段里，用中心句"但是，即使这些设想能实现，也是遥远的事情。再说，又有多少人能够去居住呢"，体现事理说明文语言的连贯严谨。这段话的意思是说人类对移居太空抱有希望，但是经过科学家的证明，移居的希望并不大，是因为首先移居只是个设想，实现起来面临诸多困难，假使实现了也存在两个弊端，一是时间遥远，二是移居人数很少，因此移居的设想是不切实际的，可以想见将来地球还是人类唯一的居所，那么人类更应该保护地球。

三、教学内容的选择

这是一篇逻辑严谨、条理清晰、通俗易懂的事理说明文，其中严密准确的逻辑推理是学生不易理解的地方，若按照处理一篇记叙文的教学手段处理一篇事理性说明文，势必会忽略编者的意图和其真正的教学价值点。《新课标》对于第三学段（5~6 年级）的阅读要求有"在阅读中了解文章的表达顺序，体会作者的思想感情，初步领悟文章的基本表达方法。在交流和讨论中，敢于提出看法，作出自己的判断"。显然，对于六年级学生来说，只让他们学习说明方法已经远远不够了，只有引导学生理清课文的脉络，理解其中的因果关系，才可以真正领会文章所蕴含的事理，分析、综合、抽象、概括的能力才能得到综合训练。因而帮助学生找到自然段和意义段的段意，分析、判断它们之间的逻辑联系应当成为本课的主要教学内容。

▶ 拓展阅读

对比阅读中的文体教学——《只有一个地球》教学设计

【教学目标】

1.厘清说明顺序，与《太阳》对比阅读，感受事理说明文与事物说明文内容角度的不同。

2.品读关键词句，再次对比，体会事理说明文用词的准确、严谨及情感强烈、观点鲜明的特点。

3.整体对比，让学生通过作者的布局谋篇，总览事理说明文与事物说明文的不同。

【教学过程】

一、初次对比，发现内容角度不同

1.太阳和地球都是宇宙中耀眼的星星。课前同学们都做了回顾，谁来说说学过的《太阳》一课的说明方法、文章特点和文体类型？

作者运用了列数字、作比较、打比方这些说明方法，从"远、大、热"三个方面介绍了太阳的有关知识，让我们了解太阳这个星球。

2.如果再来介绍地球，你会介绍它的哪些方面？

而这篇文章中作者围绕地球又是从哪些方面来写的呢？下面，请大家快速浏览课文，尝试给每段列个小标题。（提示学生尝试用词来概括：美丽、渺小、易碎、不能移居、保护地球）这就是课文的主要内容。分段列小标题能帮我们厘清课文内容。

3.可是作者为何不像《太阳》一样，只把这一事物的特点介绍清楚，而要选择这些内容来写呢？

预设：因为作者的表达目的不同，所以两篇课文不仅内容、角度不同，语言风格也不相同。

二、再次对比，发现语言特点不同

（一）我们首先来走进课文第1~2自然段，欣赏作者眼中地球的"样子"

请同学们默读这两个自然段，思考：这是一个怎样的星球？你是从哪个关键词体会到的？圈圈画画并在一旁批注，体会作者所用的说明方法。（生自主探究→抓住关键词在小组内交流→集体探讨）

1.学生交流第1自然段，通过"晶莹""薄薄的水蓝色'纱衣'"感悟地球的美丽可爱。

教师引领：

（1）"晶莹"一词让我们体会到了地球的美。请你想象着她晶莹的美来读读这句话。（一读）

（2）那么"纱衣"指什么？（生看图说）换成咱们这样说行吗？为什么？（不行！因为这个比喻——"水蓝色'纱衣'"，就把"上面蓝色和白色的纹痕相互交错"那模糊抽象的样子变得具体形象，而且语言也特别生动。）这是一个怎样的星球啊？（学生深悟—美丽）想象那美丽的样子，请你再读这句话。（二读）

（3）多么飘逸多么漂亮啊！这样生动形象的比喻说明，在这一段中还有一处。请你读读并说说体会。（"地球，这位人类的母亲，这个生命的摇篮……"）想象一下：来到地球，在地球母亲这个大摇篮中，我们能看到什么？（联系生活想象交流）那山那树那鸟那虫……那一草一木以及我们人类，都在这里生存繁衍。母亲、摇篮，多么贴切的比喻，多么温馨的画面啊。请你再来读读这句话。（三读）

地球因美丽而可爱，因对我们的养育而可爱，这是一个"可爱"的星球，让我们一起读。（齐读整段）

2. 学生交流第 2 自然段，用宇宙的浩大感悟地球的渺小。教师引领：

（1）半径约为 6400 千米，一个科学精确的数字。但单拿出这个数字，让马儿急速奔跑，如果不眠不休大约还得跑 105 小时。要是绕一圈，无数匹马儿接力还得马不停蹄地跑一个月呢。

这么大的一个星球，可跟茫茫宇宙相比，就如一叶扁舟，不见踪影，那宇宙该是多么大，用个词来形容就是？（浩瀚无际、广袤无垠……）

（2）如果宇宙是沙漠，地球就是沙漠里的一粒沙；如果宇宙是森林，地球就是森林中的那一片落叶；如果宇宙是大海，地球就如大海里的一叶扁舟。设想：一叶扁舟行驶在波涛汹涌的大海上，你有什么感觉？（稍有风吹浪打，它就会颠覆在巨浪之中，不见踪影，船毁人亡。它是那么渺小，那么容易受损伤。）

这就是我们的地球，我们人类赖以生存的摇篮。此时此刻，你想说什么？（可爱而易碎）带着这样的理解一起再读——"我们这个地球太可爱了，同时又太容易破碎了！"

3. 对比感悟语言的生动。

这就是作者眼中的地球。对比一下这两篇文章，都是在介绍星球的样子、大小，看看它们的写作风格一样吗？（生对比交流）

（二）读第 3~7 自然段，感受语言的严谨及作者鲜明的观点

还有一些地方也能让你感觉到它容易破碎。请同学们快速浏览第 3~7 自然段，请抓住关键词句谈谈你的体会。

1. 学生交流："如果不加节制地开采，必将加速地球上矿产资源的枯竭。"教师引领：

（1）"不加节制"是什么意思？结果呢？（枯竭）

（2）你知道的矿产资源有哪些？（铜、铁、金……）

这所有的矿产资源，都要几百万年，甚至几亿年地质变化才能形成，用完可能永远消失不可再生。容易破碎！

2. 学生交流："人类生活所需要的水资源、土地资源、生物资源等，本来是可以不断再生，长期给人类作贡献的……"教师引领：

（1）"本来"有什么潜台词？（它突出了这些资源原先可以再生的特点，强调了现在已经不可再生。）"本来"一词去掉行吗？（如果去掉就变成了以前现在都可以再生，不符合事实。这就是本文语言的一个特点——准确、严谨。）

（2）人们随意破坏，不顾后果滥用，一系列的破坏行为造成了严重的生态灾难。你知道哪些？（生思考发言，教师出示图片和一系列调查数字。）

面对图片和这些触目惊心的数字，此时此刻你有怎样的感受？（痛心、愤怒、可怕、心情沉重……）请把你的心情融入这段文字中读一读。

3. 那么，地球上资源枯竭，灾难频发，我们能移居到别的星球上去吗？教师引领：

（1）40 万亿千米是一个什么概念呢？以目前一般飞机的飞行速度来估计需要 600 万年时间才能飞到。一个直观的数字表明了范围之大、距离之远，远到人类无法到达。

（2）而"至少"是什么意思？（最少）言外之意呢？（这一块范围是肯定了的，考量了的，

而 40 万亿千米之外的情况呢？还不能确定。不能确定的不说，这再次体现了说明文语言的准确性与严谨性的特点。）

4.感悟作者的情感及鲜明的观点。

读到这里，我们终于明白宇航员遨游太空发出的感叹——"我们这个地球太可爱了，同时又太容易破碎了！"那我们只能怎么做？（板书：保护地球）我们只能这么做，我们必须这么做，因为我们"只有一个地球"。让我们一起向全世界呼吁！（齐读最后一自然段）说了这么多，讲了这么多，其实作者的目的是什么？（作者从这几个方面说明地球的特点，为的就是要表达出自己的心声"只有一个地球"，进而呼吁我们保护地球。）

三、整体对比，总览文体特点的不同

同样是写两种事物，一篇是为了介绍太阳这一事物，介绍这一事物是什么，所以就科学地介绍了它的特点，这就是事物说明文。而本文呢，意在通过这一事物，揭示为什么只有一个地球，揭示只有一个地球的科学道理，这就是事理说明文。

现在你们知道这两篇课文哪儿不同了吧？（表达目的不同，一个是说物，一个是说理。所以内容选择和语言特点也不相同。）

事理说明文，又叫科学小品文或文艺性说明文。它比起普通说明文，除了准确形象外，语言还更加生动，观点特别鲜明。课下，推荐大家再阅读一篇事物说明文《中国石拱桥》和一篇事理说明文《桥之美》（节选），继续感受这两种说明文的不同。

——李丽：《对比阅读中的文体教学——〈只有一个地球〉教学设计》，
载《小学语文教学》，2019（11）。

想一想，练一练

1.事理性说明文的含义是什么？它与事物性说明文的区别是什么？

2.事理性说明文与议论文的区别是什么？

3.结合理论与示例，思考事理性说明文的教学关键是什么。自选一篇说明文，进行教学设计。

参考文献

[1] 周一贯.小学语文文体教学大观.上海：上海教育出版社，2017.

[2] 蒋成云.分类解读小学语文教材的实践研究.北京：国家行政学院出版社，2013.

[3] 张心科.重回"获取信息"的原点：说明文教学的问题与对策.语文教学通讯，2020（11）.

第八章

小学语文诗歌文本的解读

笔落惊风雨，诗成泣鬼神。——杜甫

知识地图

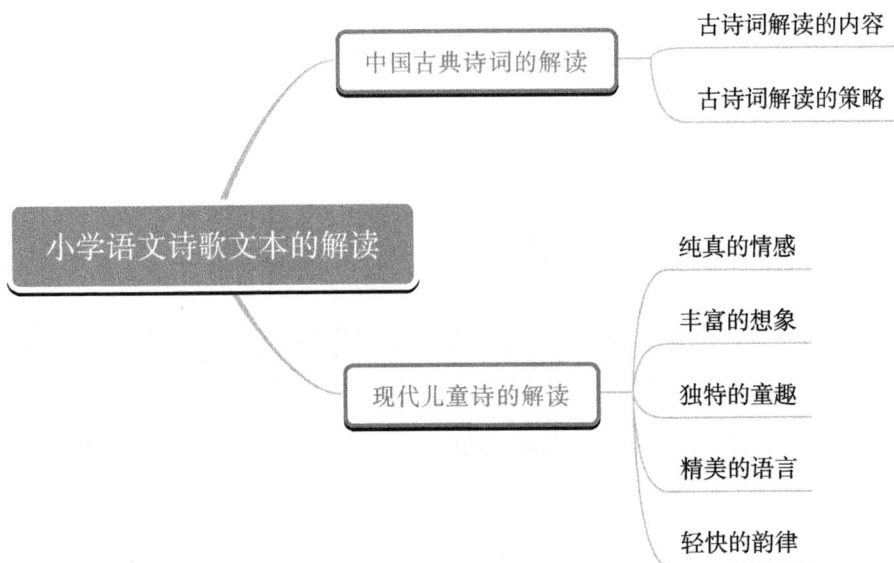

学习目标

1.了解诗歌的定义及其文体特点。

2.理解古典诗词的解读内容，掌握言、象、意三者的内涵。

3.掌握解读古诗词的策略。

4.掌握儿童诗的特征，尝试从特征角度解读儿童诗。

5.能够运用诗歌相关理论，准确解读古诗词及儿童诗，进行教学设计。

第一节　中国古典诗词的解读

诗歌是按照一定音节、韵律的要求，表现社会生活和人的精神世界的、可以歌咏或朗诵的一种文学体裁。它饱含强烈的情感和丰富的想象，常用比兴、象征、拟人、隐喻、反复、重叠等表现手法，语言生动、凝练，富于节奏感和韵律感。

我国古代从最初的喊号子，到民风淳朴的《诗经》、楚地民歌《楚辞》、汉代的乐府诗，再到诗歌最辉煌灿烂的唐代，一直延续到清末，诗歌一直是文人墨客表情达意的重要手段。古人创作了大量脍炙人口的诗歌作品，这些诗歌作品大致分为四个大类：古体诗、近体诗、词和散曲。选入小学语文教材中的古诗，主要是近体诗，即格律诗，还有词和元人小令。诗歌的主要特点是语言凝练、内容广博、情感蕴藉、音节美妙，也可概括为语言美、意境美和音乐美三个方面。[①]

▶ 理论聚焦

古诗词阅读是小学语文课程内容的重要组成部分，在统编版教材中，古诗词占有很大比例。《新课标》将古诗词定位于中华优秀传统文化的重要载体和"语言文字积累与梳理"学习任务群的重要内容，强调古诗词的学习方式主要是"诵读"和"积累"。

古诗词的诵读应当建立在理解的基础上，否则就回到"书读百遍，其义自见"的老一套"读经"的旧路上去了。关于古诗词的理解，中国古典文论提供了许多方法和策略，其中对今天影响较大的是"言、象、意"三层次的文学理论。人们阅读古诗词，首先接触"言"，其次见到"象"，最后意会到由"象"所表示的"意"。要想深入理解古诗词，可以从"言、象、意"三个层面上，去解读其思想内涵、情感内容和艺术效果。

一、古诗词解读的内容

"言"指古诗词外在的语言形式，具体来讲包括语音、语义、语用三个层面。语音层面包括读音、诗词的节奏、韵律等，解读古诗词首先就要把握诗词的韵律和节奏。语义层面包括词义、古今异义、通假、一词多义等，这一层面的教学要让学生理解字词句的基本含义，区分字词的古今意义，理解通假字，辨析多义字等，从而正确理解古诗词语言的基本意思。第三个层面是语用层面，包括写作技巧、表达方法、修辞手段等内容，教学时要探寻它们对于思想感情的表达所起的作用。

"象"即意象，是指诗歌中凝结了作者主观感情的客观物象，是作者内在的思想情感与外在的客观物象的统一。具体说来，诗词中的表意之象即借景抒情之"景"、借物喻理之"物"、借事抒怀之"事"，还有蕴含着各种意趣和美感的人物形象、生活场景等。以部编版小学语文教材

---

① 张本义:《吟边絮语》，见《中国诗歌研究动态（第九辑）·古诗卷》，85～86页，北京，学苑出版社，2011。

为例，古诗词中出现的"表意之象"基本上可分为五类：自然景物、田园风光、生活场景、人物、故事（典故）等。要体会诗词中表达的思想情感，领悟诗词的深层意蕴，就要先理解诗词中那些饱含作者思想情感的意象，把握"象"的特征，理解它们通常所代表的情愫或特定的表意效果。

"意"即以象表意之意，"意"是古诗词最深层的意蕴，是诗词所蕴含的思想、情感、风骨和精神。人教版小学语文教材所选古诗词中，所表之"意"主要有五种：借景抒情之"情"、借物喻理之"理"、借事抒怀之"怀"（如作者的某种志向、理想）、作者发现的某种"趣"（如童趣）、某种"美"（如自然之美、人情和谐之美）等。

二、古诗词解读的策略

三国时期的王弼在《周易略例·明象》中谈"言、象、意"的关系时说："言生于象，故可寻言以观象；象生于意，故可寻象以观意。"这实际上提供了诗词解读的一种策略。简单说来，就是披言寻象，观象探意，即从古诗词的语言层面出发，领悟其所创造的意象，再通过对意象的分析，理解作者所表达的思想和情感。

"披言"即理解诗词语言的含义，从诵读开始，读准字音，进而掌握字词句的含义，理解古诗词的基本内容。

"寻象"一方面指理解诗词中所描写的景物或画面，另一方面指读者通过想象补充诗词所创造的意境。比如《山行》一诗，首先要分析诗中都写了哪些景物（寒山、石径、白云、人家、枫林），其次要理解这些景物构成了怎样的意境（想象一幅立体的山林风景画）。又如《清平乐·村居》一词中，用"茅檐、溪上、青青草"这三个景物勾勒田园风景，其实乡村的景色远远不止这些，那还有哪些呢？就需要通过想象来丰富词中描写的田园风光，从而体会作者对此景的向往与渴望的心境。

"观象"，就是要捕捉和理解诗词中意象的典型特征。如何才能准确把握意象及其特征呢？首先，要充分发挥想象的作用。诗词是语言的艺术，语言塑造的形象只能活在读者的想象当中。比如，《寻隐者不遇》中有松、药、山、云四种景象，但只有在想象中才能看到松的苍翠、挺拔，山的巍峨、险峻，云的洁白、飘悠，这是诗歌所创造的完整的意象，人们很难仅通过诵读体味到诗歌的美感。其次，要有生活经验的积累。在平原长大、从未爬过高山的人，是不会知道山在远眺、俯瞰、仰望时所见到的景象有什么不同的，那么他可能无论如何也想象不出《寻隐者不遇》所创造的是一种怎样高远而冲淡的意境。最后，要具有一定的知识基础。在古诗词中，用典是很常见的一种表现手法，即借用古代的故事、古代著作中的词句来表情达意。对于一些借事抒怀或说理的诗词，所用之事、之典是最关键的"象"，这就需要充分了解诗中所借之"事"、所用之典，这是"观"此种"象"的基本前提。

"探意"就是深入思考领悟作者借"象"来表达的思想、情感，"意"隐含在"象"之中。对"象"的分析到位了，其"意"才可以"自见"，读者才能与作者达成心有灵犀的对话，理解古诗词的思想内涵。[1]

_____

[1]　谭静：《言象意：古诗词阅读教学的内容与策略》，载《语文建设》，2014（14）。

▶ 解读示例

文本链接 >>>

渔歌子

［唐］张志和

西塞山前白鹭飞，桃花流水鳜鱼肥。青箬笠，绿蓑衣，斜风细雨不须归。

——统编版五年级上册

词本来是配乐的歌词，所以又称曲子词。唐宋时期，词人按照乐谱的音律节拍来写词，所以叫作填词，后来词人大都按照前人作品的字句平仄来填写，这样词就逐渐脱离了音乐，成为诗的别体了，但在词牌上还能看出最初写词时所依据的乐谱的名称，如菩萨蛮、西江月等，也有些词牌本来是词的题目，如张志和的《渔歌子》，但绝大多数词牌和词的题目没有关系，所以宋人常在一首词的词牌下写出词题或小序，如苏轼《念奴娇》下写明"赤壁怀古"等，当然也可以不写词题。张志和为唐代词人，撰有《渔歌子》词五首，其中《渔歌子·西塞山前白鹭飞》最为有名。

一、动静结合的明丽山水画

起首两句是一幅关于自然的风景画，充满了色彩对比和动态感："白鹭"与"桃花"色调上一冷一暖，高处是翩然飞翔的白鹭，低处有漂浮着娇艳桃花的流水，流水中有怡然游动的肥嫩鳜鱼，生机盎然。紧接着的是一幅静态的画面：穿戴青绿色箬笠和蓑衣的渔夫，静静地坐在湖面的小舟里，在斜风细雨中悠然自得地垂钓，为这春雨中的诗情画意所深深陶醉。"青箬笠""绿蓑衣"是伫立在"斜风细雨"中的"渔父"的形象，"青""绿"相邻，充满了和谐安宁之感，体现了江南春天所特有的烟雨迷蒙的景象。

作者用极其寻常的词汇描绘极其平常的景象，并利用景象之间的联系创造了一个如诗如梦般的优美意境。西塞山高，能挡风遮雨，故山脚下能够流水潺潺；因有水而白鹭为家，因有水而桃花盛开，因有水而鳜鱼肥嫩；而后自然过渡到后三句：鱼肥而渔夫来钓；斜风细雨中，白鹭不能高飞，只在山前飞；因细雨而鱼出，故渔夫"不须归"。"不须归"是不想归，渔人可以享美景，物我两忘。"青箬笠""绿蓑衣"用衣着指代渔翁，强调的是色彩和周围的青山绿水很和谐，人与自然融为一体。

在这个意境中，"白鹭"是闲适的象征，写白鹭的展翅高飞，衬托了渔人的悠闲自得；"桃花流水"是美景的代表，寄寓了渔人对自然的热爱；"不须归"描述了渔人的心境，表现了渔人求静求闲的精神追求。

二、教学内容的选择

这首《渔歌子》色彩明丽相间，动静结合，借渔夫抒发作者隐居适意、自由自在的情怀，被收入统编版五年级上册"日积月累"栏目中，这首词的语言清新自然，对于五年级学生来说，没有理解上的障碍；但这首词所表现的恬淡情怀，对于五年级学生来说，过于遥远了；因而教学的主要内容应集中在词所创造的意象和意境上，帮助学生体味、欣赏词人用语言创造出来的这幅风景画。

文本链接 >>>

暮江吟

［唐］白居易

一道残阳铺水中，半江瑟瑟半江红。

可怜九月初三夜，露似真珠月似弓。

——统编版四年级上册

欣赏一首诗歌，首先应该弄清楚其写作背景。长庆二年（822年），白居易主动要求到外地任职，由中书舍人出任杭州刺史，经襄阳、汉口，于十月抵杭，于赴杭的江行途中写下此诗。诗中的暮江应是指长江。

一、极具画面感的景物描写

这首诗蕴含着诗人对大自然的热爱之情，从侧面反映出诗人远离朝廷后轻松愉悦的心情。诗中所写的是途次所见，妙绝之处在于，摄取了两幅优美的自然界的画面，一幅是残阳碧波的交辉之美，一幅是月牙初悬的静夜之美。

诗的前两句勾勒的是一幅夕阳西沉、晚霞映江的绚丽景象，点睛之笔是一个"铺"字，显得平缓，写出了秋天夕阳的柔和，给人以亲切、安闲的感觉，细细品味实在妙不可言，换成"照""抹""射"等都仅是照相式的描摹，缺少这种情味。"半江瑟瑟半江红"，描写天气晴朗无风，江水缓缓流动，江面皱起细小的波纹。"半江"不是确切的说法，而是虚指受光多的江面和因江岸遮挡而受光少的江面。受光多的部分，呈现一片"红"色；受光少的地方，呈现出深深的碧色。诗人抓住江面上呈现出的两种颜色，将自己的沉醉之态、喜悦之情，融于残阳照射下细波粼粼、光色瞬息变化的江面景象中。语言清丽流畅，格调清新；意境和谐、宁静。

诗的后两句描绘的则是一幅弯月初升、露珠晶莹的朦胧夜色景象。按正常逻辑来说，应该是诗人先看到"露似真珠月似弓"，才会有"可怜九月初三夜"的赞叹，"可怜"一词集中表达了诗人的喜爱之情。诗中先是赞叹，后写原因，除押韵需要外，也将诗人那种情不自禁的赞叹之情表露得更加贴切，更说明了"九月初三夜"的"可怜"。初三之月在天未黑前早已升空，只是天黑后才能看清楚，也因早已升空，故光线相对较亮。由描绘一江暮色，到赞美明月、寒露，中间似乎少了时间上的衔接，是"夜"无形中把时间连接起来。它上与"暮"相接，下与"露""月"相连，这就意味着诗人从黄昏时起，一直玩赏到月上露下的深夜。

这两幅图分开看皆是佳景，连接起来更显出意境的完整：从夕阳西下到新月初升，再到江边的草地上挂满晶莹的露珠，可见诗人沉浸在美景中不知不觉已经过了很长时间。快乐的时光最短暂，诗人此时的心情应该不错，所以才一直在江边欣赏美景并沉醉其中，浑然不知时间的匆匆流逝。作者通过一时一物的吟咏，自然地表现了从朝廷官员的钩心斗角中脱身而出的轻松愉悦心情。

二、教学内容的选择

《新课标》中第二学段关于诗歌教学的要求是："诵读优秀诗文，注意在诵读过程中体验情感，领悟内容。"本诗虽是写景，但意在抒情，因此让学生理解诗人只有在一种脱离樊篱的轻松中才会写出这样的景色，这样的景色正是在作者这样的心情下才具有了这样的美感，这种"象"与"意"的关联，是本诗教学的重点，也是难点。

▶ 拓展阅读

经"言外之象"，达"象外之意"——谈古诗词教学中审美素养的培养

统编小学语文教材中的古诗词增加至114首，有的以讲读课文形式出现，有的在单元读写中呈现，其重要性不言而喻。当这些古诗词进入课堂教学时，它们经由意象而产生的别样的意境之美对提升学生的审美素养有着不可替代的作用。既然如此，教师又该怎样有效引导学生感受、体验、感悟古诗词的美呢？怎样通过诗词教学提高学生的审美水平呢？

审美，是一种由言而意的心理活动过程。而诗词的审美，读者通常从文字的破译开始，一步一步获得言外之象、象外之意。一般的过程是这样的：文字——物象——意象——意境。在这个链条上，意象尤为关键。意象，是中国古代文论中的一个重要概念。古人以为，意是心意，是内在的、抽象的；象是物象，是外在的、具体的。意是象的内心表达，象是意的外在寄托。一个或多个意象，才是形成艺术作品独特意境的基础。解读意象，才能触摸意境。

小学教材中的许多古诗词意象非常丰富，比如《枫桥夜泊》，有人称其为千古第一名诗，正是因为诗人通过一系列的意象成就了千古一"愁"。诗中的"愁"，独特、具象、唯美。落月、乌啼、霜天、江枫、渔火、钟声、寒山寺、客船，其中任何一个意象，都足以让人愁肠寸断了，可诗人一口气将这一系列意象和盘托出，怎能不唤起人们的千古忧愁？诗中的愁，明确、真实、饱满。时值安史之乱发难之际，诗人逃到江南一带的姑苏城，在客船上过夜，他的愁，既有乡愁，更有

国忧。教师可按照"寻象——悟意——入境"的流程引导学生进行审美活动。

第一步：寻象。让学生圈画出诗人描写的物象（月、乌鸦、霜、江枫、渔火、姑苏城、寒山寺、钟声、客船）。

第二步：悟意。组织学生讨论诗人看到这些物象时分别是怎样的感觉，把诗中描写物象的词语找出来，如"月—落，乌—啼，霜—满天，枫—愁，渔火—愁，城、寺—静，钟声—沉闷，客船—漂泊"。这些词语蕴含着诗人独特的情感。

第三步：入境。意境，不是意象的简单叠加，它是融注了诗人主观情感（意）所形成的一种整体境界。因此引导学生入境，一定要循着诗人情感的发生、发展过程。学生首先找出表现诗人情感基调的"愁"，然后想象、讨论：诗人内心是怎样一点一点增加"愁之味"的？通过讨论学生不难发现，应该是四周的静和一阵阵袭来的寒意，让他感觉到冷清、孤独，于是愁意涌上心头。此时，月亮似乎也离他而去，枫树在黑夜中没有了白天的神采，船上灯火昏黄，乌鸦的叫声嘶哑扎心，他的愁意慢慢浓烈起来。远处沉闷的钟声一声声传来，撞击着诗人的心，在漆黑的夜幕中久久回响，他的愁终于爆发了：天愁、地愁、景愁、人愁。至此，学生就会明白，诗人是通过自己的触觉、视觉、听觉，由近及远，一步步进入这愁美的意境的：深秋夜晚，寒霜满天，客船漂泊，江枫孤立，城寺寂寥，钟声沉闷，客人孤愁。这样，学生才能透过语言文字感受当时清冷、孤寂的秋夜意境，同时真切感受到诗人惆怅、愁闷的心境。诗中的意象组合，有着形式美和音律美，形成了内在之美境。

教师在完成"寻象——悟意——入境"的流程之后，还要引导学生再往前走一步：移情共鸣，让诗人的情感体验内化为学生自己的情感积蓄。以《送元二使安西》为例，在理解物象与意象的基础上，教学中就要着力引导学生找到诗人情感与所有人的情感的共通点——对朋友前行之后困难重重的担心与牵挂，不舍又不得不舍。

第一步，入诗人之境。感受诗人的心境，重点感受"渭城""阳关""安西"的内在组合。渭城离长安有一段路程，送到这里，说明送了很远，突出不舍。阳关，唐朝内地通往西域的咽喉之地，从长安到阳关，十分遥远，一路风尘一路艰辛，但至少这一程是安全的。而阳关到安西，又是路途遥远，这一段路程，自然环境极其恶劣，社会环境更是纷乱凶险。王维曾出使过这些地方，对这一路的情况并不陌生，内心对元二此行的困难与危险的担心，随着友人一路向西而越发强烈。但因为元二是"出使"，又"不得不舍"，只能一遍一遍地叮嘱，再叮嘱，千言万语入酒中。

第二步，入己之境。诗中的"君"，除了是诗人的好朋友元二，还是我们每个人心中的"君"。这也正是诗歌创作后，被代代传唱的原因。教学时，可出示一组诗句，如"洛阳亲友如相问，一片冰心在玉壶""春草明年绿，王孙归不归""但愿人长久，千里共婵娟""莫愁前路无知己，天下谁人不识君"，让学生比较、选择。生活中，我们总难免有亲朋好友要出远门，独自一人去一个陌生的地方求学、创业，或者移居异国他乡，他们同样会有"独在异乡为异客"遇到的困难，甚至危险，这个时候，什么诗句最适合表达对他们的不舍、关心和担忧呢？这样设计，目的在于引导学生联系自己的生活，进一步体会这首诗给人们带来的强烈的共情之美。

总之，小学古诗词教学应在充分信任学生的基础上，抓住学生的心理特点，尝试运用以上审美教学策略，引导学生进行审美实践，体会古典诗词中蕴含的意境之美，提升学生的审美素养。

——节选自李赠华：《经"言外之象"，达"象外之意"——谈古诗词教学中审美素养的培养》，载《语文建设》，2020（16）。

想一想，练一练

1. 古诗的言、象、意分别是什么，各包括什么？

2. 解读古诗词的策略有哪些？各个策略之间有什么联系？

3. "观象"指的是什么？如何做到准确地"观象"？

参考文献

[1] 孙绍振. 月迷津渡——古典诗词个案微观分析（修订版）. 上海：上海教育出版社，2015.

[2] 上海辞书出版社文学鉴赏辞典编纂中心. 唐诗宋词鉴赏辞典. 上海：上海辞书出版社，2017.

[3] 张平仁. 古诗理论与小学古诗教学. 北京：人民教育出版社，2015.

[4] 梅培军. "言、象、意"的文意解读：诗教文化的基因. 语文教学与研究，2018（11）.

第二节 现代儿童诗的解读

五四运动以后，受西方语言和诗歌创作的影响，在古诗之外，中国文学史上出现了用白话文创作的现代诗歌，这些诗歌往往被看作自由体的新诗。由于自由体新诗语言明白晓畅、韵律自由无拘，很快受到当时正在蓬勃兴起的儿童文学的青睐，中国现代儿童诗应运而生。

小学语文教材中收入的现代诗歌，大都可归入儿童诗范畴。儿童诗是专门为少年儿童创作的，符合他们的心理和审美特点，以饱蕴情感的诗的形象、优美深邃的意境，引发少年儿童的丰富联想，启迪他们的心灵，使他们获得美的熏陶和享受。遵循儿童诗本身的规律，抓住诗歌突出的特点，方能准确解读儿童诗的思想情感，领略其艺术魅力。

▶ 理论聚焦

儿童诗是诗，具有诗的共性，但它又是为儿童写的，或作者是儿童，因此又有个性。儿童诗与一般的诗的区别在于阅读对象的不同。儿童诗的阅读对象主要是少年儿童，所以，儿童诗是指切合儿童的心理、抒儿童之情、寄儿童之趣、适合不同年龄的少年儿童阅读和欣赏的诗歌。解读儿童诗，要从儿童诗的特性出发，同时也不应忽略诗的共性。以下简要介绍儿童诗的特点。[①]

一、纯真的情感

诗的本质是抒情，情感性是诗歌的共同特征。儿童诗只有抒发少年儿童的思想感情，才能使他们产生情感共鸣。少年儿童的人生阅历较浅，没有成人那么多的生命体验和社会感受，因此在通常情况下，少年儿童是纯真的。儿童诗要善于表现少年儿童这种独特的思想情感，这样才能引起小读者的共鸣，因此纯真是儿童诗的情感特征。

二、丰富的想象

想象是儿童诗创作的基本因素，儿童诗丰富的内涵和纯真的感情要通过高度的想象来表现，只有发现生活中具有诗意的东西，并用想象将其深化升华，形成诗的篇章，才能打动小读者的心。如统编版二年级下册《彩色的梦》前两段：

> 我有一大把彩色的梦，
> 有的长，有的圆，有的硬。
> 他们躺在铅笔盒里聊天，
> 一打开，就在白纸上跳蹦。

[①] 冯杰:《漫谈儿童诗》，载《浙江教育学院学报》，2001（1）。

脚尖滑过的地方，

大块的草坪，绿了；

大朵的野花，红了；

大片的天空，蓝了，

蓝——得——透——明！

　　把彩色铅笔比喻成"彩色的梦"，说它们"躺在铅笔盒里聊天"，显然是只有孩子们才会有的天马行空的想象，反映了孩子们对美好世界的向往。把笔下画成的风景，比喻成"脚尖滑过的地方"，是儿童独有的绘画体验，鲜明地表现出儿童在绘画时的想象活动。

三、独特的童趣

　　儿童诗要讲究趣味性，儿童情趣是儿童诗区别于成人诗的重要标志之一。好的儿童诗往往童趣盎然，不仅能使小读者从中获得愉悦，还能把成人读者带回那童心跃动的情景中，重温童年的梦。如谢武彰的《风》：

妈妈把洗好的衣服晒在绳子上。

蜻蜓来看看就走了，

蝴蝶来看看就走了，

白云来看看也走了。

只有风最好奇了，

悄悄地试穿着——

爸爸的上衣跟裤子，

妈妈的洋装跟裙子，

弟弟的制服跟鞋子。

他们互相看着彼此的模样，

呼呼的笑得喘不过气来。

哎呀——风好坏哟！

还拿了我的毛巾跟手帕，

擦过了汗，

都扔到地上了。

又拿了妹妹的圆帽子，

当作铁环滚走了，

害我跑了好远好远才追回来。

这样充满情趣、活泼新鲜的小诗，在成人诗里是找不到的，就是成年人读了，也会发出会心的微笑。是啊，谁没有过这样有趣的童年呢？谁没有过这样的经历、这样的心理活动呢？这样的诗只属于童年，是诗作者将它写进了儿童诗里，留在了一代代读者的心中。儿童的生活原本就充满情趣，儿童诗创作者要独具慧眼，把它捕捉并反映出来。

四、精美的语言

诗是语言的艺术，儿童诗也不例外，需通过精粹、有概括力和表现力的语言，表达丰富的内涵。儿童诗几乎涵盖了所有语言表达的技巧，可见儿童诗的表现手段是丰富多样的。如著名诗人张洪波的《快活的夏天》中"快活的夏天，/ 正用一只只绿色的手，/ 托起响亮的蝉鸣"一句，就运用了通感的修辞手法。蝉鸣本来是作用于听觉的，在这里却变得可触可摸，转化为触觉和视觉；"一只只绿色的手"则是借喻，指的是绿色的树。

五、轻快的韵律

儿童诗的音韵比较自由，节奏感很强，充满了音乐性。优秀的儿童诗总是语言简洁，节奏分明，音韵流畅，有的往往使用同样的句式开头，造成一种反复叠唱的音乐美。例如，统编版三年级上册《听听，秋的声音》，从声音的角度来写秋天。"唰唰""曬曬"这些拟声词的运用，突出了秋天的特点；"听听"的反复出现，本身就带有听觉感，给诗歌带来音响效果。它的第 1 小节和第 2 小节，第 4 小节和第 7 小节的句式相似，小节与小节对称，构成了全诗整齐的结构；"ing"韵和"in"韵交错押韵，造成了轻快的节奏感，读来上口，听来悦耳。

▶ 解读示例

文本链接 >>>

短诗三首

繁星（七一）

这些事——
　　是永不漫灭的回忆：
月明的园中，
　　藤萝的叶下，
　　　母亲的膝上。

繁星（一三一）

大海啊！

　哪一颗星没有光？

　哪一朵花没有香？

　哪一次我的思潮里

　　没有你波涛的清响？

繁星（一五九）

母亲啊！

天上的风雨来了，

　鸟儿躲到它的巢里；

心中的风雨来了，

　我只躲到你的怀里。

——统编版四年级下册

　　《短诗三首》出自著名作家冰心的诗集《繁星》。《繁星》是 164 首小诗的合集。这些诗篇在形式上都短小精悍，往往仅三五句，开启了中国现代文学史上的一个"小诗"的流行时代。

一、"爱"——永恒的主题

　　这些诗篇形式短小，蕴含的思想感情是"爱的哲学"。冰心的思想开朗乐观、积极向上。在冰心的文学创作中，母亲、儿童、大自然是歌咏的对象，母爱、童真和对大自然的热爱常常流淌于冰心的笔端。

　　《繁星》（七一）表达了对美好往事的回忆。起首的一句"这些事——／是永不漫灭的回忆"，开门见山，直接将读者的思绪拉到对往事的回忆当中，而且强调这些回忆是令人难忘的，激起了读者的好奇心：什么往事令人难忘？于是，诗人用三个短语描绘了一幅温馨静美的月夜藤萝架下的母女对谈图。母女之间谈的是什么已不重要，"永不漫灭"的是月色如水的花园中，茂盛的藤萝架下，伏在母亲膝头的温馨宁静。作者对美好往事的回忆总是和母亲的慈爱分不开，在这首诗中，作者仅用"母亲的膝上"一句就把往事的美好和母爱联系在了一起，母亲的温暖和慈爱是永远令人无法忘怀的。

　　《繁星》（一五九）则进一步表现了对母爱的赞颂。自然界中的风雨来了，鸟儿自然而然地会躲到能为它遮风避雨的巢穴里；而当"我""心中的风雨来了"，就像鸟儿要回到它的庇护所一样，只有躲到母亲的怀里"我"才能感到安全和舒适。

　　《繁星》（一三一）表达了对大海（大自然）的热爱之情。冰心的青少年时期大多数时候是在海边度过的。冰心对大海满怀深情，无论是幸福快乐时还是忧愁痛苦时，大海都是她心灵的慰藉。大海成为冰心创作中不可或缺的一部分。

二、亲切自然的意象

在《繁星》（七一）中，诗人几乎是如实地描写了一个具体的生活场景，她用富有跳跃性的诗歌语言几笔就勾勒出了一幅月夜藤萝架下母女相依偎谈天的景象。在这幅图画中，诗人把几个看似互不关联的意象串联起来，调动读者的联想和想象，思考"月明的园中，／藤萝的叶下，／母亲的膝上"意味着什么，诗人在做什么，诗人是一种什么样的思想感情，进而理解诗篇开始的"这些事"即指儿时美好的往事，以及"永不漫灭"的含义。《繁星》（一五九）则采用了传统表现手法"赋比兴"中"兴"的手法，将对母亲的情感灌注到"天上的风雨来了，／鸟儿躲到它的巢里"这一意象之中，这正和"我"感到痛苦时愿意躲到母亲怀里，向母亲倾诉相一致，"兴"手法的使用达到了形象地突出母爱的艺术效果，产生了强大的艺术感染力。

《繁星》（一三一）开篇即突出主题——大海啊！但紧接着，诗人没有继续抒发对大海的情意，反而从星光和花香写起，"哪一颗星没有光？／哪一朵花没有香？"这也是诗歌传统表现手法"赋比兴"中"兴"的运用。"兴"是托物起兴，即借星星发光、花朵含香这样的意象引出正题——"我"对大海的深情："哪一次我的思潮里／没有你波涛的清响？"诗人连用三个反问句，寓答于问，使表达的感情更加强烈。

三、铿锵有力的节奏

《繁星》中的小诗具有早期白话新诗普遍性的特点，如在形式上的散文化倾向、白描手法的使用等，但部分诗作也注重押韵，使用排比手法等，部分地保留了旧体诗韵律和谐的特点。

《繁星》（七一）是一首无韵诗，即非押韵的诗歌；句式相同，三个连续的"……的……"的句式结构相似、节奏相仿，表现出现代诗不拘格式、韵律相对自由但依然充满节奏感的特点。《繁星》（一三一）在形式上打破了旧体诗整饬的格式，以行为单位，行不是依据意思来划分的，而主要是依据节奏，以错位排列的形式出现。另外，"光""香""响"押"ang"韵，韵律鲜明，朗朗上口。《繁星》（一五九）前半部分"天上的风雨来了"和后半部分"心中的风雨来了"的句式是整饬的，意义是对称的，保留了古体诗的部分特点。

四、教学内容的选择

《短诗三首》在艺术形式上以分行的自由体短诗的形式呈现，使用"兴"的表现手法和排比，对于加强语势，增强语言的节奏感有很大作用。其呈现出的散文化倾向、白描手法的运用、打破韵律的束缚等体现了早期白话新诗的总体特征，因此这种过渡时期的新诗创作对于学生了解现代文学、现代汉语的演变过程有很大帮助。《短诗三首》教学重点应为通过探究学习，与古诗进行简单对比，认识现代诗歌的内容和形式上的特点，通过反复朗读，让学生体会诗歌的韵味和节奏，引导学生感受现代诗不同于旧体诗的独特魅力。

文本链接 >>>

我家住在大海边

天蓝蓝，海蓝蓝，

我家住在大海边。

海边有个月亮湾，

湾里有条打鱼船。

船上有位老爷爷，

他的故事说不完。

——北师大版一年级上册

　　《我家住在大海边》寥寥几笔，为小读者涂抹出了一幅碧海蓝天的辽阔画卷。课文以叠词开篇，以顶针手法贯穿全篇，造成了意象的反复呈现，这些修辞手法服务于同一个表达效果——将小读者带进蓝色的世界。

一、叠词开篇，营造出酣畅的视觉氛围

　　"天蓝蓝，海蓝蓝"，在开篇简洁的语言中，有两个短促而有力的叠词，不但为整篇文章营造了阔大的气势与氛围，还给读者以齐整、平衡、和谐的视听觉享受。试想一下，一开篇，作者便将我们带入一个蓝色的世界。放眼远望，极尽的蓝，再无其他颜色。细细看去，我们会发现，在这满眼的蓝色之中也是有变化的，它可能有色泽上的过渡与变幻，可能色调不尽相同……当然，这些都是这短短六个字为读者创造出的想象空间。我们唯一能够肯定的一点是，这整个世界的蓝色是有边界的，而这边界，便是遥遥远方海与天的交汇线。

　　一年级小读者的思维还停留在具象思维阶段，这一生动而具体的意象描绘，瞬间就将他们带进了壮美的蓝色世界，引发他们继续阅读下文的迫切愿望。同时营造出了平衡的文字美感，能够引起小读者的身心律动，给他们以和谐的美的享受，在不知不觉中提升了文本的感染力。

二、顶针手法的运用，是课文最为突出的特点

　　顶针的特点是上句的结尾即下句的开头。诗中"我家住在大海边。海边有个月亮湾，湾里有条打鱼船。船上有位老爷爷，他的故事说不完"就运用了顶针手法，造就出句子严密的结构，使得语气连绵，音律流畅，更使得一个个景物依照由远及近的次序缓缓呈现在读者眼前，一气呵成。作者为一年级的小朋友道出了景物之间环环相扣的有机联系，为小朋友插上了一双想象的翅膀，使他们的小脑袋瓜里自然而然地出现了具体形象的景物图景，并且不断好奇地追问、再追问："我家住在大海边。海边有个月亮湾，湾里有什么呢？""湾里有条船，船上有什么呢？""原来船上有个老爷爷呀，老爷爷是谁？他在做什么？""老爷爷在讲故事！好想听一听他在讲什么

呀。"步步设疑，又层层解惑，最终还留有悬念。孩子们仿佛看到了那蓝蓝的天、蓝蓝的海、月牙似的湾和小小的船，好像已经看到老爷爷一张一合的嘴巴，就是听不到他在说些什么。真是余音绕梁，让人心里痒痒的。顶针手法的运用加深了小读者对课文内容的理解和认识，通过直观的视觉享受，使他们对课文产生了深刻的印象。

三、意象的反复出现，不断强化小读者的视觉体验

随顶针修辞手法而来的，便是课文中几个意象的反复呈现。"蓝蓝海""月亮湾""打鱼船""老爷爷"，这几个意象在短小精悍的课文中各出现了两次，相继地出现无疑给小读者带来了视觉感受上的累积与强化。每一个景象都不是惊鸿一瞥、稍纵即逝的，而是看到了海，就再看一眼、再看一眼，将这海的蓝、海的美留在自己的脑海之中。每一个景物都在视线中留有余温，每一个意象都在心间存有厚度。相信哪怕只是读过一遍课文，小读者也能够对这幅蓝色的画面中包含哪些景物如数家珍。这一刻，一幅饱满的构图印刻在了孩童的心间。语文课文的工具性与人文性交织，知识的教育与美的教育合拢。

四、教学内容的选择

《我家住在大海边》单元的主题是"大海"。这首儿童诗突出的亮点是运用了顶针的修辞手法，给人一种反复叠唱之感，像首轻柔的睡眠曲一样，从大到小地描述一幅海边小景：先说了天和海，进而镜头缩小到月亮湾，再纵深到停靠在岸边的打鱼船，接着定焦在船上的老爷爷身上，读者也仿佛跟着作者的镜头一步步聚焦在了老爷爷身上，好想在这安静的环境中坐下来，听老爷爷讲那些关于大海、关于冒险的故事。虽然不必提起顶针的辞格，但上述内容是应该引导学生理解的，引导的同时就是在帮助学生记忆这篇必背课文了。

▶ 拓展阅读

在读悟中轻叩现代诗歌大门——关于《短诗三首》现代诗教学的思考

一、导读，触摸现代诗的特点

作为统编教科书中第一个现代诗单元，有必要让学生初步了解现代诗的基本特点，这有利于培养他们的阅读品位和审美情趣，触摸诗歌发展的脉搏。

出示单元导读：诗歌，让我们用美丽的眼睛看世界。

指名读，并让学生说一说自己的理解。

生：诗歌，可以陶冶我们的情操，开阔我们的视野，让我们领略祖国的大好河山。

生：……

师：今天，我们就用冰心奶奶的三首短诗轻叩现代诗歌的大门。课前，大家收集了关于现代诗的资料，谁来展示？

师生交流，教师小结：学会收集并根据需要整理资料是我们学习的一项基本技能。我们通过收集的资料简单了解一下中国诗歌的发展。

师：同学们，一首诗就像一幅画。看到"繁星"，你眼前仿佛出现怎样的画面？

生：我仿佛看到满天的繁星在眨着眼睛，星空好美呀。

生：……

师：冰心将充满诗意和哲理的三言两语收集在一个集子里，就像这天上的点点繁星，细小而充满光芒。

生齐读诗题。

学生收集资料，不仅呼应了单元语文要素，而且对现代诗的特点有了初步了解。让学生读诗题，想画面，激发了学生的想象力，培养了学生的审美情趣。

二、初读，感悟现代诗的自由节律

诗歌的语言不仅有生动、凝练之美，而且具有极强的节奏美。现代诗的语言更简洁流畅，形式自由，用韵也没有古诗词严格。教学本课文时，教师可以让学生感悟诗歌的节律自由。

出示三首短诗：我国是一个诗歌的国度，学习诗歌一个最基本的方法就是读。自由读一读三首短诗，读准字音，读通诗句。

指名读，教师适时指导。

师：同学们，读了这三首诗，在诗的形式上你有什么发现？

生：三首诗都比较短小，且句子长短不一。

生：有些诗句不押韵，但读起来也朗朗上口。

师：这三首诗都选自冰心的诗集《繁星》。形式自由是现代诗的显著特点。

学生对现代诗的认识首先是语言的简洁和形式的自由，然后由表及里，语言是诗歌的载体，诗歌是一个以语言为媒介的审美世界。书读百遍，其义自见。诗歌学习最好的方法就是品读，通过读，学生可以感悟现代诗的节奏美。

三、品读，感悟诗歌的情感意蕴

冰心的诗情感悠远，意蕴绵长。在教学中，教师应设法激发想象，探究情感，在品读中提升语言，发展思维，感悟诗歌的情感意蕴。

（一）借助场景，激发学生想象

诗歌是想象的果实，想象离不开适切的场景，依托场景展开的想象才有生命力。现代诗拥有丰富的内涵，教师应借助场景通过想象把学生带入诗歌的意境中，从中体会诗歌的情感意蕴。

师：月明的园中，藤萝的叶下，母亲的膝上。这些场景唤起了你怎样的感受？

生：月明的园中，母亲绘声绘色地为我讲故事。《小马过河》《狐假虎威》《龟兔赛跑》……一个个故事给了我许多启迪。

生：藤萝的叶下，母亲和我捉萤火虫、捉蟋蟀，到处都是我们的欢声笑语。

生：母亲的膝上，母亲为我唱童谣。《虫儿飞》《鲁冰花》《月亮船》……一首首经典童谣至今还在我的耳畔萦绕。

师：是啊，绘声绘色的故事、婉转动听的歌声，就像三月的和风，让我久久沉醉。儿时的冰心和母亲在一起的点点滴滴不正如这满天的繁星？

生齐读繁星（七一）。

（二）借助关键词，探究诗人情感

英国浪漫主义诗人华兹华斯说：诗是强烈感情的自然流露，它源于宁静中回忆起来的情感。探究诗歌的情感，必须学会从诗歌的关键词中找突破口。如何借助关键词？首先可以抓住诗中难解的词；其次可以抓住诗歌意象的词；再次可以抓住诗歌中运用修辞手法的词。只有抓住关键词，反复读悟、推敲、咀嚼，才能走进作者的内心，体会作者情感。

出示《繁星（一五九）》，自由读一读诗，你体会到诗人怎样的情感？

师生交流，适时指导朗读。

师：诗中两处写到了"风雨"，这两个"风雨"表达的意思一样吗？

生：不一样，第一个"风雨"指自然界中真实的风雨；第二个"风雨"比喻作者生活中遇到的困难、挫折。

师：作者在生活中会遇到哪些困难和挫折呢？

生：……

师追问：你们在学习和生活中遇到哪些"风雨"呢？

师生交流，教师小结：是啊，可尽管困难千千万，但母爱大无边。冰心奶奶情不自禁地发出了这样的呼唤——母亲啊！（多媒体出示）指名读——母亲啊！读出情感。

师：如此真情直白的倾诉缘于那博大深沉的母爱，这首诗直抒胸臆，引起读者强烈的感情共鸣。

生齐读《繁星（一五九）》。

（三）借助资料，研习诗歌意蕴

借助资料是中年级学生必备的基本学习技能之一，尤其是部分现代诗与学生生活实际脱节，更需要借助资料，帮助学生了解作者的生活及创作背景。中年级学生只是罗列搜集的资料，缺乏信息提取的能力，教师可以帮助学生根据需要进行材料的取舍和整合。在现代诗教学中，教师还可以借助与文本主题相关联的同类型诗歌予以拓展阅读。借助资料可以帮助学生实现情感体验，研习诗歌表达的意蕴。

出示《繁星（一三一）》。

师：再读一读，这首诗写了什么？

生：写了作者对大海的爱。

师：作者仅仅写了对大海的爱吗？我们来借助资料。

出示资料：1900 年 10 月，冰心出生于福建福州。次年 5 月，全家迁至上海。1903 年，随父迁至烟台，在此度过了她八年幸福而多彩的童年生活。冰心奶奶从小与海洋为伴，这伴随她成长的海洋，与父爱相连，交织着母爱的记忆，浸润着她童年爱的回忆。

师：她对大海的思念就是对……

师生交流，并指导朗读。

教师小结：大海润泽了她的性灵。想听一听这大海的声音吗？（播放海浪音频）朱光潜先生说"诗歌和音乐是一致的"。让我们在波涛的清响中再读这首诗。（师生合作读）

四、赏读，感悟诗歌的古典意象

意象是诗之魂。诗歌教学，光读懂情感和意蕴是不够的，在内探诗心的基础上还要外联意象。所谓意象，就是客观物象经过创作主体独特的情感活动而创造出来的一种艺术形象。在我国历代诗词中，许多词如"杨柳""归鸿""羌笛""浮云""西楼"等，都是极富意象性的词语。在这里，语言是意象的物质外壳，意象是语言的内涵。而冰心的小诗，其意象更染上许多女性化的色彩，带有女性特有的细腻和淡淡的情思。

出示三首短诗，再读三首诗，作者分别写了哪些事物？

生：明月、大海、风雨……

师：重点选读一首短诗，说一说作者写这些事物的目的是什么。

生：第七一首，作者写明月、藤萝是借景抒情，创设了温馨的氛围。

生：第一三一首，作者写大海，体现了对大海的深情，对父母的挚爱和对童年生活的追忆。

生：第一五九首，作者通过两个"风雨"，写出了母亲的怀抱永远是避风的港湾。

师：冰心借物抒情，通过"明月""风雨"等事物表达自己内心的情感。冰心奶奶喜欢用温柔的心和轻淡的文笔，选择符合自己情趣的意象，诉说她心中的爱的世界。这种写法在以前的诗歌学习中也很常见，谁来说一说？

师生交流后，生齐读《短诗三首》。

现代诗尤其是冰心的小诗多选择宁静柔美的意象，将深微的情绪表达得很含蓄。因此，在教学中教师可以抓住"月明""风雨"等明丽轻柔的意象，引导学生在赏读中初步感悟诗歌的意象，彰显生命的律动。诗词的意象是用语言来表现的，这种语言可称之为意象性语言。对于中年段学生而言，能简单地联系意象便于诗词的学习和品鉴。

——节选自汪静东：《在读悟中轻叩现代诗歌大门——关于《短诗三首》现代诗教学的思考》，载《小学语文》，2020（3）。

想一想，练一练

1. 儿童诗有哪些特点？它与一般诗歌的区别是什么？

2. 结合书中的实例，选择一首儿童诗进行解读，设计一份教学方案。

参考文献

[1] 方卫平, 王昆建. 儿童文学教程（第 3 版）. 北京：高等教育出版社，2016.

[2] 杨铮. 中国儿童诗三议. 北京大学学报（哲学社会科学版），2000（S1）.

[3] 詹丹. 阅读教学与文本解读. 上海：上海教育出版社，2017.

第九章

小学语文小说和戏剧文本的解读

戏剧是时代的综合而简练的历史记录者。

——莎士比亚

知识地图

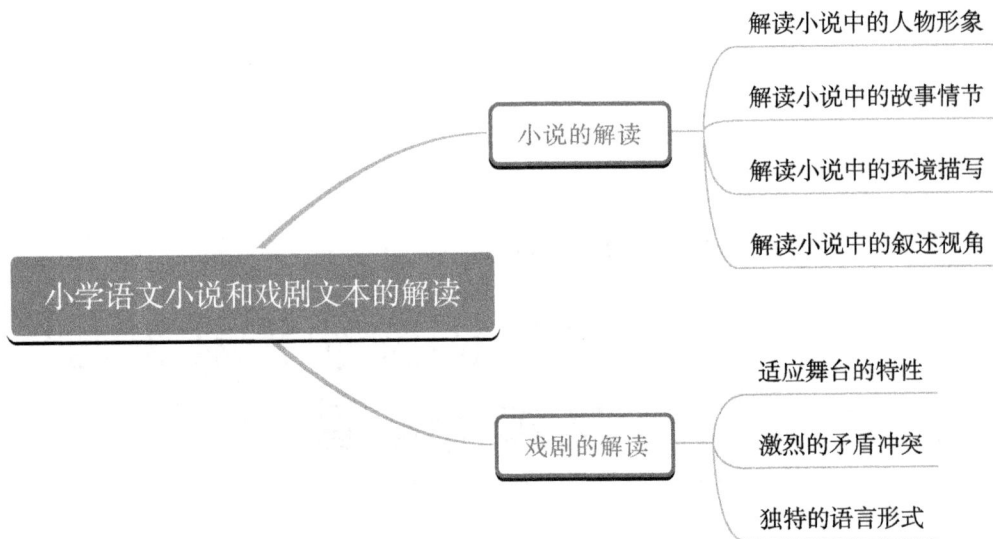

学习目标

1.掌握小说的定义及三要素。

2.掌握解读小说中人物形象及故事情节的方法。

3.认识戏剧，了解剧本的特征。

4.运用书中相关知识，正确、有效地解读小说及戏剧体裁的课文。

第一节　小说的解读

文学文本的每一种体裁都有其特质，都有其独特的审美标准。

解读小说，要运用文学文本的解读理论，抓住小说的体裁特征和创作规律，来感受、理解、欣赏和评价小说，最终实现对文本建设性的体验，实现文本育人的终极价值。在小学语文高年级的教材里，小说已占有一定的比重，小说的教学也越来越受到教师们的重视。因此，对小说进行恰当而准确的解读是小说教学的关键，是指导学生自主品读小说的前提，是实现阅读教学目标、全面提高学生语文素养的必由之路。

▶ 理论聚焦

小说起源于讲说故事，但小说在讲说故事时，追求人物鲜明的个性。常用的手法是选择典型的细节，突出人物的性格特点。从文体的角度来看，小说可以界定为通过人物、情节和环境描写来反映现实生活的叙事性文学样式。[①]它与一般意义上的记叙文不同，小说侧重刻画人物形象和叙述故事情节，可以分为长篇小说、中篇小说、短篇小说、微型小说，文言小说与白话小说，等等。它的基本特征主要是：深入细致的人物刻画、完整复杂的情节叙述和具体充分的环境描写。[②]所以，把握小说的三要素，是正确、有效解读小说的重要方法。

一、解读小说中的人物形象

人物的刻画是小说创作的重点。小说通常通过具体描述故事中的人物来体现当时的社会生活。在阅读小说的时候，读者只有将落脚点放在人物形象的分析上，想人物之所想，感人物之所感，才能真正理解小说的主旨。

1.理清人物关系，分清主要人物和次要人物

人是一切社会关系的总和，在小说中同样如此。从小说美学的角度讲，社会关系主要表现为人物关系。[③]一部小说中，尤其是长篇小说中人物的数量很多，人物关系更是错综复杂。在具体梳理这些人物关系时，小说中的许多人物总是围绕着一个或几个主要人物发生关联，形成人物形象体系。所以我们不难发现，小说总是着力表现和刻画一个或几个主要人物，通过人物关系，总会设置和描写一些不可或缺的次要人物，主次人物在活动时发生关系，最终在突出主要人物性格特征的同时也展现出了更加丰富的人物画面和社会图景。次要人物在不同程度上影响与作用于主要人物，主要人物在很多时候串联和支配次要人物。因此，在小说的解读中，理清人物关系，抓住主要人物进行分析，重视次要人物的作用，才能体会到小说中人物的性格特征和社会生活背景。

---

① 欧阳友权：《文学理论》，60页，北京，北京大学出版社，2006。
② 童庆炳：《文学理论教程》（第四版），193页，北京，高等教育出版社，2008。
③ 曹明海：《文学解读学导论》，290页，北京，人民文学出版社，1997。

　　2. 关注细节，揭示人物性格

　　细节是小说情节的基本构成单位，是对生活中细微而又具体的典型情节，加以生动细致的描绘。它体现在对人物的性格、肖像、语言、行动，事件的发生、发展，周围环境和自然风景或场面描写之中。没有细节描写，就没有活生生的、有血有肉、有个性的人物形象。小说解读也要重视对细节的分析，从细节处探索人物心理、人物性格，把握人物形象。

　　当一个人站在我们面前时，最先映入我们眼帘的便是他的外貌。写形写意，以形传神。外貌描写，不仅能为读者提供具体可感的形象，而且是揭示人物性格及心理特征的重要窗口。比如，《少年闰土》中对闰土的描写："他正在厨房里，紫色的圆脸，头戴一顶小毡帽，颈上套一个明晃晃的银项圈，这可见他的父亲十分爱他，怕他死去，所以在神佛面前许下愿心，用圈子将他套住了。"这时，一个可爱、憨厚、健康的农家子弟的形象便活灵活现地展现在了人们眼前。

　　言为心声，人物语言是人物内心世界的反映。仅看人物说话就能了解人物的性格特点。比如巴尔扎克《欧也妮·葛朗台》中，当女儿在老葛朗台的诱哄下答应放弃对死去的母亲的财产的继承权后，他欣喜若狂：

> "得啦，孩子，你给了我生路，我有了命啦；不过这是你把欠我的还了我：咱们两讫了。这才叫做公平交易。人生就是一件交易。我祝福你！你是一个贤德的姑娘，孝顺爸爸的姑娘。你现在爱做什么都可以。"

　　这活生生展示了一个对冷冰冰的金子的感情远远胜过骨肉亲情的守财奴的贪婪和虚伪。

　　出色的动作描写，可以交代人物的身份、地位，反映人物心理活动的进程，表现人物的性格特征。比如在《孔乙己》中，孔乙己有两次付酒账，前一次是"排出九文大钱"，后一次是"摸出四文大钱"，这一"排"一"摸"，分别摹写出孔乙己在不同境况下的不同心态。前一次付账时可以"温两碗酒，要一碟茴香豆"，"排"字显示了这种阔绰；后一次付账时孔乙己已近穷途末路了，"摸"字写尽了他的尴尬与无奈。

　　小说高度关注和充分展示人的内心世界。心理描写的句子往往是小说中刻画人物形象的画龙点睛之笔，往往一句话就能使一个人活灵活现，使人物的特征一下就展现在人们面前。在瑞典儿童文学作家林格伦的小说《淘气包埃米尔》中，埃米尔在周六的聚会上闯了祸，又被爸爸关进了木工房里，他非常气恼，想要报复：

> 埃米尔马上做出一个可怕的决定，他这辈子就待在木工房里了。只要他活在地球上，他就永远待在那里，只穿着衬衣，头上戴着"猫子"，孤零零一个人，跟所有的人都不接触。"这样他们总该满意了吧，他们用不着跑来跑去的，"他想，"但是别想进入我的木工房，拜拜啦！"

　　这就是他想出来的报复的办法，这只能是一个天真、淘气、深受父母疼爱的五岁男孩想出来的办法。

二、解读小说中的故事情节

在小说中，情节的安排是关键。传统小说结构的安排，通常是以一个简单的开头引起一系列曲折的变化，最后有一个简单的结尾。在创作传统小说时，作者往往将情节的安排作为关键，将故事情节讲述得既清晰明了又紧紧吸引着读者的阅读兴趣。

1. 找出小说中的情节线索，理清故事情节

情节线索的类型多种多样，在小学语文教材中，主要分两种。第一种，以物为线索，比如，北师大版中《草帽计》的情节以"草帽"为线索，按照"扔草帽—戴草帽—炸草帽"的顺序展开。第二种，以人为线索，以人物的所见所闻或人物的片段经历等来推进情节，贯穿整个故事。比如，北师大版中《凡卡》中的"我"。

2. 把握小说的情节构成，注意小说的情节变化

在小说阅读中，吸引学生的往往是一些意想不到、跌宕起伏的情节，这也是小说教学的重点所在。教师在引导学生欣赏小说情节时，应关注作家在情节安排上的艺术匠心，了解情节构成的技巧。小学语文教材中小说常见的情节构成技巧共有三种。

第一，巧设悬念。悬念是作者在情节安排时故意设置的悬而不揭的疑问。比如，在《草帽计》中，贺龙军长让战士们在烈日炎炎的情况下把草帽扔掉，这就不禁让人们想往下读，贺龙军长为什么会下达这个指令呢？

第二，伏笔照应。在小说中，作家非常注意前后内容的彼此照顾和呼应。比如，在《少年闰土》一文中，文章一开头就埋下伏笔。开头的细致描写，充分表现出闰土是一个在海边长大的农村孩子，见多识广，知识丰富，这为后文闰土有着丰富的农村生活经验以及知道无穷无尽的稀奇事埋下了伏笔。

第三，偶然巧合。"偶然是世间最伟大的小说家：若想文思不竭，只要研究偶然就行。"[①] 故事情节出现了偶然、巧合，文中的情节也就有趣多了。文中的偶然、巧合符合情节的发展，符合人物自身的性格，所以文章不但没有失去精彩，反而更加吸引人。

3. 关注小说情节的叙述方式，体会其在小说中的作用

在小学语文教材中的小说里，情节的叙述方式不只是顺叙，还有倒叙、插叙、补叙。每一种叙述方式在情节发展中作用各不相同，其中倒叙和插叙用得比较多。倒叙可以制造悬念，增强小说的艺术效果。插叙可以推动情节开展，丰富作品的内容。比如，在《凡卡》一文中，作者在记叙凡卡写信的过程中插入两件事。两件事情形成了强烈对比，反衬出凡卡在莫斯科生活的孤独与凄苦，揭露了沙皇制度的黑暗。

---

① [法]巴尔扎克：《人间喜剧：巴尔扎克小说选集》，100页，北京，世界图书出版公司，2009。

三、解读小说中的环境描写

环境是小说构成中必不可少的因素。小说中的环境，主要是社会环境，是人物所处的社会关系的总和。[①] 环境描写不仅仅是对故事发生的背景做一个简单的介绍，而且能提高读者的阅读兴趣，还能帮助读者更加深刻地去理解小说中的人物。因此重视对小说中环境的描述，能抓住人物的特征，使读者更深刻地理解小说所塑造的人物形象。例如，在《少年闰土》这篇课文中，文章一开始以景烘托人物形象，在"蓝天"与"碧绿"的西瓜地之间，勾画出一轮"金黄"的圆月，生动地描绘了一幅"蓝""绿""黄"三色交相辉映的彩图，对描写勇敢、机智的少年闰土起了烘托作用。

四、解读小说中的叙述视角

小说是叙事的艺术，因而要关注小说的叙述视角。

小说通过对叙事人不同的安排形成不同的叙事视角。小说的叙事，比较多的是有固定的叙述者，基本方式有第一人称和第三人称。

最早人们讲故事，多半使用第一人称，由讲述者叙述他所看到或听到的事情。第一人称叙述便于把叙述、描写、抒情和议论相结合，在情节推进和场面转换上较为自由。叙述视角，是作品对故事进行观察和讲述的角度。比如，《少年闰土》一文采用的就是第一人称，从"我"的视角展现出闰土活泼可爱、见多识广、机智勇敢的形象。小说中的"我"是讲故事的人，并不一定是作家本人。

传统叙事性作品比较多的是采用旁观者的口吻来叙事，即第三人称叙述的方法。第三人称叙述是一种客观的叙述，是假定的旁观者的叙述。这个旁观者可以是全知全能、无所不晓的。这种角度赋予作家很大的自由，他可以放开手来写他想写的内容。

作家有时会把几种叙述视角搭配在一起使用，把无所不知的叙述者的客观讲述与具体的有个性的叙述者的主观陈述相结合。例如，《凡卡》在第三人称叙述的过程中，加入了凡卡书写的信的内容，书信体是变相的第一人称，而以第一人称倾诉苦难更能打动读者的内心。

▶ 解读示例

文本链接 >>>

凡　卡

九岁的凡卡·茹科夫，三个月前给送到鞋匠阿里亚希涅那儿做学徒。圣诞节前夜，他没躺下睡觉。他等老板、老板娘和几个伙计到教堂做礼拜去了，就从老板的立柜里拿出一小瓶墨水，一

[①]　赖瑞云：《文本解读与语文教学新论》，214页，北京，北京师范大学出版社，2013。

支笔尖生了锈的钢笔，摩平一张揉皱了的白纸，写起信来。

在写第一个字母以前，他担心地朝门口和窗户看了几眼，又斜着眼看了一下那个昏暗的神像，神像两边是两排架子，架子上摆满了楦头。他叹了一口气，跪在作台前边，把那张纸铺在作台上。

"亲爱的爷爷康司坦丁·玛卡里奇，"他写道，"我在给您写信。祝您过一个快乐的圣诞节，求上帝保佑您。我没爹没娘，只有您一个亲人了。"

凡卡朝黑糊糊的窗户看看，玻璃窗上映出蜡烛的模糊的影子；他想象着他爷爷康司坦丁·玛卡里奇，好像爷爷就在眼前。爷爷是日发略维夫老爷家里的守夜人。他是个非常有趣的瘦小的老头儿，65岁，老是笑眯眯地眨着眼睛。白天，他总是在大厨房里睡觉。到晚上，他就穿上宽大的羊皮袄，敲着梆子，在别墅的周围走来走去。老母狗卡希旦卡和公狗泥鳅低着头跟在他后头。泥鳅是一条非常听话非常讨人喜欢的狗。它身子是黑的，像黄鼠狼那样长长的，所以叫它泥鳅。

现在，爷爷一定站在大门口，眯缝着眼睛看那乡村教堂的红亮的窗户。他一定在跺着穿着高筒毡靴的脚，他的梆子挂在腰带上，他冻得缩成一团，耸着肩膀……

天气真好，晴朗，一丝风也没有，干冷干冷的。那是没有月亮的夜晚，可是整个村子——白房顶啦，烟囱里冒出来的一缕缕的烟啦，披着浓霜一身银白的树木啦，雪堆啦，全看得见。天空撒满了快活地眨着眼睛的星星，天河显得很清楚，仿佛为了过节，有人拿雪把它擦亮了似的……

凡卡叹了口气，蘸了蘸笔尖，接着写下去。

"昨天晚上我挨了一顿毒打，因为我给他们的小崽子摇摇篮的时候，不知不觉睡着了。老板揪着我的头发，把我拖到院子里，拿皮带揍了我一顿。这个礼拜，老板娘叫我收拾一条青鱼，我从尾巴上弄起，她就捞起那条青鱼，拿鱼嘴直戳我的脸。伙计们捉弄我，他们打发我上酒店去打酒。吃的呢，简直没有。早晨吃一点儿面包，午饭是稀粥，晚上又是一点儿面包；至于菜啦，茶啦，只有老板自己才大吃大喝。他们叫我睡在过道里，他们的小崽子一哭，我就别想睡觉，只好摇那个摇篮。亲爱的爷爷，发发慈悲吧，带我离开这儿回家，回到我们村子里去吧！我再也受不住了！……我给您跪下了，我会永远为您祷告上帝。带我离开这儿吧，要不，我就要死了！……"

凡卡撇撇嘴，拿脏手背揉揉眼睛，抽噎了一下。

"我会替您搓烟叶，"他继续写道，"我会为您祷告上帝。要是我做错了事，您就结结实实地打我一顿好了。要是您怕我找不着活儿，我可以去求那位管家的，看在上帝面上，让我擦皮鞋；要不，我去求菲吉卡答应我帮他放羊。亲爱的爷爷，我再也受不住了，只有死路一条了！……我原想跑回我们村子去，可是我没有鞋，又怕冷。等我长大了，我会照顾您，谁也不敢来欺负您。

"讲到莫斯科，这是个大城市，房子全是老爷们的，有很多马，没有羊，狗一点儿也不凶。圣诞节，这里的小孩子并不举着星星灯走来走去，教堂里的唱诗台不准人随便上去唱诗。有一回，我在一家铺子的橱窗里看见跟钓竿钓丝一块儿卖的钓钩，能钓各种各样的鱼，很贵。有一种甚至钓得起一普特重的大鲇鱼呢。我还看见有些铺子卖各种枪，有一种跟我们老板的枪一样，我想一杆枪要卖一百个卢布吧。肉店里有山鹬啊，鹧鸪啊，野兔啊……可是那些东西哪儿打来的，店里的伙计不肯说。

"亲爱的爷爷，老爷在圣诞树上挂上糖果的时候，请您摘一颗金胡桃，藏在我的绿匣子里头。"

凡卡伤心地叹口气，又呆呆地望着窗口。他想起到树林里去砍圣诞树的总是爷爷，爷爷总是带着他去。多么快乐的日子啊！冻了的山林喳喳地响，爷爷冷得吭吭地咳，他也跟着吭吭地咳……要砍圣诞树了，爷爷先抽一斗烟，再吸一阵子鼻烟，还跟冻僵的小凡卡逗笑一会儿……许多小枞树披着浓霜，一动不动地站在那儿，等着看哪一棵该死。忽然不知从什么地方跳出一只野兔来，箭一样地窜过雪堆。爷爷不由得叫起来："逮住它，逮住它，逮住它！嘿，短尾巴鬼！"

爷爷把砍下来的树拖回老爷家里，大家就动手打扮那棵树。

"快来吧，亲爱的爷爷，"凡卡接着写道，"我求您看在基督的面上，带我离开这儿。可怜可怜我这个不幸的孤儿吧。这儿的人都打我。我饿得要命，又孤零零的，难受得没法说。我老是哭。有一天，老板拿檀头打我的脑袋，我昏倒了，好容易才醒过来。我的生活没有指望了，连狗都不如！……我问候阿辽娜，问候独眼的艾果尔，问候马车夫。别让旁人拿我的小风琴。您的孙子伊凡·茹科夫。亲爱的爷爷，来吧！"

凡卡把那张写满字的纸折成四折，装进一个信封里，那个信封是前一天晚上花了一个戈比买的。他想了一想，蘸一蘸墨水，写上地址：

"乡下 爷爷收"

然后他抓抓脑袋，再想一想，添上几个字：

"康司坦丁·玛卡里奇"

他很满意没人打搅他写信，就戴上帽子，连破皮袄都没披，只穿着衬衫，跑到街上去了……前一天晚上他问过肉店的伙计，伙计告诉他，信应该丢在邮筒里，从那儿用邮车分送到各地去。邮车上还套着三匹马，响着铃铛，坐着醉醺醺的邮差。凡卡跑到第一个邮筒那儿，把他那宝贵的信塞了进去。

过了一个钟头，他怀着甜蜜的希望睡熟了。他在梦里看见一铺暖炕，炕上坐着他的爷爷，耷拉着两条腿，正在念他的信……泥鳅在炕边走来走去，摇着尾巴……

——人教版六年级下册

《凡卡》改编自19世纪末俄国伟大的批判现实主义作家契诃夫所作的一篇优秀的短篇小说《凡卡》。课文通过凡卡给爷爷写信这件事，反映了沙皇统治下俄国社会中穷苦儿童的悲惨命运，揭露了当时社会制度的黑暗，同时也显示出契诃夫高超的小说创作技巧。

一、典型细节推动情节发展

契诃夫认为，小说中的细节可以表达非常丰富的内容。因此他的小说的特点之一就是善于运用典型细节来展现人物的内心世界。在《凡卡》中，最引人注目的细节就是凡卡的三次叹气。

第一次是在圣诞节前夜，凡卡偷偷给爷爷写信之前，"他叹了一口气，跪在作台前边，把那张纸铺在作台上。"从他拿出信纸之前胆战心惊、东张西望的举动中可以看出，这叹气声充满恐惧和不安，是对自己所处的险恶生活环境发出的悲叹。在圣诞节前夜，暂时摆脱了狠心的老板，凡卡才敢写信诉说自己的悲情。"跪在作台前边"的"跪"字，表明这是个身高还没有作台高的九岁男孩。在本该欢乐的年龄里叹气，这声音该是多么沉重啊，让人对他的命运产生深切的同情。

第二次是在给爷爷的信写了一个开头之后，凡卡想起了进城之前和爷爷在乡村的幸福时光，信写不下去了。凡卡沉浸在美好的回忆之中，在那风景优美、民风淳朴的乡村，凡卡是有着爷爷疼爱的幸福孩子。而眼前的环境是如此险恶，他的境遇是这样悲惨，人情是这样冷漠。"凡卡叹了口气，蘸了蘸笔尖，接着写下去。"这叹息声中，有对幸福生活的怀恋，有对命运转折的无奈，有对现实境遇的愁苦，伴着这叹息声的是信中叙述的不幸遭遇，是"带我离开这儿"的哀求。

第三次是在凡卡诉说了自己的不幸遭遇和城市生活的新奇之后，对家乡、对亲人的强烈思念又涌上心头："凡卡伤心地叹口气，又呆呆地望着窗口"，那窗口里似乎出现了和爷爷一起砍圣诞树的快活情景。这叹气声里包含着无限的忧伤，表达了凡卡想要摆脱苦难的强烈愿望和急切心情，是向爷爷发出的心灵呼唤。

二、典型细节表现人物命运

这三次叹气就仿佛是魔镜，镜子的两面形成了鲜明的对比：一面是乡村，一面是城市；一面是亲情，一面是冷酷；一面是幸福，一面是不幸；一面是欢乐，一面是悲伤；一面是希望，一面是绝望……展现了 19 世纪俄国农奴制度下农民的艰辛生活和他们的孩子令人绝望的悲惨命运。

这三次叹气又仿佛是分割线，圣诞节前夜，灯下，写信的小男孩，随着时间的推移，随着信件内容的展开，凡卡的心情从恐惧到平静，从对幸福的过去的回忆到悲惨的现实，又从对现实的难以忍受到对曾经有过的幸福的呼唤。作者将人物命运的巨大转折和人物内心情感的变化写得波澜起伏，层次分明。

这三次叹气还仿佛是神奇的手，巧妙地利用书信体的形式，将小说的叙述人称在第一人称和第三人称之间转换自如；同时，从乡村到城市，从过去到现在，从现实到想象，将叙述的场景转换自如，灵活多样地展现了广阔的社会生活背景，却不显得支离破碎，起到了承上启下、贯通全文的作用。

三、教学内容的选择

到了小学第三学段，教材中文学作品的数量有所增加，对文学作品的教学应当根据学生实际，用文学文本解读理论作指导，抓住文本的文学特征，感受文学艺术的魅力。对于六年级学生来说,《凡卡》一文的思想内容并不难理解,但它的叙事艺术是学生学习的难点,抓住了三次叹气这个细节,就等于抓住了文章的线索,围绕它,人物、情节、环境都有条理地展现出来了,因此建议将细节描写作为本课的主要教学内容。

文本链接 >>>

金色的鱼钩

1935 年秋天,红四方面军进入草地,许多同志得了肠胃病。我和两个小同志病得实在赶不上队伍了,指导员派炊事班长照顾我们,让我们走在后面。

炊事班长快四十岁了,个子挺高,背有点儿驼,四方脸,高颧骨,脸上布满了皱纹。全连数他岁数大,对大家又特别亲,大伙都叫他"老班长"。

三个病号走不快,一天只走二十来里路。一路上,老班长带我们走一阵歇一阵。到了宿营地,他就到处去找野菜,和着青稞面给我们做饭。不到半个月,两袋青稞面吃完了。饥饿威胁着我们。老班长到处找野菜,挖草根,可是光吃这些东西怎么行呢?老班长看我们一天天瘦下去,他整夜整夜地合不拢眼,其实,这些天他比我们瘦得还厉害呢!

一天,他在一个水塘边给我们洗衣裳,忽然看见一条鱼跳出水面。他喜出望外地跑回来,取出一根缝衣针,烧红了,弯成个钓鱼钩。这天夜里,我们就吃到了新鲜的鱼汤。尽管没有调料,可我们觉得没有比这鱼汤更鲜美的了,端起碗来吃了个精光。

从那以后,老班长尽可能找有水塘的地方宿营,把我们安顿好,就带着鱼钩出去了。第二天,他总能端着热气腾腾的鲜鱼野菜汤给我们吃。虽然我们还是一天一天衰弱下去,但比起光吃草根野菜毕竟好多了。可是老班长自己呢,我从来没见他吃过一点儿鱼。

有一次,我禁不住问他:"老班长,你怎么不吃鱼啊?"

他摸了摸嘴,好像回味似的说:"吃过了。我一起锅就吃,比你们还先吃呢。"

我不信,等他收拾完碗筷走了,就悄悄地跟着他。走近一看,啊!我不由得呆住了。他坐在那里捧着搪瓷碗,嚼着几根草根和我们吃剩下的鱼骨头,嚼了一会儿,就皱紧眉头硬咽下去。我觉得好像有万根钢针扎着喉管,失声喊起来:"老班长,你怎么……"

老班长猛抬起头,看见我目不转睛地看着他手里的搪瓷碗,就支吾着说:"我,我早就吃过了。看到碗里还没吃干净,扔了怪可惜的……"

"不,我全知道了。"我打断了他的话。

老班长转身朝两个小同志睡觉的地方看了一眼,一把把我搂到身边,轻声说:"小声点儿,小梁!咱们俩是党员,你既然知道了,可不要再告诉别人。"

"可是,你也要爱惜自己啊!"

"不要紧,我身体还硬实!"他抬起头,望着夜色弥漫的草地,好久,才用低沉的声音说:"指导员把你们三个人交给我,他临走的时候说:'他们年轻。一路上,你是上级,是保姆,是勤务员啊,无论多么艰苦,都要把他们带出草地。'小梁,你看这草地,无边无涯,没个尽头。我估计，还要二十天才能走出去。熬过这二十天不简单啊！眼看你们的身子一天比一天衰弱，只要哪一天吃不上东西，说不定就会起不来，真有个三长两短，我怎么去向党报告呢？难道我能说：'指导员，我把同志们留在草地上，我自己克服困难出来啦！'"

"可是，你总该跟我们一起吃一点儿啊！"

"不行，太少啦。"他轻轻地摇摇头，"小梁，说真的，弄点儿吃的不容易啊！有时候等了半夜，也不见鱼上钩。为了弄一点儿鱼饵，我翻了多少草皮也找不到一条蚯蚓……还有，我的眼睛坏了，天色一暗，找野菜就得一棵一棵地摸……"

我再也忍不住了，抢着说："老班长，以后我帮你一起找，我看得见。"

"不，咱们不是早就分好工了吗？再说，你的病也不轻，不好好休息会撑不住的。"

我还坚持我的意见。老班长忽然严厉地说："小梁同志，共产党员要服从党的分配。你的任务是坚持走路，安定两个小同志的情绪，增强他们的信心！"

望着他那十分严峻的脸，我一句话也说不上来，竟扑倒在他怀里哭了。

第二天，老班长端来的鱼汤特别少，每个搪瓷碗里只有小半条猫鱼，上面漂着一丁点儿野菜。他笑着说："吃吧，就是少了点儿。唉！一条好大的鱼已经上了钩，又跑啦！"

我端起搪瓷碗，觉得这个碗有千斤重，怎么也送不到嘴边。两个小同志不知道为什么，也端着碗不往嘴边送。老班长看到这情况，收敛了笑容，眉头拧成了疙瘩。他说："怎么了，吃不下？要是不吃，咱们就走不出这草地。同志们，为了革命，你们必须吃下去。小梁，你不要太脆弱！"最后这句话是严厉的，意思只有我知道。

我把碗端到嘴边，泪珠大颗大颗地落在热气腾腾的鱼汤里。我悄悄背转身，擦擦眼睛，大口大口地咽着鱼汤。老班长看着我们吃完，脸上的皱纹舒展开了，嘴边露出了一丝笑意。可是我的心里好像塞了铅块似的，沉重极了。

挨了一天又一天，渐渐接近草地的边了，我们的病却越来越重。我还能勉强挺着走路，那两个小同志连直起腰来的力气也没有了。老班长虽然瘦得只剩皮包骨头，眼睛深深地陷了下去，但是还一直用饱满的情绪鼓励着我们。我们就这样扶一段，挽一段，终于走到了草地边上。远处，重重叠叠的山峰已经看得见了。

这天上午，老班长快活地说："同志们，咱们在这儿停一下，好好弄点儿吃的，鼓一鼓劲，一口气走出草地去。"说罢，他就拿起鱼钩找水塘去了。

我们的精神特别好，四处去找野菜，拾干草，好像过节似的。但是过了好久，还不见老班长回来。我们四面寻找，最后在一个水塘旁边找到了他，他已经昏迷不醒了。

我们都慌了。过雪山的时候有过不少这样的例子，战士用惊人的毅力支持着自己的生命，但是一倒下去就再也起不来了。要挽救老班长，最好的办法是让他赶快吃些东西。我们立即分了工，我去钓鱼，剩下的一个人照料老班长，一个人生火。

我蹲在水边，心里不停地念叨："鱼啊！快些来吧！这是挽救一个革命战士的生命啊！"可是，等了好久，还不见鱼上钩。好容易看到漂在水面的芦秆动了一下，赶紧扯起钓竿，还是空的……

当我俯下身子，把鱼汤送到老班长嘴边的时候，老班长已经奄奄一息了。他微微地睁开眼睛，看见我端着的鱼汤，头一句话就说："小梁，别浪费东西了。我……我不行啦。你们吃吧！还有二十多里路，吃完了，一定要走出去！"

"老班长，你吃啊！我们抬也要把你抬出去！"我几乎要哭出来了。

"不，你们吃吧。你们一定要走出草地去！见着指导员，告诉他，我没完成党交给我的任务，没把你们照顾好。看，你们都瘦得……"

老班长用粗糙的手无力地抚摸我的头。突然间，他的手垂了下去。

"老班长！老班长！"我们失声叫着。但老班长还是慢慢地闭上了眼睛。

我们扑在老班长身上，抽噎着，很久很久。

擦干了眼泪，我把老班长留下的鱼钩小心地包起来，放在贴身的衣兜里。我想，等革命胜利以后，一定要把它送到革命烈士纪念馆去，让我们的子子孙孙都来瞻仰它。在这个长满了红锈的鱼钩上，闪烁着灿烂的金色的光芒！

——统编版六年级上册

小说《金色的鱼钩》讲述的是红军长征途中一位炊事班长为完成党组织交给的任务，尽心尽力地照顾三个生病的小战士过草地，而不惜牺牲自己生命的感人事迹，表现了红军战士忠于革命、舍己为人的崇高品格。深刻的人物形象、深邃的革命精神、精巧的艺术构思使它成为小学语文教材中的经典篇目。

这篇文章篇幅较长，段落很多，但是层次清晰、有条理。在描写中，作者抓住了老班长的外貌、语言、动作，尤其是对他的神态进行了细致入微的描写，使读者能够深刻体会人物的内心世界和高尚品质。

一、通过情节的发展"我"的三次"哭"，塑造人物形象

小说按照事情的发展顺序，详细写了在过草地时，红军老班长面对饥饿的威胁，想办法让三个病号能吃上点东西的四个片段：硬咽草根和鱼骨头、耐心劝导"我"、命令我们喝鱼汤、奄奄一息让鱼汤。这个故事是以三个病号之一"我"的视角展开叙述的，其中"我"的三次"哭"，不仅标记了情节的进展，而且表现了老班长舍己为人的高尚情操。在"我""哭"的过程中，老班长的形象站在了读者面前。

老班长把钓来的鱼全部给了三个小战士，当"我"发现老班长"捧着搪瓷碗，嚼着几根草根和我们吃剩下的鱼骨头，嚼了一会儿，就皱紧眉头硬咽下去"时，"觉得好像有万根钢针扎着喉管"，于是就要帮助老班长"一起找"吃的。但是，老班长不让"我"找，而且"严厉"地命令"我""坚持走路"，照顾好小战士。在这种情况下，"我""扑倒在他怀里哭了"。这里的"哭"从表面上看，是"我"的意思不被老班长理解而委屈的"哭"，而实际上是"我"对老班长的舍己为人精神饱含敬意的、被感动的"哭"。

"我"知道了内情以后，当老班长又一次把鱼汤端来让"我"和两个小同志吃的时候，"我"的心里是多么难受，"我端起搪瓷碗，觉得这个碗有千斤重，怎么也送不到嘴边"。这时候，老班长又一次"严厉"地批评"我""不要太脆弱"，因此，"我"只好"把碗端到嘴边"，然而却止不住"泪珠大颗大颗地落在热气腾腾的鱼汤里"。这里的"哭"也是"我"心中对老班长行为万分感动的"哭"，当然也是饱含敬意的"哭"。

老班长钓鱼熬汤，自己点滴不沾，全给了同行的"小战士"，终于拖垮了自己的身体，一天，"老班长已经奄奄一息了"。他仍然不喝"我"端来的鱼汤，关心的仍是别人。直到最后，老班长的眼睛"慢慢地闭上了"。于是，"我们扑在老班长身上，抽噎着，很久很久"。想一想，老班长为了同志，而舍弃了自己的生命。此情此景，谁能不揪心扯肺？这里的"哭"，是哀痛的"哭"，同样也是对老班长饱含敬意的"哭"。

这三次"哭"，发生在老班长不喝鱼汤、强令战士喝鱼汤、至死不喝鱼汤这条情节线上，让读者看到老班长就是这样为革命、为他人献出了自己的生命。"我"的三次"哭"是对老班长的无限敬仰，也是对革命传统的衷心颂扬。

二、通过细节描写，突出人物形象 [①]

小说通过塑造人物形象来吸引读者，所以少不了对人物语言、动作、外貌、神态、心理活动的描写。这些细致的描写，可以让读者直观地感知人物形象。

《金色的鱼钩》中对老班长的外貌描写共有两处，第一处在第2自然段："炊事班长快四十岁了，个子挺高，背有点儿驼……脸上布满了皱纹。"描绘出一个饱经风霜、过度劳累的红军老战士的形象。在艰苦的革命斗争中，他未老先衰，老而弥坚，令人肃然起敬。第二处在第23自然段中："瘦得只剩皮包骨头，眼睛深深地陷了下去"。是什么让老班长在短短的时间里如此衰弱呢？是老班长牢记指导员的嘱托，把所有的心思都放在三个病号身上，长时间睡不好，吃不饱，才弄垮了身子的。老班长外貌的变化正是他心系革命的伟大形象的体现。

语言所表达的是人的思想感情。文中老班长和"我"之间有多处对话，当"我"发现老班长嚼草根吃鱼骨头后，老班长先是支吾着说话，试图掩饰真相，后来见无法隐瞒下去，就用各种理由说服"我"帮他保守秘密，"小声点儿，小梁！咱们俩是党员，你既然知道了，可不要再告诉别人"，此句是老班长在耐心劝导"我"不要再让其他两个战友知道事情的真相，以免他们受到影响，走不出这无边无涯的草地。"我怎么去向党报告呢？难道我能说：'指导员，我把同志们留在草地上，我自己克服困难出来啦！'"这个反问句，说明老班长十分清楚这一任务的艰巨，充分体现了老班长为了完成指导员的嘱托而尽心尽职的可贵精神。当"我"知道老班长不喝鱼汤的真相，心情沉重喝不下鱼汤时，老班长严厉地批评了"我"："要是不吃，咱们就走不出这草地。同志们，为了革命，你们必须吃下去。"说明老班长把挽救战友的生命，当成了革命事业的一个组成部分。当快要走出草地时，老班长因为体力不支而倒下，奄奄一息的他还在鼓励战士们要有

---

① 参见马敏丽：《紧贴人物教小说——以〈金色的鱼钩〉教学为例》，载《小学语文教学》，2021（5）。

信心走出草地。这些语言描写，使老班长为了完成革命任务而不顾自身安危的光辉形象越来越鲜明。

神态描写通过对人物面部表情的刻画来准确地反映人物的心理和感情的变化。为了把野菜和鱼汤让给其他同志吃，老班长只能嚼草根和吃鱼骨头，吃的时候是"皱紧眉头"硬咽下去，从这个神态描写中可以感受到老班长吃这些食物时的痛苦，也才会导致"我"好像有万根钢针扎着喉管的难受。老班长一直无微不至地关心着"我们"，看到"我"心事重重，不好好喝鱼汤，他就收敛笑容，眉头拧成疙瘩；看着战士吃完鱼汤，他脸上的皱纹会舒展开来，嘴边会露出一丝笑意。尽管他骨瘦如柴，身体疲惫，却时时用饱满的情绪鼓励我们；牺牲前，他只能微微地睁开眼睛，却还在想着叮嘱我们克服困难走出草地。这些神态描写充分表现了老班长心中只有战友、唯独没有自己的高尚品质。

三、通过特定的时代环境，衬托人物形象

全文虽然没有环境描写，但开门见山的一句话"1935 年秋天，红四方面军进入草地，许多同志得了肠胃病"，便交代了故事发生的时代背景。只有在红军长征的途中、在过草地这个特定的环境中，才会发生用缝衣针做鱼钩、谦让一碗野菜鱼汤的事情，共产党人的忘我无私的精神、追求民族解放的理想信念，才会在这特定的时空中放射出"灿烂的金色的光芒"。这种看似平常简洁的环境描写，是小说中不可缺少的重要一笔，衬托了人物形象的高大和真实。

四、教学内容的选择

《金色的鱼钩》是统编版六年级上册"小说单元"的一篇略读课文。根据单元语文要素训练点的要求，本单元应重点关注小说的构成要素，通过环境描写、情节发展和细节刻画，来认识小说所塑造的人物形象，发现人物性格，感知人物精神，理解人物形象的典型意义。本篇的教学重点可设定为通过细节描写和情节发展理解人物的精神世界，受到革命传统和革命精神的教育。

▶ 拓展阅读

抓住细节 关注写法——《金色的鱼钩》教学设计

【教学目标】

1. 默读课文，了解文章的主要内容，有感情地朗读文中让人感动的片段。

2. 认识本课的生字和新词，理解"喜出望外""奄奄一息"等词语的意思，能用自己的话说说对"金色的鱼钩"的理解。

3. 抓住描写老班长外貌、动作、语言等方面的重点词句，体会老班长忠于革命、舍己为人的

精神，学习抓住人物细节，从不同角度来刻画人物形象的写作方法。

4.阅读长征故事，学习红军战士团结友爱、顾全大局、勇于献身的崇高品质。

【教学时间】1课时。

【教学过程】

一、查阅资料，了解长征

1.提问：本单元我们认识了一些英雄人物，还记得有谁吗？学生交流。

2.导入：其实，在战火纷飞的年代，一些小人物，同样也让人肃然起敬。今天我们就要来学习《金色的鱼钩》这篇课文，走近老班长这个英雄人物。学生齐读课题。

3.交流：这是个发生在红军长征途中的故事。你对长征有哪些了解呢？

学生交流查阅的资料，教师适时引导。

要点1：交流长征的基本常识。

要点2：交流和长征有关的文学作品，如毛泽东的诗词《七律·长征》《清平乐·六盘山》等。

要点3：交流和长征有关的文艺作品，如长征组歌《四渡赤水出奇兵》等。

要点4：交流长征途中发生的故事，如《菩萨兵》《马背上的小红军》《丰碑》等。

4.进入课文：课文中的老班长是一个什么样的人呢？今天，我们就通过学习《金色的鱼钩》去认识他。

二、初读课文，整体把握

1.学生快速朗读课文。要求读准字音，读通句子，并想一想：老班长长什么样？课文讲了他的一个什么故事？

2.检查学生的自读情况。

要点1：认读新词，读准字音。

要点2：交流不理解的词语。

3.想一想：老班长长什么样？课文是如何直接描写的？

提示：课文第2自然段直接描写了老班长的外貌，让我们对一位饱经风霜、和蔼可亲的红军战士有了初步的印象。教师相机指导朗读。

4.说一说：课文讲了老班长的一个什么故事？学生交流。

三、品读画面，感悟人物

1.找一找：快速默读课文，然后和同学交流，说说老班长是一个什么样的人。你是从他的哪些言行中看出来的？最让你感动的是什么？

2.引导学生抓住几个重要的画面进行交流，教师相机板书，并指导朗读。

画面1：紧皱眉头咽鱼骨（第8自然段）

要点1：从"皱紧""硬咽"可以看出鱼骨难以下咽，可是老班长却紧皱眉头咽鱼骨充饥。作者通过对老班长的动作、神态进行细致的正面描写，表现了老班长舍己为人、关爱他人的品质。

要点2："万根钢针扎着喉管""失声喊起来"表明"我"看到老班长紧皱眉头咽鱼骨的场景时，内心是无比难受的。这是通过侧面描写"我"来反衬老班长崇高的品质。

画面2：完成任务决心大（第13自然段）

要点：这段话抓住老班长的语言进行细致描写，表现出老班长忠于革命，完成任务的决心很大。

画面3：夜摸野菜苦钓鱼（第15自然段）

要点：这段话抓住老班长的动作、语言进行描写，表现出长征途中生活无比艰难，老班长为了完成任务，要克服看不清、没食物等种种困难，完全没有考虑自己的安危。

画面4：命令战士喝鱼汤（第20~22自然段）

要点1：这三个自然段除了描写老班长的语言，还非常细腻地写了老班长的神态变化（笑着—收敛了笑容—露出了一丝笑意）。从他的表情变化中，能感受到老班长为了让"我们"喝上鱼汤，想方设法地安慰"我们"，不想"我们"有思想负担，充分表现了他忠于革命、舍己为人的精神。这是对老班长的正面描写。

要点2：当"我"知道鱼来之不易，以及老班长把仅有的一点儿东西都给三个伤病员吃，自己却硬咽草根、用鱼骨充饥时，"我"的内心极为沉重。"我"实在不忍心喝下这少之又少的鱼汤，实在不愿意看着老班长忍饥挨饿，也实在不希望看到老班长的身体一天一天衰弱下去，所以觉得手中的搪瓷碗有千斤重，怎么也送不到嘴边。这是对老班长的侧面描写。

画面5：奄奄一息让鱼汤（第28~31自然段）

要点：作者细腻地描写了老班长在生命最后一刻时的语言、动作、神态，让我们充分感受到了他把生的希望让给别人，把死亡的威胁留给自己，临终前仍念念不忘自己的责任，不忘党的重托，不忘奉献最后一分光和热。

3. 小结：课文既有正面描写老班长的生动画面，又通过侧面描写"我"来烘托老班长的精神品质。正面描写和侧面描写相结合，使我们对忠于革命、舍己为人的老班长有了更加全面具体的了解。

四、读写结合，拓展延伸

1. 过渡：可亲、可敬的老班长永远离开了我们，战士们撕心裂肺的呼喊也无法唤醒他了。他用自己的生命换来了战士们的生命，他用自己的忠诚和无私完成了党的委托。他永远地留在了那片无边无际的草地上，留给战士们的只有那根用缝衣针制作的钓鱼钩。

2. 想一想：课文的题目是《金色的鱼钩》，这个鱼钩真的是金色的吗？作者为什么说这个鱼钩"闪烁着金色的光芒"？

要点：课文以"鱼钩"为线索，表现了红军战士忠于革命、舍己为人的崇高品质。课文用"金色的鱼钩"做课题，意义深刻。"鱼钩"记录了老班长的英雄历程，闪耀着老班长金子般的思想光辉，象征着老班长崇高的革命精神永垂不朽。

3. 说一说：学了这篇课文，你有什么收获吗？

提示1：紧扣人物精神品质来谈。

提示2：紧扣课题的独特性来谈。

提示 3：紧扣抓住细节来刻画人物形象的写作方法来谈。

提示 4：紧扣正面描写和侧面描写相结合的写作方法来谈。

4. 布置作业。

(1) 讲一讲：如果你是革命烈士纪念馆的一名讲解员，你能向前来参观的人讲述关于"金色的鱼钩"的故事吗？

(2) 读一读：阅读和长征有关的故事、诗词作品。

(3) 写一写：运用正面描写和侧面描写相结合的写作方法，通过抓住人物的外貌、动作、神态、心理等细节来写一个人物，题目自拟。

——节选自蔡静艳：《抓住细节　关注写法——〈金色的鱼钩〉教学设计与思考》，
载《教学月刊小学版（语文）》，2020（Z2）。

想一想，练一练

1. 小说的定义是什么，基本特征是什么？
2. 如何解读小说中的人物形象？
3. 运用相关知识，自选一篇小说，简要梳理情节并分析其结构。

参考文献

[1] 欧阳友权. 文学理论. 北京：北京大学出版社，2006.

[2] 童庆炳. 文学理论教程（第四版）. 北京：高等教育出版社，2008.

[3] 曹刚. 课文可以这样读. 上海：上海教育出版社，2017.

[4] 赖瑞云. 文本解读与语文教学新论. 北京：北京师范大学出版社，2013.

第二节　戏剧的解读

剧本在小学语文教材中出现极少，只有人教版五年级下册的《半截蜡烛》和苏教版中的少量几篇，但《新课标》多次提到课本剧表演等是常见的语文实践活动形式，而且小学语文教材中有不少课文具备改编成剧本让学生进行表演的先天条件，事实上许多教师在教学实践中也是这么做的，因此了解剧本特征、学会解读剧本，有着十分现实的教学需求。

▶ 理论聚焦

戏剧是四大文学体裁之一，是一种综合的文学实践活动。小学语文教材中出现的是戏剧演出的文字依据——剧本。在文学领域里，它是文学作品的一种特殊体裁；在戏剧实践领域里，它是戏剧活动的基础和起点。剧本具有如下特征。

一、适应舞台的特性

剧本是为演员的舞台表演提供依据的，要受到舞台表演的限制。主要表现在以下几点：

第一，情节的紧凑性。舞台的空间十分有限，不能像小说那样自由变换场景，这就规定了剧本的情节线索要连贯、单一，情节结构要简练集中，不能有太多的枝蔓。

第二，人物的集中性。演员的演出要受表演时间的限制，不可能无限延长，同时有限的舞台空间要求剧本中的人物一定要少而精，人物间的关系一定要紧密。

第三，结构的跳跃性。舞台需要人物、时间、地点的高度集中，这样就需要把许多事情分在几个场景中表现出来，在结构上就会是跳跃的，中间会略去情节发展的某些环节，但这不等于情节发展的中断，剧本一定要用其他形式（如对话）交代那些发生在"后台"的环节，让观众能够看明白。

二、激烈的矛盾冲突

矛盾冲突，是构成剧本的内在基础和动力。没有矛盾冲突就没有戏剧，我们常把这种冲突称之为戏剧冲突。这种戏剧冲突的特性表现为以下几点：

第一，行动性。没有行动，就谈不到戏剧表演，因此戏剧冲突，充满了行动性。这种行动性表现为人物关系之间的冲突和人物内心自我的冲突。

第二，尖锐性。戏剧冲突是针锋相对的，这种冲突越是强烈、尖锐，就越有戏剧性。剧本中的矛盾冲突大体分为发生、发展、高潮和结尾四部分。演出从矛盾发生时就应吸引观众，矛盾冲突发展到最激烈的时候称为高潮，这时的剧情也最扣人心弦。

第三，曲折性。剧本的矛盾冲突，总是按照矛盾双方从平衡到不平衡再到新的平衡这个周而复始的过程进行的，这就造成了戏剧情节的紧张——危机——缓和、再紧张——再危机——再缓和这样波澜起伏的曲折线索。一般来说，在剧本的结尾，虽然大部分矛盾冲突会得到解决，但优秀的剧作家会保持一个开放性的结尾，给观众留下想象的空间和回味的余地。

三、独特的语言形式

剧本的语言包括舞台说明和台词两类。

（一）舞台说明

舞台说明又叫舞台提示，是剧本语言不可缺少的一部分，是剧本里的一些说明性文字，包括剧中人物表、剧情发生的时间、地点、服装、道具、布景以及人物的表情、动作、上下场等。这些说明对刻画人物性格、推动戏剧情节、提示演员表演具有重要的作用。

这部分语言十分简练、扼要、明确，具有可操作性，一般出现在每一幕（场）的开端、结尾和对话中间，用括号（方括号或圆括号）来标示，以区别于台词。

（二）台词

剧本的台词不同于小说叙述性的语言，是供演员舞台表演的语言，以对话和独白为主要形式。这就要求剧本台词：

第一，具有动作性。剧本台词与戏剧动作紧密相关，表现了人的内心活动，是表现人的思想感情的有力手段，因此剧本台词有很强的动作性。此外，语言的动作性还表现在可以用来交代发生在"后台"的事件，补充戏剧结构中被"跳跃"掉的部分，对情节的前后发展起到衔接作用。

第二，个性化。剧本中人物身份、社会地位、生活经历、思想感情都不相同，决定了他们每个人说出的话都应带有鲜明的、不可混淆的个性，他们各自的台词应一开口就显示出人物性格，即"一个人一个声口儿"。

第三，诗化。剧本台词是在日常口语基础上升华了的诗化的语言，含蓄、凝练、感情充沛、节奏鲜明，这样才有益于舞台表演，才能不至于令观众厌倦。

▶ 解读示例

文本链接 >>>

生死攸关的烛光

第二次世界大战期间，在法国第厄普市有一位家庭妇女，人称伯瑙德夫人。她的丈夫被德军俘虏了，留下两个幼小的儿女：十二岁的雅克和十岁的杰奎琳。为把德国强盗赶出自己的祖国，这母子三人都参加了当时的秘密情报工作，投身到为祖国解放而斗争的光荣行列。

每周的星期四晚上，一位法国农民装扮的人便送来一个小小的金属管，里面装着地下工作人员搜集到的绝密情报。伯瑙德夫人的任务就是保证把它安全藏好，直至盟军派人来取走。为了把情报藏好，伯瑙德夫人想了许多办法，她先是把金属管藏在一把椅子的横档中，以后又把它放在盛着剩汤的铁锅内。尽管他们安全地躲过了好几次德军的突然搜查，但伯瑙德夫人始终感到放心不下。最后，她想到了一个绝妙的办法——把装着情报的金属管藏在半截蜡烛中，外面小心地用蜡封好，然后把蜡烛插在一个金属烛台上。由于蜡烛摆在显眼的桌子上，反而骗过了几次严密的搜查。

一天晚上，屋里闯进了三个德国军官，其中一个是本地区情报部的官员。他们坐下后，一个少校军官从口袋中掏出一张揉皱的纸就着黯淡的灯光吃力地阅读起来。这时，那位情报部的中尉顺手拿过藏有情报的蜡烛，点燃后放到长官面前。情况是危急的，伯瑙德夫人知道，蜡烛燃到金属管处就会自动熄灭，情报就会泄露，同时也意味着他们一家三口的生命将告结束。她看着两个脸色苍白的儿女，急忙从厨房中取出一盏油灯放在桌上。"瞧，先生们，这盏灯亮些。"说着轻轻把蜡烛吹熄。

一场危机似乎过去了。但是，轻松的心情没有持续多久，那位中尉又把冒着青烟的烛芯重新点燃，"晚上这么黑，多点支小蜡烛也好嘛。"他说。烛光摇曳着，发出微弱的光。此时此刻，它仿佛成了这房子里最可怕的东西。伯瑙德夫人的心提到了嗓子眼，她似乎感到德军那几双恶狼般的眼睛都盯在越来越短的蜡烛上。一旦这个情报中转站暴露，后果是不堪设想的。

这时候，儿子雅克慢慢地站起来，"天真冷，我到柴房去搬些柴来生个火吧。"说着伸手端起烛台朝门口走去，房子顿时暗了下来。中尉快步赶上前，厉声喝道："你不用灯就不行吗？"一手把烛台夺回。

孩子是懂事的，他知道，厄运即将到来了，但在斗争的最后阶段，自己必须在场。他从容地搬回一捆木柴，生了火，默默地坐待最后的时刻。

时间一分一秒地过去了。突然，小女儿杰奎琳娇声地对德国人说道："司令官先生，天晚了，楼上黑，我可以拿一盏灯上楼睡觉吗？"少校瞧了瞧这位可爱的小姑娘，一把拉她到身边，用亲切的声音说："当然可以。我家也有一个你这样年纪的小女儿。来，我给你讲讲我的路易莎好吗？"杰奎琳仰起小脸，高兴地说："那太好了！不过……司令官先生，今晚我的头很痛，我想睡觉了，下次您再给我讲好吗？""当然可以，小姑娘。"杰奎琳镇定地把烛台端起来，向几位军官道过晚安，上楼去了。正当她踏上最后一级阶梯时，蜡烛熄灭了。

——北师大版五年级上册

《生死攸关的烛光》叙述了第二次世界大战期间法国伯瑙德夫人一家与德国军官周旋，最终一家人沉着机智、有惊无险地保护了情报，保住了性命，战胜了敌人的故事。故事虽然比较简单，但在写法上具备了小说的全部要素，可以看成一篇小小说。

一、清晰的情节线索

小说的情节一般包括开端、发展、高潮、结局四个部分，中间往往有一条线索贯穿始终。

本课以半截蜡烛为线索，将情节层层推进，步步深入，让读者的心随着蜡烛的点燃、熄灭、点燃而或紧或松。

开端，是事件发展的起因，是情节的起点。课文前两个自然段详细介绍了伯瑙德夫人投身赶走德国强盗、解放祖国的地下斗争中，承担秘密情报的转运工作，需要千方百计地藏匿情报，这是课文故事发生的背景。伯瑙德夫人把装有情报的小金属管藏在半截蜡烛中。这样，隐藏绝密情报的半截蜡烛已不再是普通蜡烛，而是事关一家三口性命乃至情报站安危的关键所在。

发展，是指矛盾冲突由展开到深化的演变过程，是情节的主要部分。一天晚上，三个德国军官闯了进来。一名德国军官点燃了藏有情报的蜡烛，伯瑙德夫人取出一盏油灯，吹灭了蜡烛，暂时避免了一场危机。紧接着，半截蜡烛又被德军点燃，危机又来临了。儿子雅克想借搬柴生火之际拿走装有情报的半截蜡烛，但没有成功。

高潮，是指矛盾冲突到达了顶点，是决定双方力量胜负的关键时刻。伯瑙德夫人和儿子雅克熄灭蜡烛的努力都失败以后，只能"默默地坐待最后的时刻"，危险就在眼前。这时，小说的冲突达到了高潮，那眼看就要熄灭的摇曳的烛光，深深揪着读者的心。

结局，是矛盾的解决，人物性格的刻画已经完成，事件有了最后的结果。在课文的最后一个自然段，情况突然有了转折，小女儿杰奎琳在这万分危急的关头毅然拿起了蜡烛，用自己的纯真迷惑了德国军官，借口上楼睡觉，将蜡烛带上二楼卧室。就在蜡烛离开德国军官视线的那一刹那，蜡烛燃尽了，保全了家人的性命，避免了情报站的毁灭。危险擦身而过，矛盾冲突得到了解决，读者这才跟着松了一口气。

二、激烈的矛盾冲突

《生死攸关的烛光》之所以读来扣人心弦，是因为在不动声色的外表下，激烈的暗潮在不停地涌，多次都是冲突一触即发。

小说反映的是法西斯与反法西斯间的矛盾，具体到这个夜晚，就是伯瑙德夫人一家三口与三名德国军官之间的冲突，这冲突是你死我活、命悬一线的。

围绕半截蜡烛展开的是一场没有硝烟的战斗，在这个狭小空间里，在这个特殊的夜晚，那摇曳的烛光，对伯瑙德夫人一家三口是生死攸关的，每个人心中都涌起巨大的波澜：蜡烛被点燃了，欲灭之而又不能引起怀疑，不灭之又担惊受怕，怎么办？每个人表面上在平静地察言观色，心中却紧张地想着对策。人物平静的外表下隐藏着多少复杂的心理活动啊！

三、个性鲜明的人物形象

小说主要通过语言和动作描写，塑造了伯瑙德夫人和她的两个孩子的形象。在生死考验面前，三个人的表现各不相同，却又有共同之处：面对危险都意志坚定、机智从容。

面对突然闯进屋来的德国军官，面对被点燃的藏有绝密情报的半截蜡烛，伯瑙德夫人内心紧张而焦急，但她却保持镇定，没有流露出丝毫的慌乱。她从厨房里取出一盏油灯放在桌上，"瞧，先生们，这盏灯亮些。"她用这句平静的话语强调油灯比蜡烛亮，是在为吹灭蜡烛寻找适切的理由，而"急忙取""轻轻吹"两个动作描写与人物语言相呼应，细致地刻画出了伯瑙德夫人的从容和机警。

儿子雅克看着面前的那半截燃烧着的蜡烛的火焰离小金属管越来越近，"慢慢地站起来，'天真冷，我到柴房去搬些柴来生个火吧。'说着伸手端起烛台朝门口走去。"语调是平静的，理由是充分的；"慢慢地站起来"，雅克的动作也是从容不迫的。在被德国军官阻止之后，雅克没有丝毫的慌乱，"从容地搬回"一捆木柴，"默默地坐待"即将到来的生死考验。面对凶恶的敌人，面对即将结束生命的命运，雅克没有半步退缩，勇敢而平静地迎接命运的安排。

最后关头，十岁的小女儿杰奎琳娇声地对德国人说道："司令官先生，天晚了，楼上黑，我可以拿一盏灯上楼睡觉吗？"天晚，楼上黑，拿盏灯上楼睡觉，年幼的她提这样的要求，很适合身份，而且她的娇声让德军少校触景生情，联想到了自己的女儿，答应了她的要求。杰奎琳的话，显示出超出她年龄的冷静与聪慧。"杰奎琳镇定地把烛台端起来，向几位军官道过晚安，上楼去了。"小女孩压抑着内心的紧张，做得得体自然，让人看不出慌乱，看不出破绽，表现出与她的年龄不相符的勇气和胆识，这让人惊讶不已，也敬佩不已。

文本链接 >>>

半截蜡烛

时间：第二次世界大战期间

地点：法国，伯诺德夫人家中

人物：伯诺德夫人（法国的一位家庭妇女）

　　　杰克（伯诺德夫人的儿子）

　　　杰奎琳（伯诺德夫人的女儿）

　　　三个德国军官（一个少校，两个中尉）

[一个初冬的夜晚，屋外的风猛烈地吹着。伯诺德夫人家里，昏暗的光线，一张孤零零的长桌，坐在桌边的伯诺德夫人正小心翼翼地将一个小金属管封在一小截蜡烛中。

伯诺德夫人　看来，只有这地方是安全的，不至于被该死的德国佬发现。

杰奎琳　（一边嚼着糖果，一边天真地问）妈妈，这是什么啊？

伯诺德夫人　（面容严肃）非常重要的一个秘密，亲爱的，所以对谁也不能讲。

杰克　我知道，在下星期二米德叔叔来之前，我们得保证那东西完好无损。对吧？（有点儿得意地看了妹妹一眼）

杰奎琳　（嘟起了嘴）我当然也知道。米德叔叔最喜欢我了，今天他还给我带来了糖果。可是妈妈，米德叔叔为什么穿着德国佬的衣服呢？

[伯诺德夫人这时已经把那半截蜡烛插在一个烛台上，摆在餐桌最显眼的地方。

伯诺德夫人　杰克，杰奎琳，有些事情以后给你们慢慢解释。现在你们两个要好好地记着：这支蜡烛是一个非常重要的东西，从现在开始，我们得为它的安全负责。为了有一天能把德国佬赶出去，我们得不惜代价守住它，懂吗？

杰克　（像个男子汉似的挺挺胸脯）放心吧，妈妈。

杰奎琳　（点点头）妈妈，我懂。我真讨厌德国佬。

伯诺德夫人　（凝视着烛台喃喃自语）不惜一切代价，包括我们的生命。

[过了不久，嘭嘭嘭嘭，一阵粗暴的敲门声，三个德国军官例行检查来了。很奇怪，检查完了，他们都没有要走的意思，也许是因为外面风太大了。

中尉甲　好黑的屋子，为什么不点蜡烛呢？（点燃了那个藏有秘密的蜡烛）

伯诺德夫人　（急忙取出一盏油灯）太对不起了，先生们，忘了点灯。瞧，这灯亮些，可以把这个昏暗的小蜡烛熄了。（吹熄了蜡烛）

中尉甲　（不耐烦地）晚上这么黑，多点支蜡烛也好嘛。（又把那个快要烧到金属管的蜡烛点燃）更亮了一些，不是吗？

杰克　（若无其事地走到桌前，端起烛台）天真冷。先生们，我去柴房抱些柴来生个火吧。

中尉乙　（厉声）难道你不用蜡烛就不行吗？（一把夺回烛台）

[杰克无奈地去柴房，下。

伯诺德夫人　（不动声色地慢慢说道）先生，要知道，柴房里很黑……

中尉乙　（瞥了她一眼，不满地）夫人，在自己家里，应该相信您的儿子有足够的能力应付那了如指掌的小柴房。难道他会从柴房里搬来一窝兔子吗？

[蜡烛越燃越短。杰奎琳打了个懒懒的哈欠，走到少校面前。

杰奎琳　司令官先生，天晚了，楼上黑，我可以拿一盏灯上楼睡觉吗？（她宝石般的眼睛在烛光下显得异常可爱）

少校　（看着她那粉嘟嘟的小脸蛋，笑了）当然可以，美丽的小天使。我也有一个像你这么大的女儿，和你一样可爱，她叫玛琳娜。

杰奎琳　（笑容像百合花一样纯洁）我觉得她一定非常想您，司令官先生。和您聊天真有趣，可是我实在太困了。

少校　那么，晚安，小姑娘。

杰奎琳　晚安，各位先生。晚安，妈妈。

伯诺德夫人　（温柔地）晚安，亲爱的。

[杰奎琳慢慢端着蜡烛走上楼去。在踏上最后一级楼梯时，蜡烛熄灭了。

——人教版五年级下册

　　从前文解读中可以看出，《生死攸关的烛光》讲述的故事情节比较简洁，却充满了戏剧冲突。小说的很多特点都具备了戏剧的元素，因此仉晓晶将其改编为剧本《半截蜡烛》，成为人教版教材中唯一的剧本。如果将两篇课文放到一起对比解读，我们会发现许多异同点。

一、与《生死攸关的烛光》的共同点

《生死攸关的烛光》讲述的是发生在一家人的客厅里的事，时间是一个寒冷的冬夜，故事的人物关系非常简单：法国一家母子三人与三个德国军官；情节发展也是单一的：一家三口在三个德国军官面前想办法保住了藏有情报的半截蜡烛。小说的这些特点为剧本的舞台性提供了天然的基础，所以《半截蜡烛》保持了小说的主要内容，并通过对话突出了情节的脉络和发展节奏。

《生死攸关的烛光》中激烈的矛盾冲突，在《半截蜡烛》中保留了下来，并成为推动情节发展、将情节引向高潮的手段。《半截蜡烛》没有改变《生死攸关的烛光》中关于人物形象的塑造，因此，在"剧场"里跟随伯诺德夫人一家经历生死攸关的时刻的同时，我们也认识了伯诺德夫人的机智与镇定，儿子杰克的勇气与担当，小女儿杰奎琳的聪明与勇敢，三个个性鲜明的人物形象在"观众"面前依然栩栩如生。

二、与《生死攸关的烛光》的不同点

由于舞台的时空限制，剧本在叙述情节、塑造人物的表现手法上，不如小说那样灵活多样，只有对话是其主要表达手段。《半截蜡烛》保留并加强了《生死攸关的烛光》中人物的精彩对话。例如，在戏剧冲突集中爆发前，对于半截蜡烛的重要性，小说中只用了这样的描述一带而过："情况是危急的，伯瑙德夫人知道，蜡烛燃到金属管处就会自动熄灭，情报就会泄露，同时也意味着他们一家三口的生命将告结束。"而剧本中则将这句话用伯诺德夫人的语言反复强调了出来，"我们得为它的安全负责""我们得不惜代价守住它""不惜一切代价，包括我们的生命"，从而为后面戏剧冲突的爆发做了铺垫。而小说中关于人物身份、故事背景、外部环境，甚至人物的动作、表情、神态、心理活动等方面的精彩描写，在剧本中就无法保留了，大部分转化成了舞台说明，用方括号的形式加在了人物对话的前面。可见通过多方面的描写来刻画人物是小说的优势所在，剧本在可读性、给读者以身临其境感等方面，都不如小说。这也说明了剧本体裁与小说体裁的不同，剧本只是为戏剧表演提供依据，要让剧本上的人物"活"起来，还要有演员、舞台布景等方面的补充，才会引领观众真正身临其境，可以说，剧本的戏剧效果好于小说。

由于舞台的时空限制，剧本不可能像小说那样自由灵活地展现社会生活，故事情节的某些环节就要放到"后台"去。小说前两个自然段关于故事背景的介绍，就无法在剧本中展开，剧本将小说第一自然段中的时间、地点、人物身份、人物关系的介绍，转化为舞台说明，放到了剧本的开头；剧本将小说第二自然段中交代的半截蜡烛的来历和重要性，用母子三人的对话交代了出来，这就是所谓戏剧对话的动作性，交代"后台"发生的事情。因此，剧本分为德国军官进来之前和进来之后两个部分。德国军官进来之前的对话都是在交代故事的背景，即交代了发生在这个客厅之外、发生在这个夜晚之前的与这个故事有关的其他事情，从广义上说，都是为激烈的戏剧冲突埋下伏笔、做好铺垫。

另外，剧本将小说题目《生死攸关的烛光》改为《半截蜡烛》，也反映出作者想要强调的重心有所不同。《生死攸关的烛光》点出了故事矛盾冲突的核心不是半截蜡烛，而是它那明灭不定的火焰；再进一步说，冲突的关键是火焰的明灭关系着一家人的生死，因此这个题目点明了小说的主题。那半截蜡烛是情节线索，是贯穿全文的"道具"，所有人、所有事，都是围绕着半截蜡烛展开的，剧本以《半截蜡烛》为题，明示了故事的线索，留出了好奇的余地："半截蜡烛有什么好演的？"也许更容易吸引观众走进剧场。

三、教学内容的选择

剧本《半截蜡烛》和小说《生死攸关的烛光》，都有着明确的情节线索、激烈的矛盾冲突、鲜明的人物形象，它们的相同点多于不同点。在教学中，如果将两篇课文对比阅读，更能显示出小说和戏剧不同的体裁特征。

▶ 拓展阅读

让学习真正发生——《半截蜡烛》教学评析

特级教师华伟中的《半截蜡烛》一课，大气开放的教学，自主灵动的课堂，幽默风趣的语言，充满了浓浓的语文味和学习味。课堂上笑声不断，掌声迭起，学生感受到了语文学习的无穷乐趣，观课教师领略到了特级教师的教学艺术。

一、在比较阅读中，感悟文体

《半截蜡烛》是人教版五年级下册第三组课文中的一篇略读文章，是由故事改编的短小剧本，这也是学生小学阶段第一次接触剧本这一种文学形式。华老师通过课前谈话，和学生聊喜欢的电影，自然而然地引入剧本和课文的学习，然后围绕"剧本长得跟我们以往的文章都不一样，不一样在哪里"这一核心问题，引导学生进行比较阅读，使学生较快地了解剧本这种文学体裁的一般特点：先介绍剧情发生的时间、地点和人物等（舞台说明）；剧情部分通过人物对话展开，每换一个人说话就另起一行，说话人物后面括号里的是介绍人物动作、神态等内容的提示语。进而让学生懂得剧本的朗读方法并自由朗读前半部分，指导学生根据人物对话概括前半部分的内容，了解剧情的起因。然后随机迁移，引导学生"抓人物""抓办法"，用小标题的方法概括后半部分（重点部分）剧情的发展，教师板书"油灯换蜡烛"，学生板书"抱柴端蜡烛""装睡拿蜡烛"。真可谓巧妙之极，在不露痕迹的对话、引导、暗示下，学生经历了朗读、分析、归纳、概括、提炼的语文学习过程，不仅了解了剧本的主要内容，感悟了剧本的文体特点，又习得了剧本的阅读方法，达到事半功倍的效果。

二、在项目学习中，品味语言

本堂课最大的亮点，无疑是在初读初步感知剧本特点和整体感知剧本内容的基础上，展开剧本重点部分的学习。华老师根据剧本的特点，设计了三大学习项目：一是电影表演"伯诺德夫人用油灯换半截蜡烛"，二是广播剧表演"杰克抱柴端半截蜡烛"，三是电影海报设计"杰奎琳装睡拿半截蜡烛"。请学生以小组合作形式，认领一项学习任务，由小组长分配成员表演、设计任务。学生兴趣盎然地投入各自认领的学习项目，在充分的自主阅读、合作探究中，深度解读剧本，精心策划表演、设计海报，在不知不觉中，实现剧本语言的理解、积累、转换和运用，让学生经历真实的语文学习和实践。在学生的项目学习成果展示中，我们感受到了学生的语文学习力、表演力和创造力。而更为精彩的当是华老师引领学生做"评委"，在欣赏成果之后发表自己的观点，这一过程引领学生回归、反嚼剧本内容，品味、感悟剧本语言精妙所在，从而将语言学习引向深处，有效落实本课的教学重点。

三、在互动对话中，享受语文

课堂上精彩不断，笑声不断，掌声不断，不仅源于华老师前卫的教学理念、精妙的教学设计，还得益于华老师精湛的对话艺术和独到的引导能力。幽默风趣的语言，让学生轻松愉快；巧妙精准的点拨，让学生豁然开朗；适时真诚的激励，让学生信心满满。华老师善于在倾听中捕捉学生学习中的精彩点和困惑点，将学习引向深层，引导学生走向"柳暗花明又一村"的新境界，让学生感受语文学习的无穷魅力和快乐。

四、在角色体验中，升华情感

项目学习，任务驱动，有效地实现了教与学方式的转换，使学生成为语文学习的主动参与者，也丰富了语文学习的内涵，不仅让学生了解了剧本内容，品味了精妙语言，感悟了人物形象，也使学生在人物角色扮演中体验了人物情感，与剧中人物产生穿越时空的情感共鸣，真正实现语文学习三维目标的有机整合与和谐生成。

——节选自华伟中、王爱民:《项目化学习：让学习真正发生——《半截蜡烛》课堂实录及评析》，载《教学月刊小学版（语文）》，2018（3）。

想一想，练一练

1. 戏剧的特征是什么？

2. 矛盾冲突是什么，有什么特征？

3. 完成统编版四年级上册第26课《西门豹治邺》的课后习题中的选做题：试着根据"阅读链接"中的剧本开头改编课文。

参考文献

[1] 李争. 莫让浮云遮望眼 教学贵在两清明——小学剧本教学内容解读与学习活动设计. 小学教学设计，2017（28）.

[2] 董健，马俊山. 戏剧艺术十五讲（修订版）. 北京：北京大学出版社，2012.

[3] 曹刚. 探索文本解读的路径. 上海：上海教育出版社，2020.